Carl Wilhelm Pauli (1792–1879)

Rechtshistorische Reihe

Band 489

Zur Qualitätssicherung und Peer Review der vorliegenden Publikation

Die Qualität der in dieser Reihe erscheinenden Arbeiten wird vor der Publikation durch einen der Herausgeber der Reihe geprüft.

Notes on the quality assurance and peer review of this publication

Prior to publication, the quality of the work published in this series is reviewed by one of the editors of the series.

Sonja Daniela Kellermann

Carl Wilhelm Pauli (1792–1879)

Ein bemerkenswerter Lübecker Jurist im 19. Jahrhundert

PETER LANG

Bibliografische Information der Deutschen Nationalbibliothek
Die Deutsche Nationalbibliothek verzeichnet diese Publikation in der Deutschen Nationalbibliografie; detaillierte bibliografische Daten sind im Internet über http://dnb.d-nb.de abrufbar.

Zugl.: Kiel, Univ., Diss., 2019

Die vorliegende Arbeit wurde von Rudolf Meyer-Pritzl zur Aufnahme in die Reihe empfohlen.

Umschlagabbildung:
Justitia. Allegorie der Gerechtigkeit. Druck aus dem 17. Jahrhundert.

Gedruckt auf alterungsbeständigem, säurefreiem Papier.
Druck und Bindung: CPI books GmbH, Leck

D 8
ISSN 0344-290X
ISBN 978-3-631-79744-0 (Print)
E-ISBN 978-3-631-81121-4 (E-PDF)
E-ISBN 978-3-631-81122-1 (EPUB)
E-ISBN 978-3-631-81123-8 (MOBI)
DOI 10.3726/b16517

Peter Lang – Berlin · Bern · Bruxelles · New York ·
Oxford · Warszawa · Wien

Diese Publikation wurde begutachtet.

www.peterlang.com

Meiner Familie

Mein besonderer Dank gilt der Dr.-Carl-Böse-Stiftung für ihr großzügiges Stipendium, das mir die schnelle Anfertigung der Dissertation ermöglicht hat, und für die weitergehende finanzielle Unterstützung bei der Veröffentlichung.

Danken möchte ich außerdem meinem Doktorvater, Herrn Professor Dr. Rudolf Meyer-Pritzl, für die angenehme Betreuung und die zügige Begutachtung der Arbeit, sowie Herrn Professor Dr. Werner Schubert als Zweitgutachter.

Inhaltsverzeichnis

A. Einleitung

> „Jemand, der, wie ich, eben kein leidenschaftlicher Jurist ist, [...].“[1]

Diese Worte, mit denen Carl Wilhelm Pauli sich einmal selbst beschrieb, scheinen eigentlich kaum auf einen Mann zutreffen zu können, der beinahe sechsundzwanzig Jahre als Rat am Oberappellationsgericht der vier freien Städte, einem der renommiertesten Gerichte des 19. Jahrhunderts[2], wirkte.

Als er sich 1811 für ein Studium der Rechtswissenschaften entschied, leitete ihn tatsächlich kein echtes fachliches Interesse, sondern der Wunsch nach einer Berufstätigkeit, die ihm trotz unsteter politischer und wirtschaftlicher Bedingungen eine sichere Existenz versprach. Die Motivation des damals 18-Jährigen, der einer verarmten Lübecker Kaufmannsfamilie entstammte, ist angesichts der seinerzeitigen Zustände allzu nachvollziehbar. Seit 1792, dem Jahr seiner Geburt, herrschte in Europa fast ununterbrochen Krieg zwischen dem revolutionären, später napoleonischen Frankreich und verschiedenen Bündnissen anderer Mächte. Die französische Dominanz in den deutschen Gebieten wuchs stetig an, die hergebrachten Strukturen – wie das fast ein Jahrtausend alte Heilige Römische Reich Deutscher Nation[3] – zerbrachen und die Bevölkerung, die zunehmend unter den Repressalien der Besatzung und unter ökonomischen Problemen litt, sah einer ungewissen Zukunft entgegen.

Wenngleich die Wahl einer juristischen Ausbildung also ganz vornehmlich den historischen Umständen und rationalen Erwägungen geschuldet war und Carl Wilhelm Pauli gelegentlich Schwierigkeiten empfand, sich dazu positiv einzustellen, eröffnete sie ihm doch eine außergewöhnliche Karriere. Deren Verlauf sollte zeigen, dass er sich für das Fachgebiet hervorragend eignete, und zwar nicht nur in der Praxis, die er kurz als Advokat und Notar sowie langfristig als

---

1 Aussage Carl Wilhelm Paulis während der Amtszeit als Sekretär am Lübecker Oberappellationsgericht der vier freien Städte (1820–1843), zitiert nach: Poel, Carl Wilhelm Pauli. Ein Lebensbild, S. 74.

2 Vgl.: Polgar, Das OAG der vier freien Städte, S. 17, 269.

3 Das Heilige Römische Reich Deutscher Nation fing mit der Kaiserkrönung Ottos I. 962 an und endete mit der Abdankung Kaiser Franz II. 1806 (Gmür/Roth, Grundriss der deutschen Rechtsgeschichte, Rn. 14).

Richter ausübte, sondern auch in der Wissenschaft, die im 19. Jahrhundert unter dem Einfluss der Historischen Rechtsschule auflebte.

Carl Wilhelm Paulis Laufbahn wurde maßgeblich von der Bekanntschaft mit seinem Professor und späteren Vorgesetzten Georg Arnold Heise beeinflusst, den er nach seiner Teilnahme an den Befreiungskriegen 1813/14 im zweiten Abschnitt der Studienzeit traf. Zurückgekehrt in seine Heimatstadt Lübeck, arbeitete Carl Wilhelm Pauli, der zunächst vier Jahre praktische Erfahrungen in der Advokatur und im Notariat sammelte, ab 1820 unter der Leitung des Präsidenten Georg Arnold Heise als Sekretär am Oberappellationsgericht der vier freien Städte und stieg dank seiner Fürsprache 1842/43 im Alter von fünfzig Jahren zum Rat auf. Georg Arnold Heise verkörperte einen der renommiertesten Juristen seiner Zeit und führte das Oberappellationsgericht zu enormer Anerkennung. So ehrte ihn etwa Bernhard Windscheid[4] wie folgt:

> „Es hat damals für das Streben wissenschaftlicher Juristen zwei höchste Ehren gegeben: Nachfolger Savignys auf seinem Pandektenlehrstuhl und Präsident des Oberappellationsgerichts in Lübeck auf Heises Stelle zu sein."[5]

Georg Arnold Heise versuchte bei der Vergabe der Ratsposten stets, die Wahl auf den Kandidaten zu lenken, den er unter den vielen namhaften Bewerbern als den kompetentesten ansah. Der Umstand, dass er sich mehrfach bei der Besetzung einer Stelle explizit für Carl Wilhelm Pauli aussprach, zeigt seine Achtung vor dessen fachlichen Fähigkeiten, deren Niveau er als hinreichend einschätzte, um die anspruchsvolle Tätigkeit im Kreis der hochqualifizierten Räte zu bewältigen. Ein derartiger Aufstieg wäre Carl Wilhelm Pauli kaum gelungen, hätte er sich nicht – selbst wenn ihm tatsächlich die „Leidenschaft" für die Juristerei

---

4 Bernhard Windscheid, geboren am 26. Juni 1817 in Düsseldorf, studierte zunächst Rechtswissenschaften an der Universität Berlin, wo er vor allem unter dem Einfluss Friedrich Carl von Savignys stand. Er schloss das Studium in Bonn ab und erhielt dort 1847 seine erste Professur. Noch im selben Jahr folgte er einem Ruf nach Basel als Professor für römisches Recht, bevor er 1856 nach Greifswald und 1857 nach München ging. Ab 1862 publizierte er sein wichtigstes, insgesamt siebenbändiges Werk *Lehrbuch des Pandektenrechts*. Obgleich er der Historischen Rechtsschule folgte, bearbeitete er darin das römische Recht ausschließlich im Sinne der aktuellen Praktikabilität und verzichtete ganz auf geschichtliche Darstellungen. Nach einem Wechsel an die Universität Heidelberg 1871 nahm er 1874 eine Lehrtätigkeit in Leipzig auf, die er von 1880 bis 1883 aussetzte, um stattdessen in der Kommission zur Ausarbeitung des *Bürgerlichen Gesetzbuchs* von 1900 mitzuwirken. Er starb am 26. Oktober 1892 in Leipzig (Schröder, Bernhard Windscheid, S. 472–476 m.w.N.).

5 Schultze-v. Lasaulx, Georg Arnold Heise, S. 454.

gefehlt haben sollte – mit der richterlichen Arbeit identifiziert und seine Karriere ausdauernd, gewissenhaft und sehr fleißig vorangetrieben.

Es könnte genauso sein, dass Carl Wilhelm Pauli mit dieser Aussage gar nicht seine Hingabe für die juristische Tätigkeit generell in Abrede stellen, sondern nur ausdrücken wollte, dass sein Interesse sich nicht auf die Rechtspraxis beschränkte. Denn er war gleichzeitig ein sehr begeisterter Wissenschaftler, wobei er sich, angetrieben von der Verbundenheit zu seiner Heimatstadt und beeinflusst von der Historischen Rechtsschule, auf lübische Rechtsgeschichte konzentrierte. Seine Forschungen und Veröffentlichungen, die ihn stets mit großer Freude erfüllten, begleiteten ihn ab seiner Rückkehr nach Lübeck 1816 bis hinein in den Ruhestand 1876 – also über sechzig Jahre – und damit sogar länger als seine knapp 50-jährige aktive Arbeit am Oberappellationsgericht. Sein wichtigstes Werk *Abhandlungen aus dem Lübischen Recht* basierte auf dem zufälligen Fund der zuvor verschollenen Stadtbücher, die Carl Wilhelm Pauli 1834 wiederentdeckte und anschließend äußerst mühsam auswertete. Die mehrbändige Reihe erwarb ihm gesteigerte wissenschaftliche Reputation, die neben anderen Qualifikationen gleichfalls die Beförderung zum Rat am Oberappellationsgericht bedingte, da schriftstellerische Leistungen bei der Besetzung der Ratsstellen besonders förderlich wirkten. Carl Wilhelm Pauli selbst zeigte sich, als ihm seine ehemalige juristische Fakultät Göttingen 1866 anlässlich des Jubiläums seines Studienabschlusses 1816 zu seinen Schriften gratulierte, ausgesprochen bescheiden bei der Beurteilung seines Beitrags:

> „Es hat mich diese so überaus ehrenvolle Auszeichnung sodann aber auch in Wahrheit tief beschämt, da Niemand mehr erkennen kann als ich selbst, daß mir dadurch über Verdienst wiederfahren ist, indem, wenn es mir gelungen sein sollte, durch meine wissenschaftlichen Arbeiten das Verständniß des Rechts meiner Vaterstadt zu fördern, ich dieß weit mehr den von mir neu angebahnten Quellen, als der Benutzung und Verarbeitung des Entdeckten zu danken habe, und ich nur sagen kann, daß es mir an dem redlichen Bemühen nicht gefehlt hat, nach meinen geringen Kräften die Wahrheit zu erforschen."[6]

Im Hinblick auf Carl Wilhelm Paulis fachliches Wirken ergänzten sich also sein wissenschaftliches und sein praktisches Talent, wobei ersteres während der Phase als Sekretär und letzteres nach der Übernahme des Amts als Rat, das kaum Freiraum für andere Beschäftigungen gab, im Vordergrund stand.

Carl Wilhelm Paulis Vielseitigkeit erschöpfte sich aber bei Weitem nicht in der juristischen Arbeit, die er in der Wissenschaft und in der Praxis leistete.

6 Frensdorff, Paulis juristisch-literarische Tätigkeit, S. 111.

Um sein Schaffen umfassend zu würdigen, darf vielmehr sein ausdauernder Einsatz für politische, soziale und kulturelle Angelegenheiten nicht außer Acht bleiben. Seine gesamte Tätigkeit als Erwachsener zeichnet sich durch intensives außerberufliches Engagement aus, sei es in Form der freiwilligen Teilnahme an den Befreiungskriegen gegen die französische Fremdherrschaft während der Studienzeit oder der umfassenden Aktivität in verschiedenen Vereinen, die er anschließend in Lübeck aufnahm und zeitlebens beibehielt.

Vor allem die historischen Geschehnisse, ohne die sich Carl Wilhelm Paulis Biographie nicht erfassen lässt, boten ihm stets genügend Veranlassung, über seine individuellen Umstände hinaus an den allgemeinen Entwicklungen teil zu nehmen. So erlebte er nach der Franzosenzeit den Konflikt zwischen den reaktionär strukturierten Obrigkeitsstaaten und der neu erwachten deutschen Nationalbewegung, deren Ideen sich trotz der radikalen Unterdrückung in der Restauration und im Vormärz sowie der gescheiterten Revolution 1848/49 letztlich in der Reichsgründung 1871 realisierten. Zu all diesen Phasen bildete sich Carl Wilhelm Pauli seine eigene Meinung und scheute sich auch nicht, sie offen auszusprechen. Zwar gestand er selbst der Politik eine nicht geringe, doch letztlich untergeordnete Rolle zu, indem er einmal Folgendes schrieb:

> „Ich tadle gewiß nicht derartige Interessen an den Erscheinungen der Gegenwart, namentlich der politischen, aber was ich tadle, ist, wenn diese Politik zum geistigen Lebenselement wird, und, über ihre Ufer tretend, jedes andre Leben überschwemmt und erstickt.“[7]

Dennoch macht nicht nur Carl Wilhelm Paulis abwechslungsreiches Wirken den Reiz einer Beschäftigung mit seiner Person aus, sondern genauso die im Hintergrund stehende ereignisreiche Epoche des „Langen 19. Jahrhunderts“[8].

---

7 Brief Carl Wilhelm Paulis an seine Mutter Magdalena Pauli während der Tätigkeit als Advokat und Notar in Lübeck (1816–1820), zitiert nach: Poel, Carl Wilhelm Pauli. Ein Lebensbild, S. 58.

8 Der Begriff „Langes 19. Jahrhundert“ erfasst die Phase von der Französischen Revolution 1789 bis zur Oktoberrevolution in Russland und dem darauffolgenden Ende des Ersten Weltkriegs 1917/18 (Bauer, Das ‚lange‘ 19. Jahrhundert, S. 12–15).

B. Herkunft, Kindheit und Jugendzeit

> „Wißt Ihr, lieben Schwestern, was euer Brief auf's Heftigste in mir erregte? Es war die dankbare Empfindung unseres Glückes, von Kindheit auf unter der Leitung und Einwirkung so herrlicher Menschen gelebt zu haben, die unser Inneres zum Anklange der höheren und schöneren Töne stimmte, für welche Viele so ohne allen Sinn sind."[9]

I. Familiärer Hintergrund

Carl Wilhelm Pauli entstammte väterlicherseits der wahrscheinlich in der Pfalz ursprünglichen Familie Pauli, die nachweislich seit dem Beginn des 16. Jahrhunderts in Altena in der westfälischen Grafschaft Mark ansässig war.[10] Von dort übersiedelte sein Großvater Franz Hinrich Pauli[11] 1728 nach Lübeck, wo er sich mit der Firma *Franz Hinrich Pauli & Sohn*[12] erfolgreich als Kaufmann etablierte und ein erhebliches Vermögen aufbaute.[13] Franz Hinrich Pauli gehörte der Reformierten Kirche[14] an und übernahm – wie auch sein Enkel Carl Wilhelm Pauli – das Amt des Vorstehers der Reformierten Gemeinde zu

9 Brief Carl Wilhelm Paulis an seine Schwestern während der Tübinger Studienzeit (1811–1813), zitiert nach: Poel, Carl Wilhelm Pauli. Ein Lebensbild, S. 8.

10 Ahrens, Carl Wilhelm Pauli, S. 329.

11 Franz Hinrich Pauli wurde am 07. August 1710 in Altena geboren. Er verheiratete sich zunächst am 10. Juli 1741 mit Anna Christina Rathgeber, die am 12. April 1742 nach der Geburt eines toten Sohnes starb. Aus seiner zweiten Ehe, die er am 03. September 1743 mit Dina Adriansen schloss, gingen zehn Kinder hervor. Franz Hinrich Pauli verstarb am 31. Dezember 1777 in Lübeck (AHL, Lübeckische Geschlechter, S. 1327, Pauli; AHL, Personenkartei, Nr. 238, Pauli).

12 Das Handelshaus lag in der Breiten Straße (AHL, Personenkartei, Nr. 238, Pauli).

13 Ahrens, Carl Wilhelm Pauli, S. 329.

14 Die Reformierte Kirche stellt einen eigenen evangelischen Kirchentyp dar, der sich ausgehend von Differenzen zwischen Martin Luther und Ulrich Zwingli von der lutherischen Kirche konfessionell abspaltete und im Westfälischen Frieden 1648 rechtliche Anerkennung fand (Guhrt, Reformierte Kirchen, Sp. 1504 f.).

Lübeck[15],[16] in der die Familie Pauli hohes Ansehen genoss[17]. Der Vater Carl Wilhelm Paulis, Adrian Wilhelm Pauli, wurde am 10. Februar 1749 als zweiter Sohn von Franz Hinrich Pauli in Lübeck geboren.[18] Zwar führte sein älterer Bruder, der ebenfalls Franz Hinrich Pauli[19] hieß, die Firma *Franz Hinrich Pauli & Sohn* fort, doch auch Adrian Wilhelm Pauli betätigte sich als Kaufmann.[20] Zudem ernannte ihn König Gustav III. von Schweden[21] am 16. November 1775 wegen seiner „angerümten Geschicklichkeit und guten Verhaltens" zum königlich-schwedischen Agenten in Lübeck.[22] Diese Eigenschaften mögen sich eher

---

15 Die Gründung der Reformierten Gemeinde zu Lübeck erfolgte am 26. August 1666, nachdem bereits seit Beginn des 17. Jahrhunderts viele Kaufleute reformierten Glaubens, insbesondere aus Holland, in die Stadt zogen. Von der ihnen bewiesenen Toleranz versprach sich der Lübecker Rat neuen wirtschaftlichen Aufschwung, um der Verarmung in Folge des Dreißigjährigen Kriegs entgegenzutreten. Durch die Flucht tausender Hugenotten aus Frankreich nach dem Edikt von Nantes 1685 wuchs die Gemeinschaft weiter und durfte ab 1693 öffentliche Gottesdienste feiern (Bode, Geschichte der evangelisch-reformierten Gemeinde zu Lübeck, S. 2, 4).

16 AHL, Personenkartei, Nr. 238, Pauli.

17 Bode, Geschichte der evangelisch-reformierten Gemeinde zu Lübeck, S. 5.

18 AHL, Lübeckische Geschlechter, S. 1327, Pauli.

19 Franz Hinrich Pauli wurde am 07. Oktober 1747 als drittes Kind und erster Sohn von Franz Hinrich Pauli und seiner zweiten Gattin Dina Adriansen geboren. Am 27. Mai 1773 ehelichte er Christina Louise Platzmann, mit der er sieben Kinder bekam. Nach ihrem Tod am 22. Juli 1789 ging er am 16. Oktober 1795 mit Johanna Henrietta Berkemeyer eine weitere Ehe ein, die kinderlos blieb. Franz Hinrich Pauli verstarb am 22. Juni 1823 (AHL, Lübeckische Geschlechter, S. 1327, Pauli).

20 Die Lübecker Adressbücher führen Franz Hinrich Pauli als Kaufmann unter der Firma *Franz Hinrich Pauli & Sohn* in der Breiten Straße (Adressbuch HL/1805, S. 164; Adressbuch HL/1807, S. 164). Ein Handbuch für Kaufleute aus dem Jahre 1784 nennt beide Brüder unter den Lübecker Kaufleuten mit folgenden Einträgen:
„Franz Hinrich Pauli, hält Lager von allen Manufakturwaaren, macht eigene Geschäfte, und bedient Commissionen und Speditionen"
„Adrian Wilhelm Pauli und Häseler, treiben eigene Handlung und halten gewöhnlich ein Lager von schwedischen Gar-Kupfer, auch russischen Produkten besorgen sonst Commissions- und Speditionsaufträge"
(Crusius, Handbuch für Kaufleute, Erster Abschnitt, S. 196, 205 f.).

21 Gustav III. kam am 24. Januar 1746 zur Welt und trat 1771 die Regentschaft als schwedischer König an. Er starb am 29. März 1792 an den Folgen eines auf einem Maskenball verübten Attentats (Findeisen, Schwedische Monarchie, S. 213 f.).

22 Ernennungsurkunde König Gustavs III. von Schweden vom 16. November 1775:

auf sein gesellschaftliches Auftreten als auf seine kaufmännische Arbeit bezogen haben. Adrian Wilhelm Pauli fehlte nämlich der ausgeprägte Geschäftssinn seines Vaters, während er über ein anziehendes Äußeres, tadellose Manieren und ein liberales Wesen verfügte.[23]

Mütterlicherseits ging Carl Wilhelm Paulis Herkunft auf die ursprünglich holländische Familie Poel[24] zurück, die gleichfalls der Reformierten Kirche angehörte. Sein Ururgroßvater Gerrit Claesz Pool[25], ein Schiffszimmermann aus Amsterdam, unterwies den russischen Zaren Peter I. den Großen[26] vom 30. August 1697 bis zum 15. Januar 1698 im Schiffbau und bescheinigte ihm die erfolgreiche Ausbildung in einem selbst unterzeichneten Lehrzeugnis.[27] Die Verbindung der Familie

---

„Wir, Gustav von Gottes Gnaden, der Schweden, Gothen und Wenden König [...] Da Wir in Gnaden gut gefunden haben, in der Römischen Reichs- und Handelsstadt Lübeck, zur Beobachtung vorkommender Angelegenheiten, einen Agenten zu haben, wozu auch von Uns ein Daselbst wohnhafter Kauffmann, der uns liebe Adrian Wilhelm Pauli, seiner Uns angerümten Geschicklichkeit und guten Verhaltens wegen, ausersehen worden; Also haben Wir hiemit und kraft dieses Unsers gnädigen [...] Diplome, Ihn, Adrian Wilhelm Pauli, zu Unserm Agenten in erwähnter Stadt Lübeck annehmen und verordnen wollen. Wobey Wir, von allen und jedem, welche dieses angeht, vermuthen, und denen, die Uns mit unterthänigen Treue und Pflichten verbunden sind, befehlen, daß selbige obbenannten Unsern Agenten in solcher Eigenschaft ansehen und Erkennen, auch ihm bei Ausrichtung Unserer Gewerbe, geneigte Bereitwilligkeit erweisen [...]."
(AHL, ASA Externa Suecica, Nr. 384).

23 Poel, Bilder aus vergangener Zeit, S. 148; Pauli, Erinnerungen aus sieben Jahrzehnten, S. 35; Poel, Carl Wilhelm Pauli. Ein Lebensbild, S. 2.

24 Alle Angaben dieses Absatzes zu den Mitgliedern der Familie Poel sind der familieneigenen Website entnommen: www.familiepoel.de, zuletzt am 08.10.2018.

25 Gerrit Claesz Pool wurde am 19. Februar 1651 in Amsterdam getauft und am 02. Juni 1710 ebenda beigesetzt. Der Familienname schrieb sich zu dieser Zeit *Pool.*

26 Peter I. der Große, geboren am 30. Mai 1672, regierte ab 1682 bis zu seinem Tod am 28. Januar 1727 als russischer Zar. Von März 1697 bis September 1698 reiste er meist inkognito auftretend durch Europa (Jena, Russische Zaren, S. 163, 174–178).

27 „Ich, unterschriebener Gerrit Claesz. Pool, Meister-Schiffszimmermann der octroyirten ostindischen Companie zur Kammer von Amsterdam, bescheinige und bezeuge als die Wahrheit, dass Peter Michaeloff (zum Gefolge der großmoskowitischen Gesandtschaft gehörig, und daraus unter denjenigen, die allhier zu Amsterdam auf der ostindischen Schiffszimmerwerft vom 30. August 1697 bis heute gewohnt und unter unserer Aufsicht gezimmert habe), sich während der Zeit seines edlen Aufenthaltes dahier als ein fleißiger und tüchtiger Zimmermann benommen hat, als da ist im Rauarbeiten, Stoßhölzer anlegen, Abkrabben, Bröwen, Hobeln, Einfügen, Behauen, Abschlichten, Bohren, Sägen, Planken- und Stoßhölzerbrennen und was einem guten

Poel zum russischen Zarenhaus blieb auch über weitere Generationen erhalten. Jan Poel[28], ein Sohn Gerrit Claesz Pools und Urgroßvater Carl Wilhelm Paulis, wanderte nach St. Petersburg aus, wo er offene Aufnahme durch Zar Peter I. den Großen erfuhr und als Zimmermann Arbeit fand. Sein Sohn Jacobus Poel[29], der Großvater Carl Wilhelm Paulis, etablierte sich in St. Petersburg und Archangelsk mit Erfolg als Kaufmann. Er genoss die Gunst des Thronerben und späteren Zaren Peter III.[30], wodurch er zum großfürstlichen und kaiserlichen Hof- und Kommerzienrat avancierte. Als Tochter von Jacobus Poel kam Carl Wilhelm Paulis Mutter, Magdalena Poel, am 23. Februar 1757 in Archangelsk zur Welt. Die Patenschaft für ihren jüngeren Bruder Piter Poel, der am 17. Juni 1760 ebenfalls dort geboren wurde, übernahm der russische Thronfolger. Nachdem letzterer noch im Jahre seines Regierungsantritts als Zar Peter III. 1762 gestürzt worden war, verließ die Familie Russland und übersiedelte samt ihres beträchtlichen Vermögens nach Hamburg, wo Jacobus Poel neue kaufmännische und gesellschaftliche Beziehungen knüpfte. Er erwarb zusätzlich zu seinem Stadthaus einige Güter in Mecklenburg, unter anderem das Gut Zierow, das als Sommersitz diente.

---

und vortrefflichen Zimmermann zu tun bekommt, und hat eine Fregatte, Peter und Paul, über 100 Fuß lang, von Anfang an (am Vordersteven und am Steuerbord) bis sie beinahe fertig war, machen helfen und das nicht allein, sondern ist durch mich überdies noch in der Schiffsarchitektur und Zeichenkunst vollkommen unterwiesen worden, so dass Se. Edeln dieselben aus dem Grunde versteht, und das, so weit als sie unseres Dafürhalten praktiziert werden kann. Zum Zeugnis der Wahrheit habe ich dies mit meiner eigenen Hand unterschrieben. So geschehen in Amsterdam an unserem gewöhnlichen Wohnplatz bei der ostindischen Werft, den 15. Januar im Jahre unseres Herrn 1698.

Gerrit Claesz. Pool, Meister-Schiffszimmermann der EE. octroyirten ostindischen Companie in Amsterdam."

28 Jan Poels Taufe fand am 15. Juli 1682 in Amsterdam statt. Er starb jedenfalls vor 1762. Seit seiner Übersiedlung nach Russland findet sich die Schreibweise *Poel*.

29 Jacobus Poel kam im Jahre 1712 in Holland zur Welt und erhielt in Leiden eine umfassende Ausbildung. Nach dem Tod seiner ersten Ehefrau, die ihm zwei Söhne gebar, heiratete er zumindest vor 1753 Magdalena van Brienen, mit der er fünf Kinder bekam. Sie wurde am 08. Oktober 1763 in Hamburg beigesetzt. Jacobus Poel ging am 06. August 1767 mit Judith Schreur van Hoghenstein eine dritte Ehe ein, die kinderlos blieb. Er starb am 25. September 1775 im mecklenburgischen Zierow.

30 Peter III., geboren am 21. Februar 1728, bestieg 1762 den Zarenthron. Durch eine Revolte der Garderegimenter entmachtet, musste er nach sechsmonatiger Regierung abdanken. Sein Tod am 05. Juli 1762 erfolgte wahrscheinlich unter gewaltsamen Umständen. Ob und in welchem Maße seine Gattin Zarin Katharina II. die Große dieses Ereignis beeinflusste, blieb unsicher (Jena, Russische Zaren, S. 281, 295 f.).

Zum Kreis der Kaufleute, mit denen Jacobus Poel verkehrte, zählte auch der vermögende Franz Hinrich Pauli, dessen Sohn Adrian Wilhelm Pauli bei den Besuchen, welche die Poels den Paulis auf ihren Reisen zwischen Hamburg und Zierow in Lübeck abstatteten, die Bekanntschaft von Magdalena Poel machte.[31] Beide heirateten am 14. April 1776 in Hamburg.[32] Das Paar ließ sich zunächst in Lübeck nieder, verbrachte die Sommer aber auf Gut Zierow, das Magdalena Pauli von ihrem Vater Jacobus Poel geerbt hatte.[33] Adrian Wilhelm Pauli veräußerte es 1786 und kaufte stattdessen das näher an Lübeck gelegene Gut Rondeshagen in Lauenburg.[34] Die Eheleute bekamen zwischen 1780 und 1791 zuerst vier Töchter: Dina Emilie und Sophia Luise[35], die als Kleinkind verstorbene Franzisca Friderica[36] und zuletzt Franzisca Amalia[37].

II. Geburt in Lübeck

Carl Wilhelm Pauli wurde am 18. Dezember 1792 als fünftes Kind und erster Sohn von Adrian Wilhelm und Magdalena Pauli in Lübeck geboren.[38] Die Taufe in der Lübecker Reformierten Kirche erfolgte am 30. Dezember 1792.[39] Es liegt nahe, dass die Freude der Eltern, Verwandten und Freunde über einen Jungen nach der vorherigen Geburt der vier Mädchen sehr groß war. Caspar von Voght[40], ein enger Vertrauter Magdalena Paulis, schrieb ihr anlässlich dieses Ereignisses einen Brief mit der Anschrift „An die glückliche Mutter“:

31 Poel, Bilder aus vergangener Zeit, S. 148.

32 AHL, Lübeckische Geschlechter, S. 1327, Pauli.

33 Poel, Carl Wilhelm Pauli. Ein Lebensbild, S. 2.

34 Kulenkampff, Magdalena Pauli, S. 228.

35 Dina Emilie Pauli kam am 30. August 1780 zur Welt, ihre Schwester Sophia Luise Pauli am 20. Januar 1785 (AHL, Lübeckische Geschlechter, S. 1327, Pauli).

36 Franzisca Friderica Pauli, geboren am 17. Dezember 1786, wurde am 28. August 1788 beigesetzt (AHL, Personenkartei, Nr. 238, Pauli). Als einziges der Geschwister starb sie im Kindesalter (vgl.: Poel, Carl Wilhelm Pauli. Ein Lebensbild, S. 4, 8).

37 Franzisca Amalia Pauli wurde am 11. Januar 1791 geboren (AHL, Personenkartei, Nr. 238, Pauli). Sie, die Nächstältere, war Carl Wilhelm Paulis „Lieblingsschwester“ (Pauli, Erinnerungen, S. 21; Poel, Carl Wilhelm Pauli. Ein Lebensbild, S. 17).

38 AHL, Genealogisches Register Bd. 11, S. 115, Pauli; AHL, Personenkartei, Nr. 238, Pauli.

39 AHL, Kirchenbuch der Reformierten Gemeinde, S. 43.

40 Caspar von Voght kam am 11. November 1752 in Hamburg zur Welt. Er übernahm das väterliche Handelshaus für Seiden- und Leinenwaren, das er zu einer der größten Import- und Exportfirmen der Stadt ausbaute. Auf Grund der Gewinne konnte er sich der von ihm verfolgten Reform der deutschen Landwirtschaft widmen. Zu diesem Zweck gestaltete er seinen 1785 erworbenen Flottbeker Landsitz in ein Mustergut

> „Sie haben einen Sohn gebohren, meine Theure - Gottes Seegen über ihn und Sie! Ich hoffe Sie sind wohl - o wie gering müssen einer Mutter diese Leiden scheinen im Augenblick dieser Belohnung! Wie ich mich freue, daß Sie einen Sohn haben! [...] Er ward in einer schönen Zeit gebohren!"[41]

Die Ansicht Caspar von Voghts, Carl Wilhelm Pauli sei in einer „schönen Zeit" zur Welt gekommen, trifft jedenfalls für die wirtschaftliche Situation der Familie nicht zu. Adrian Wilhelm Pauli hatte das von seinem Vater Franz Hinrich Pauli geerbte Vermögen besonders durch Güterspekulationen vertan und sah sich – neben dem Verkauf des Gutes Rondeshagen[42] – im Jahre 1794 gezwungen, mit seiner Ehefrau und den Kindern nach Altona überzusiedeln.[43]

III. Heranwachsen in Altona und Bückeburg

1. Altona gegen Ende des 18. Jahrhunderts

Altona im Herzogtum Holstein stand seit 1640 unter der Herrschaft der Dänen und stieg im 18. Jahrhundert mit der Förderung der dänischen Könige, die so der Wirtschaft Hamburgs schaden wollten, zur zweitgrößten Metropole nach Kopenhagen und zum weitaus wichtigsten Handels- und Gewerbezentrum Dänemarks im Unterelberaum auf.[44] Es entstanden Geschäftskontakte sowohl in angrenzende als auch in ferne Länder, das Verkehrswesen prägte sich aus und eine kontinuierliche Zuwanderung vom Lande setzte ein.[45] Besonders ab den 1790er Jahren fing ein erhebliches ökonomisches Wachstum an, weil der

---

nach dem Vorbild des englischen Agrarwesens um, das ihm von einer Englandreise bekannt war. So verursachte er die Übernahme englischer Ackerbaumethoden und die Einführung der Baumschulkultur in Deutschland sowie die Gründung der ersten deutschen landwirtschaftlichen Lehranstalt. Zudem initiierte Caspar von Voght mit dem Schriftsteller Johann Georg Büsch die Gründung der *Allgemeinen Armenanstalt* in Hamburg 1788. Ihr Konzept fand europaweite Anerkennung und führte zu einer Restrukturierung des Armenwesens in über vierzig Städten, bei der Caspar von Voght oftmals – etwa in Wien, Berlin, Paris und Rom – in leitender Rolle mitwirkte. Wegen seiner Verdienste erhob ihn Kaiser Franz II. 1802 zum Reichsfreiherrn. Er starb am 20. März 1839 in Hamburg (Ahrens, Caspar von Voght, S. 236 f.).

41 Möller/Tecke, Caspar Voght und sein Hamburger Freundeskreis, S. 1.

42 Kulenkampff, Magdalena Pauli, S. 229.

43 Ahrens, Carl Wilhelm Pauli, S. 329.

44 Brandenburg, Altona um 1800, S. 29.

45 Brandenburg, Altona um 1800, S. 318.

Eigenhandel während der Revolutionskriege von 1792 bis 1802[46], an denen sich der dänische Staat nicht beteiligte, neben der Reederei stark aufblühte.[47] In Folge dessen erlebte die Stadt von 1794 bis 1800 ihre „goldenen Jahre".[48]

2. Familiäres und gesellschaftliches Leben

Obwohl seine Eltern notgedrungen nach Altona umzogen, verbrachte Carl Wilhelm Pauli dort etwa vierzehn glückliche Kindheits- und Jugendjahre. Gemeinsam mit seinen älteren Schwestern und dem 1795 geborenen Bruder Paul Emil[49], dem letzten Kind von Adrian Wilhelm und Magdalena Pauli, wuchs er in einer weltoffenen, aufgeklärten und gebildeten Gesellschaft auf.

Das Umfeld Carl Wilhelm Paulis und seiner Geschwister ging überwiegend auf die sozialen Kontakte Magdalena Paulis zurück. Da Adrian Wilhelm Pauli hauptsächlich von seiner geschäftlichen Tätigkeit beansprucht wurde, übte sie auf die Entwicklung der Kinder den maßgeblichen Einfluss aus.[50] Durch ihren Bruder Piter Poel[51],

---

46 Als Revolutionskriege bezeichnet man die ersten zwei Koalitionskriege zwischen dem revolutionären Frankreich und verschiedenen europäischen Mächten, die eine Verbreitung der Ideen der Französischen Revolution von 1789 aufzuhalten suchten. Am 20. April 1792 begann der Erste Koalitionskrieg mit einer Kriegserklärung Frankreichs gegenüber Preußen und Österreich. An der folgenden Konfrontation nahmen etwa Russland, England, die Niederlande, Spanien, Portugal, Neapel und Sardinien teil. Sie endete nach zahlreichen Siegen Frankreichs mit dem Frieden von Campoformio am 17. Oktober 1797. Im anschließenden Jahr bildete England, das sich weiter mit der Französischen Republik im Kriegszustand befand, ein zweites Bündnis zusammen mit Österreich, Russland und Neapel. Der nun einsetzende Zweite Koalitionskrieg, aus dem Frankreich wieder siegreich hervorging, dauerte bis zum Frieden von Amiens am 27. März 1802 (Schütz, Koalitionskriege, S. 674 f.).

47 Brandenburg, Altona um 1800, S. 76.

48 Brandenburg, Altona um 1800, S. 76.

49 Paul Emil Pauli wurde am 09. März 1795 geboren (AHL, Personenkartei, Nr. 238, Pauli). Als Erwachsener ergriff er den Kaufmannsberuf und ließ sich in Großbritannien nieder (Poel, Carl Wilhelm Pauli. Ein Lebensbild, S. 8).

50 Poel, Carl Wilhelm Pauli. Ein Lebensbild, S. 3.

51 Piter Poel kam am 17. Juni 1760 in Archangelsk als Sohn von Jacobus und Magdalena Poel, geborene van Brienen, zur Welt, die 1762 mit ihren Kindern nach Hamburg gingen. Auf Wunsch seines Vaters schlug er zunächst eine Laufbahn als Kaufmann ein und arbeitete von 1776 bis 1778 als Kopist in einem Handelshaus im französischen Bordeaux. Von 1780 bis 1783 besuchte er die Universität Göttingen, um sich für ein Amt im höheren Staatsdienst zu qualifizieren. Dieses Ziel erreichte er in St. Petersburg, wo er auf Vermittlung seiner Verwandtschaft mütterlicherseits, der Familie van Brienen,

zu dem sie zeitlebens in einem engen Verhältnis stand, gehörte sie dem gesellschaftlichen Kreis um die Familien Büsch, Reimarus, Sieveking und Voght an.[52] Dieser war wegen seiner Toleranz, Belesenheit, Aufgeschlossenheit, Geselligkeit und Gastfreundschaft der „gesuchteste in Hamburg und Altona" sowie „Anziehungs- und Knotenpunkt in den Netzwerken der Aufklärung nicht nur in Deutschland, sondern europaweit".[53] Der Zirkel veranstaltete regelmäßige Lesegesellschaften, an denen auch die hochgebildete Magdalena Pauli teilnahm und in deren Rahmen sie kurz nach ihrer Heirat Caspar von Voght traf,[54] den besten Freund ihres Bruders Piter Poel[55]. Mit ihm baute sie eine langjährige und sehr innige Verbindung auf.[56]

Die Lesegesellschaften fanden meistens im Hause des Schriftstellers Johann Georg Büsch[57], einem Zentrum der Hamburger Aufklärung,

---

eine Stelle als Sekretär im Außenministerium erhielt. Als 1784 seine Bemühungen fehlschlugen, eine Position als diplomatischer Vertreter in Stockholm oder Hamburg zu erhalten, ging er 1785 ohne Anstellung nach Hamburg zurück. Dort heiratete er am 06. Januar 1787 Friederike Elisabeth Büsch, die am 23. September 1768 geborene Tochter des Schriftstellers Johann Georg Büsch, mit der er zehn Kinder bekam. Wirtschaftlich abgesichert durch das Erbe seines Vaters Jacobus Poel, baute sich Piter Poel eine neue Existenz als Publizist in Altona auf, vor allem als Inhaber der Zeitung *Altonaer Merkur*. Er hegte besonderes Interesse für die Französische Revolution von 1789, gab die politische Zeitschrift *Frankreich* heraus und saß mit seinem Freund Caspar von Voght als einer von vier Direktoren dem Altonaer *Institut zur Unterstützung französischer Emigranten* vor. Nach dem Tod seiner Gattin am 18. Oktober 1810 zog er sich ins Privatleben zurück. Piter Poel starb am 03. Oktober 1837 in Altona (Feilchenfeld, Piter Poel, S. 216–218).

52 Frensdorff, Carl Wilhelm Pauli, S. 262.

53 Hatje/Smith, Netzwerke in Hamburg und Altona, S. 51 f., 54.

54 Kulenkampff, Magdalena Pauli, S. 228.

55 Feilchenfeld, Piter Poel, S. 217.

56 Alfred Aust charakterisiert das Verhältnis zwischen Magdalena Pauli und Caspar von Voght als „große Liebe" (Aust, Mir ward ein schönes Los, S. 11). Beide standen jedenfalls über Jahre in Briefkontakt, wobei Caspar von Voght intensiv am Leben Magdalena Paulis teilnahm (vgl. die Briefe Caspar von Voghts an Magdalena Pauli 1792 bis 1821 in: Möller/Tecke, Caspar Voght und sein Hamburger Freundeskreis). Caspar von Voght blieb unverheiratet (Ahrens, Caspar von Voght, S. 236).

57 Johann Georg Büsch, geboren am 03. Januar 1728 in Altenmedigen, studierte ab 1748 in Göttingen Theologie, Philosophie und Mathematik. Ab 1756 wirkte er als Professor für Mathematik am Akademischen Gymnasium in Hamburg. Zudem lehrte er an der Hamburger Handelsakademie, einer geachteten Ausbildungseinrichtung für Kaufleute, deren Leitung er 1771 übernahm. Er engagierte sich darüber hinaus

statt.[58] Er wurde der Schwiegervater Piter Poels und war mit dem Arzt Johann Albert Heinrich Reimarus[59] verbunden.[60] Dessen Tochter Johanna Margaretha Sieveking[61] unterhielt eine enge freundschaftliche Beziehung zu Magdalena Pauli[62] und übernahm auch die Patenschaft für ihren ältesten Sohn Carl Wilhelm Pauli[63].

---

auf gesellschaftliche und soziale Art. So gehörte er zu den Gründern der hamburgischen *Gesellschaft für gemeinnützige Tätigkeit* und der hamburgischen *Allgemeinen Versorgungsanstalt*. Daneben verfasste er eine erhebliche Anzahl von Publikationen zu handelswissenschaftlichen, juristischen, sozialen, historischen, mathematischen, technischen und pädagogischen Themen. Seine Werke beeinflussten maßgeblich die Entwicklung des Bank-, Versicherungs-, Handels-, Wechsel- und Seerechts und dienten als Grundlage der modernen Betriebswirtschaft. Johann Georg Büsch starb am 05. April 1800 in Hamburg (Hempel, Johann Georg Büsch, S. 74 f.).

58 Kulenkampff, Magdalena Pauli, S. 228.

59 Johann Albert Heinrich Reimarus kam am 11. November 1729 in Hamburg zur Welt. Er nahm 1752 ein Medizinstudium in Göttingen auf, das er ab 1753 in Leiden, der damals renommiertesten medizinischen Ausbildungsstätte, fortsetzte. Von 1754 bis 1756 lebte er in Großbritannien, wo er die Universität Edinburgh besuchte und in mehreren Londoner Krankenhäusern arbeitete. Nach der Promotion in Leiden 1757 ließ er sich erfolgreich mit einer Praxis in Hamburg nieder und etablierte dort die Impfung gegen die Blattern. Neben der ärztlichen Tätigkeit gab er Schriften zu politischen und ökonomischen Fragen heraus und empfing führende Intellektuelle der Zeit. Als Anhänger freiheitlich-republikanischer Ideen begrüßte er zunächst die Französische Revolution von 1789, kritisierte jedoch bereits 1791 in seinem Dialog *Freiheit* das in Frankreich errichtete diktatorische Regime. Er führte zahlreiche medizinisch-naturwissenschaftliche Experimente durch, seine hierbei erreichten Leistungen brachten ihm 1796 sogar eine Professur für Physik am Hamburger Akademischen Gymnasium ein. Johann Albert Heinrich Reimarus starb am 06. Juni 1814 in Rantzau (Overhoff, Johann Albert Heinrich Reimarus, S. 300–302).

60 Hatje/Smith, Netzwerke in Hamburg und Altona, S. 51.

61 Johanna Margaretha Sieveking, genannt „Hannchen“, wurde am 20. November 1760 in Hamburg geboren. Im Hause ihres Vaters Johann Albert Heinrich Reimarus, einem Mittelpunkt des gesellschaftlichen Lebens, traf sie den Kaufmann Georg Heinrich Sieveking. Sie heiratete ihn 1782 und gebar fünf gemeinsame Kinder. Die zahlreichen Gäste, die das Paar empfing, beschrieben Johanna Margaretha Sieveking als besonders wohltätig und liebevoll. Sie pflegte eine intensive Freundschaft zu Caspar von Voght, mit dem sie in ständigem Briefkontakt stand. Nach dem Tod ihres Gatten 1799 führte sie dessen Handelshaus weiter, musste allerdings im Jahre 1811 Konkurs anmelden. Sie kehrte sodann in ihr Elternhaus zurück und starb am 12. Juni 1832 in Hamburg (Reimers, Johanna Margaretha Sieveking, S. 293 f.).

62 Kulenkampff, Magdalena Pauli, S. 228.

63 AHL, Kirchenbuch der Reformierten Gemeinde, S. 44.

Ihr Ehemann, der Kaufmann und Aufklärer Georg Heinrich Sieveking[64], erwarb im Jahre 1793 zusammen mit seinem Freund Piter Poel einen Landsitz in Neumühlen an der Elbe, den sie zum Mittelpunkt eines außerordentlich regen gesellschaftlichen Lebens ausbauten.[65] Das Anwesen entfaltete sich in den folgenden Jahren als ein „kosmopolitischer und polyglotter Ort unvoreingenommener Begegnungen und offenen Gedankenaustausches von europäischem Rang".[66] Hier verlebte Carl Wilhelm Pauli als Junge ganze Wochenenden unter der Obhut seiner Patin Johanna Margaretha Sieveking.[67] Magdalena Pauli brachte ihre Kinder jedoch nicht nur mit einem aufgeklärten Umfeld in Berührung, sondern wählte auch Hauslehrer für ihre Bildung aus.[68] In Bezug auf die Entwicklung ihres erstgeborenen Sohnes Carl Wilhelm Pauli traf sie mit dieser Form der Erziehung, die ein individuelles Eingehen auf die Geschwister ermöglichte, eine sehr kluge Entscheidung. So urteilte er später:

> „Auch fordert das Naturell einzelner Kinder sehr entschieden, daß ihnen in einem gewissen Alter Privatunterricht ertheilt werde, so wie ich denn z.B. glaube, daß, wenn ich, statt einen Hauslehrer in meiner Kindheit zu erhalten, in einer öffentlichen Anstalt gelassen wäre, bei meinem Mangel an Sammlung ich völlig stupide und unwissend hätte bleiben müssen."[69]

---

64 Georg Heinrich Sieveking wurde am 28. Januar 1751 in Hamburg als Sohn eines Kaufmanns und Tuchhändlers geboren. Nach dem Abschluss seiner Kaufmannslehre besuchte er die Handelsakademie Johann Georg Büschs. Er wurde 1777 Teilhaber des Handelshauses *Voght und Sieveking*, dessen Prinzipal der Vater seines Freundes Caspar von Voght war. Ab 1793 verfügte er über die alleinige Inhaberschaft und stieg dank seiner globalen Handelsverbindungen zu einem der wichtigsten Kaufleute in Hamburg auf. Daneben trat er der hamburgischen *Gesellschaft zur Beförderung der Künste und nützlichen Gewerbe* bei, engagierte sich in der Freimaurerei und übte Ämter der städtischen und kaufmännischen Selbstverwaltung aus. Um sich zu den Ideen der Französischen Revolution von 1789 zu bekennen, gab er am 14. Juli 1790 – dem ersten Jahrestag des Sturms auf die Bastille – im Garten seines Hamburger Hauses ein Aufsehen erregendes Fest und schrieb zu diesem Anlass ein *Freiheitslied.* Er setzte sich für soziale Reformen ein und unterhielt Kontakte zu Demokraten und Liberalen der hamburgischen Führungsschicht. Georg Heinrich Sieveking starb am 25. Januar 1799 in Hamburg (Kopitzsch, Georg Heinrich Sieveking, S. 291–293).

65 Feilchenfeld, Piter Poel, S. 217.

66 Kopitzsch, Georg Heinrich Sieveking, S. 292.

67 Poel, Carl Wilhelm Pauli. Ein Lebensbild, S. 5.

68 Poel, Carl Wilhelm Pauli. Ein Lebensbild, S. 5 f.

69 Brief Carl Wilhelm Paulis an seine Schwester Franzisca Amalia 1827, zitiert nach: Poel, Carl Wilhelm Pauli. Ein Lebensbild, S. 6 f.

3. Einschulung in Zeiten der Kontinentalsperre

Eine „öffentliche Anstalt“ besuchte Carl Wilhelm Pauli erst ab 1807, als seine Eltern den damals vierzehnjährigen Jungen zum Gymnasium Christianeum[70] in Altona schickten.[71] In jenem Alter fand ebenfalls seine Konfirmation in der Reformierten Gemeinde statt, welcher die gesamte Familie Pauli angehörte.[72] Zu Beginn von Carl Wilhelm Paulis Schulzeit war jedoch der wirtschaftliche Aufschwung, der Altona im vorangehenden Jahrzehnt geprägt hatte, vorbei. Vielmehr begann durch die Kontinentalsperre, die der französische Kaiser Napoleon I.[73] am 21. November 1806 gegenüber Großbritannien erließ, der ökonomische Verfall. Das absolute Handelsembargo zielte auf die Zerrüttung des britischen Wirtschaftslebens ab, nachdem eine militärische Unterwerfung des Königreichs seit der französischen Niederlage in der Seeschlacht von Trafalgar am 21. Oktober 1805 mittlerweile endgültig gescheitert war.[74] Die Wirtschaftsblockade galt zwar zunächst nicht für das neutral zu Frankreich stehende Dänemark, doch nach einem englischen Überfall auf Kopenhagen schloss sich der dänische Staat dem Boykott durch einen Bündnisvertrag vom 31. Oktober 1807 sowie ein Handelsdekret vom 24. Dezember 1807 an.[75] In Altona kamen darauf

70 Das Christianeum, gegründet 1738, bestand aus drei verschiedenen Schulen: der Vorbereitungsschule ähnlich der heutigen Grundschule, einer Lateinschule genannt Pädagogium und dem Akademischen Gymnasium, an dem der Unterricht wie auf der Universität in Form von Vorlesungen erfolgte. Die Aufnahme im Akademischen Gymnasium setzte weder ein explizites Alter noch das Bestehen einer Prüfung voraus. Ein Schüler verblieb so lange in einer bestimmten Klasse, bis er die hierfür festgelegten Lehrinhalte gänzlich beherrschte. Erfüllte er die Anforderungen nur im Hinblick auf ein einzelnes Gebiet, konnte er dieses ohne Rücksicht auf die anderen Disziplinen in der nächsten Stufe fortsetzen, sodass – im Gegensatz zum heutigen System – bei unterschiedlicher Leistung in den verschiedenen Fächern der parallele Besuch mehrerer Klassen möglich war (Elsner, Christianeum zu Altona, S. 7, 12).

71 Ahrens, Carl Wilhelm Pauli, S. 329.

72 Poel, Carl Wilhelm Pauli. Ein Lebensbild, S. 7.

73 Napoleon I., geboren am 15. August 1769 in Ajaccio auf Korsika als Sohn eines Advokaten namens Buonaparte, machte nach der Französischen Revolution 1789 in der Armee Karriere. Er stieg zum Brigadegeneral auf und stürzte am 09. November 1799 das in Frankreich herrschende Direktorium. Er etablierte eine Militärdiktatur mit festen staatlichen Strukturen, die er als Erster Konsul führte. Im Mai 1804 erhob er sich zum Kaiser der Franzosen (Kircheisen, Napoleon I., S. 892).

74 Schäfer, Kontinentalsperre, S. 700.

75 Brandenburg, Altona um 1800, S. 30, 76.

der Handel und das Gewerbe zunehmend zum Erliegen, die Arbeitslosigkeit wuchs und eine allgemeine Verarmung griff um sich.[76]

Desgleichen litt Carl Wilhelm Paulis Geburtsstadt Lübeck, die seit dem 06. November 1806 von den Franzosen besetzt war[77], wirtschaftlich immens unter der Kontinentalsperre. Auf Grund der Lähmung des Transithandels, einer bislang elementaren Grundlage des Wohlstands der Stadt, sowie der an Frankreich zu leistenden erheblichen Kontributionszahlungen brachen viele Handelshäuser zusammen und die Aussage eines Lübecker Kaufmanns im Januar 1808 bringt die verzweifelte Situation eindrucksvoll zum Ausdruck:

> „Niemals begann ein Jahr mit größerer Hoffnungslosigkeit!“[78]

4. Umzug und Schulabschluss in Bückeburg

Wie viele Kaufleute trafen Adrian Wilhelm Pauli in dieser Zeit Verluste.[79] Seine Ehefrau und er trennten sich im Jahre 1808 und Magdalena Pauli zog mit den gemeinsamen Kindern nach Bückeburg,[80] der damaligen Hauptstadt des Fürstentums Schaumburg-Lippe, das dem Rheinbund angehörte. In der Rheinbundakte vom 12. Juli 1806 lösten sich mehrere deutsche Staaten nach den Siegen Frankreichs im Dritten Koalitionskrieg 1805[81] vom Heiligen Römischen Reich Deutscher Nation, das mit der Abdankung Kaiser Franz II. am 06. August 1806 endete.[82] Sie gingen stattdessen ein Militärbündnis mit Kaiser Napoleon I. ein, dem allmählich sämtliche deutschsprachige Länder – außer Österreich, Preußen,

---

76 Brandenburg, Altona um 1800, S. 77.

77 Französische Truppen konnten das vom preußischen Militär verteidigte Lübeck binnen drei Stunden einnehmen. Die Plünderungen, die erst am 08. November 1806 verboten wurden, dauerten drei Tage. Die verwüstete Stadt, welche die Verwundeten versorgen und die Besatzer beherbergen musste, geriet in eine prekäre Lage. Diese verschärfte sich durch die Kontinentalsperre, die ab ihrem Erlass am 21. November 1806 für Lübeck galt (Ahrens, Franzosenzeit bis Erster Weltkrieg, S. 544 f.).

78 Voeltzer, Lübecks Wirtschaftslage unter dem Druck der Kontinentalsperre, S. 101.

79 Poel, Carl Wilhelm Pauli. Ein Lebensbild, S. 2.

80 Ahrens, Carl Wilhelm Pauli, S. 329.

81 Im Dritten Koalitionskrieg 1805 verbündeten sich England, Rußland, Schweden und Österreich gegen Kaiser Napoleon I., der eine Allianz mit Hanau, Bayern, Baden und Württemberg schloss. Nach dem Beginn der Auseinandersetzung im September 1805 besetzten die Franzosen am 13. November 1805 Wien. Der Konflikt entschied sich mit der Niederlage der Koalition in der sogenannten „Dreikaiserschlacht“ von Austerlitz am 02. Dezember 1805 und endete mit dem Frieden von Preßburg am 26. Dezember 1805 (Schäfer, Koalitionskriege, S. 676 f.).

82 Schäfer, Rheinbund, S. 1059.

Dänemark-Holstein und Schwedisch-Pommern – beitraten, so auch das Fürstentum Schaumburg-Lippe am 18. April 1807.[83] Während Adrian Wilhelm Pauli weiter in Altona wohnte,[84] nahm Magdalena Pauli in Bückeburg am Hofleben des Fürstenhauses teil, musste sich jedoch mit schlechten finanziellen Umständen arrangieren.[85] Carl Wilhelm Pauli besuchte das dortige Gymnasium und schloss die Schule Ostern 1811 ab.[86]

IV. Zwischenbetrachtung

Carl Wilhelm Paulis Kindheit und Jugend fällt in eine Zeit, in der Europa auf Grund der Französischen Revolution im Jahre 1789 und des Aufstiegs Kaiser Napoleons I. von ständigem Kriegsgeschehen beherrscht war. Wenngleich diese Ereignisse die Familie Pauli – etwa durch wirtschaftliche Probleme in Folge der Kontinentalsperre – betrafen, kommt ihnen doch kein dominanter Einfluss auf Carl Wilhelm Paulis ersten Lebensabschnitt zu. Im Vordergrund stand vielmehr seine Integration in ein gebildetes und aufgeklärtes Umfeld, wodurch er zu einem aufgeschlossenen und reflektierten Erwachsenen wurde. Dabei nahm Magdalena Pauli eine zentrale Rolle ein, denn ihre Beziehungen vermittelten erst die gesellschaftlichen Kontakte, die sich so positiv auf die Entwicklung ihres ältesten Sohnes auswirkten. Angesichts des regen Daseins in den Hamburger und Altonaer Kreisen stellte der Umzug nach Altona für Carl Wilhelm Pauli

---

83 Schäfer, Rheinbund, S. 1059.

84 Nach seinem Neffen Gustav Paul Poel übersiedelte Adrian Wilhelm Pauli mit nach Bückeburg (Poel, Carl Wilhelm Pauli. Ein Lebensbild, S. 2). Dem widersprechen aber die Einträge im Altonaer Adressbuch von 1808 und 1809. Adrian Wilhelm Pauli ist 1808 als königlich schwedischer Agent und Kaufmann in der Königstraße No. 301 genannt (Altonaisches Addressbuch für das Jahr 1808, Personen- und Firmenverzeichnis: Erster Abschnitt. Verzeichnis aller Einwohner, ihrer Namen, ihres Gewerbes, der Gassen wo sie wohnen, und der Nummer ihrer Wohnungen., S. 117). Dagegen steht er 1809 als Hofagent und Kaufmann unter Palmaille No. 439 (Altonaisches Addressbuch für das Jahr 1809, Personen- und Firmenverzeichnis: Erster Abschnitt. Verzeichnis aller Einwohner, ihrer Namen, ihres Gewerbes, der Gassen wo sie wohnen, und der Nummer ihrer Wohnungen., S. 120). Dies legt nahe, dass Adrian Wilhelm Pauli nach dem Wegzug seiner Ehefrau und der Kinder in Altona blieb und sich eine Unterkunft für ihn als Einzelperson suchte (Angaben nach einer digitalisierten Version der Hamburger und Altonaer Adressbücher unter: http://agora.sub.uni-hamburg.de/subhh-adress/digbib/start, zuletzt am 08.10.2018).

85 Kulenkampff, Magdalena Pauli, S. 229.

86 Frensdorff, Carl Wilhelm Pauli, S. 262.

einen Glücksfall dar, zumal er und seine Angehörigen damit von der Besetzung und Plünderung ihrer Heimatstadt Lübeck verschont blieben. Carl Wilhelm Pauli wuchs also trotz der Widrigkeiten, welche die Kriege der Franzosenzeit mit sich brachten, in glücklichen Verhältnissen auf.

C. Studium und Teilnahme an den Befreiungskriegen

> „Die Jurisprudenz interessirt mich als Brotwissenschaft nicht durch ihre Einzelheiten, sondern ich will ihr Gesammtes nur schnell und vollständig erfassen im Hinblick auf den künftigen praktischen Gebrauch.“[87]

I. Entscheidung für die Rechtswissenschaften

Nach dem Schulabschluss stellte sich für den 18-jährigen Carl Wilhelm Pauli die Frage, welches Fach er studieren sollte. Hiermit wandte er sich an Karl Sieveking[88], den Sohn seiner Patentante Johanna Margaretha Sieveking, der ihm eine juristische Ausbildung empfahl, die er ebenso selbst absolviert hatte:

> „Ich würde das gründliche Studium der Jurisprudenz, was nicht ohne vielseitiges Interesse für Dich sein kann, als eine Schuld ansehen, die ich abzutragen hätte, […]. Wir leben in so trüben Zeiten, daß keiner von uns auf ein anderes Erbtheil rechnen darf, als

---

87 Brief Carl Wilhelm Paulis an seine Mutter Magdalena Pauli vom 23. Oktober 1814, zitiert nach: Poel, Carl Wilhelm Pauli. Ein Lebensbild, S. 26 f.

88 Karl Sieveking kam am 01. November 1787 als zweiter Sohn von Georg Heinrich und Johanna Margaretha Sieveking, geborene Reimarus, in Hamburg zur Welt. Er nahm 1806 ein Jurastudium in Heidelberg auf, das er von 1807 bis 1810 in Göttingen fortsetzte. Dann trat er eine Stelle als Privatsekretär in Kassel an, die er 1812 aufgab, um als Privatdozent für Geschichte in Göttingen zu arbeiten. In Hamburg engagierte er sich 1813 erfolglos als Offizier der Bürgergarde gegen die zweite französische Besetzung der Stadt. Nach deren Befreiung im Mai 1814 machte er als Diplomat in Paris die hamburgischen Entschädigungsforderungen geltend. Vor der Schlacht von Waterloo 1815 schickte ihn der Hamburger Senat ins britische Hauptquartier, um die Interessen der Hansestädte zu verfolgen. Ab 1819 betätigte er sich als hanseatischer Vertreter in St. Petersburg, im Folgejahr ernannte ihn der Senat von Hamburg zum Syndicus. Als solcher kümmerte er sich vor allem um auswärtige Angelegenheiten, wobei sein größter Erfolg im Abschluss eines Handelsvertrags mit Brasilien 1827 lag, der den Überseemarkt für die Kaufleute erweiterte. Vergeblich blieben hingegen seine Bemühungen 1836/37, als Gesandter im Deutschen Bundestag in Frankfurt am Main eine gemeinsame Handelsflagge der deutschen Staaten zu etablieren. Ab 1837 hatte er den Vorsitz der Hamburger Zensurkommission inne und veranlasste wegen seiner liberalen Gesinnung die Aufhebung oder Milderung einiger Verbote. Karl Sieveking starb am 30. Juni 1847 in Hamburg (Grolle, Karl Sieveking, S. 361–363).

auf die erworbenen Fertigkeiten. Ich fühle nur zu sehr, wie wichtig es ist, irgend eine solche Fertigkeit zu haben, die, gleichsam immer zu realisiren, auch allen Besitzthümern, die man sonst noch haben mag, Leben gibt.“[89]

Seine Worte spiegeln deutlich die wirtschaftliche Unsicherheit wider, die zu diesem Zeitpunkt auf Grund der nun bereits Jahre andauernden französischen Vormachtstellung herrschte. Karl Sieveking erfuhr 1811 durch den Bankrott des einstmals erfolgreichen Handelshauses seiner Eltern selbst, wie wichtig eine eigene fundierte Ausbildung angesichts der unsteten Verhältnisse war. Eine Veränderung dieser „trüben Zeiten“ zeichnete sich dagegen in keiner Weise ab. Kaiser Napoleon I. befand sich nach seinen Siegen im Vierten Koalitionskrieg von 1806 bis 1807[90] sowie im Österreichisch-Französischen Krieg von 1809[91] mittlerweile auf dem Höhepunkt seiner Macht.[92] Karl Sievekings Argumente scheinen Carl Wilhelm Pauli überzeugt zu haben, denn er entschied sich entsprechend dem erbetenen Rat für das Jurastudium.

II. Förderung im Paulischen Familienstipendium

Bemerkenswerter Weise erhielt Carl Wilhelm Pauli bei seinem Vorhaben finanzielle Unterstützung vom sogenannten Paulischen Familienstipendium. Vor dem Hintergrund der allgemein angespannten ökonomischen Lage, die auch Carl Wilhelm Paulis Eltern in Bedrängnis brachte, dürfte der Zuschuss äußerst willkommen gewesen sein. Das Paulische Familienstipendium ging zurück auf die Initiative seines Vorfahren Daniel Friedrich Pauli[93], der wie

---

89 Brief Karl Sievekings an Carl Wilhelm Pauli vom 11. März 1811, zitiert nach: Poel, Carl Wilhelm Pauli. Ein Lebensbild, S. 9.

90 Im Vierten Koalitionskrieg traten 1806 Preußen und Russland gegen Frankreich und die Rheinbundstaaten an. Die preußische Armee erlebte in der Doppelschlacht von Jena und Auerstedt am 14. Oktober 1806 ihre totale Niederlage. Am 27. Oktober 1806 besetzten die Franzosen Berlin, es folgten Kapitulationen vieler preußischer Einheiten und Festungen. In Ostpreußen entschied Kaiser Napoleon I. den Konflikt in der Schlacht von Friedland am 14. Juni 1807 und diktierte Russland und Preußen am 09. Juli 1807 den Frieden von Tilsit (Schäfer, Koalitionskriege, S. 676 f.).

91 Kaiser Napoleon I. führte 1809 einen weiteren Krieg mit Österreich, den er – nach der erneuten Besetzung Wiens am 13. Mai 1809 – in der Schlacht von Wagram am 06. Juli 1809 gewann. Der Frieden von Schönbrunn am 10. Oktober 1809 beendete die Auseinandersetzung (Schäfer, Österreichisch-Französischer Krieg, S. 935).

92 Kircheisen, Napoleon I., S. 893.

93 Daniel Friedrich Pauli wurde am 23. Februar 1650 in Altena geboren. Er war der Onkel von Franz Hinrich Pauli, dem Großvater Carl Wilhelm Paulis, der 1728 nach Lübeck

die ganze Familie Pauli ursprünglich aus Altena in Westfalen stammte und zur Generation der Urgroßeltern von Carl Wilhelm Pauli gehörte. Gut gebildet in Philosophie und Rechtswissenschaften, ließ er sich nach mehrjähriger Arbeit als Diplomat in dänischen Diensten schließlich 1690 in Lübeck nieder.[94]

Daniel Friedrich Pauli verfügte testamentarisch, dass ein bestimmter Teil seines Vermögens angelegt und aus den Zinsen zwei Ausbildungsstipendien finanziert werden sollten, bei deren Vergabe Familienangehörige als Schüler oder als Studenten jeglicher Fächer den Vorzug genossen, Fremde hingegen nur ausnahmsweise und im Falle eines Jurastudiums in Frage kamen.[95] Von 1753 bis 1923, als der sinkende Geldwert zur Stilllegung der Beihilfe führte, wurden insgesamt 73 Personen gefördert, davon studierten gut zwei Drittel Rechtswissenschaften.[96] Als dreißigster erhielt Carl Wilhelm Pauli 1811 den Zuschuss,[97] genauso wie später seine Söhne Carl Theodor Pauli von 1841 bis 1844[98] und Alfred Dominicus Pauli von 1846 bis 1849[99]. Da er gemäß der Liste der Stipendiaten das Geld nur 1811 bezog – im Gegensatz zu anderen Teilnehmern, deren

---

zog. Daniel Friedrich Pauli verstarb am 02. Mai 1729 in Lübeck (AHL, Genealogisches Register Bd. 11, S. 114, Pauli; AHL, Personenkartei, Nr. 238, Pauli).

94 Kulenkampff, Das Paulische Familienstipendium, S. 186 f.

95 Klausel zur Stiftung des Stipendiums im Testament von Daniel Friedrich Pauli: „§ 15 Dann sollen auch Fünftausend Reichsthaler Lüb Cour, von der Massa meines Vermögens separiret werden und von den daraus kommenden Zinsen zween studiosi, die gutes Gerüchts und noch würklich auf Schulen oder Universitäten sind, zur Beförderung ihrer Studien ein Stipendium gereichet werden. Darüber sollen die Testamentarii mit Zuziehung meines Bruders Johann Wilhelm Pauli in Kiel, und nach dessen Ableben, sofern es die Herren Testamentarii für gut und nützlich erachten, einen etwa in der Nähe wohnenden nahen Verwandten disponiren und für allen dahin sehen, daß sothanes Capital irgendwo, entweder unablöslich oder gut und sicher, beleget werde. Dann auch, daß solche Stipendia führnehmlich meinen Descendenten und Collateralibus, wes Namens sie seyen, in deren Ermangelung aber Frembden, zugewendet werden. Ein Anverwandter soll solches auf Schulen und Universitäten in allen vier Jahren, ein Frembder nicht anders als auf Universitäten nur zwei Jahre lang genießen, auch muss ein Frembder Jura studieren, ein Anverwandter aber ist an keine Facultät zu binden. […]“
(Kulenkampff, Das Paulische Familienstipendium, S. 189).

96 Kulenkampff, Das Paulische Familienstipendium, S. 210 f.

97 Kulenkampff, Das Paulische Familienstipendium, S. 228.

98 Kulenkampff, Das Paulische Familienstipendium, S. 232.

99 Kulenkampff, Das Paulische Familienstipendium, S. 235.

Förderung über mehrere Jahre lief -[100] war Carl Wilhelm Pauli während der weit überwiegenden Dauer der Studentenzeit, die sich mit einer Unterbrechung durch die Teilnahme an den Befreiungskriegen bis 1816 erstreckte, finanziell wohl auf die Hilfe seiner Verwandtschaft angewiesen. Zudem bleibt die genaue Höhe des tatsächlich gezahlten Betrags unklar, denn Abrechnungen der Stipendienverwaltung sind erst ab 1818 überliefert[101]. Es lässt sich somit kaum bewerten, in welchem Maße der Bonus Carl Wilhelm Paulis wirtschaftliche Lage im ersten Universitätsjahr wirklich verbesserte.

III. Aufnahme des Studiums an der Universität Tübingen

1. Die Eberhard-Karls-Universität in Württemberg

Die Eberhard-Karls-Universität wurde im Jahre 1477 von Graf Eberhard von Württemberg[102] gegründet und verfügte anfangs über ein Lehrangebot in den Fächern des Rechts, der Theologie, der Medizin und der freien Künste.[103] Bis zum Dreißigjährigen Krieg von 1618 bis 1648 galt sie als renommierteste Hochschule in den lutherisch geprägten deutschen Ländern, danach sanken die Studentenzahlen rapide, bis Herzog Karl Eugen von Württemberg[104] ab 1744 einen neuen Aufschwung anstieß.[105] Während der Revolutionskriege musste das Herzogtum Württemberg zwar einige linksrheinische Besitztümer an Frankreich abgeben, erhielt jedoch im Reichsdeputationshauptschluss 1803[106] zahlreiche

---

100 Vgl. Carl Wilhelm Paulis Eintrag im Vergleich zu den übrigen Stipendiaten in: Kulenkampff, Das Paulische Familienstipendium, S. 212–243, hier S. 228.

101 Kulenkampff, Das Paulische Familienstipendium, S. 199.

102 Eberhard von Württemberg wurde am 11. Dezember 1445 in Urach geboren. Mit dem Vertrag von Münsing am 14. Dezember 1482 erzielte er die Wiedervereinigung des zuvor in einen Stuttgarter und einen Uracher Teil getrennten Landes. Er starb am 24. März 1496 in Tübingen (Gönner, Eberhard von Württemberg, S. 234 f.).

103 Quarthal, Universität Tübingen, S. 338.

104 Karl Eugen von Württemberg kam am 11. Februar 1728 in Brüssel zur Welt. Er förderte Wissenschaft, Kunst, Landwirtschaft, Handel und Gewerbe, führte aber zu Beginn seiner Regierung ein verschwenderisches Hofleben. Er starb am 14. Oktober 1793 in Hohenheim (Uhland, Karl Eugen von Württemberg, S. 267 f.).

105 Quarthal, Universität Tübingen, S. 340 f.

106 Der Reichsdeputationshauptschluss diente der Entschädigung deutscher Fürsten für den Verlust ihrer links des Rheins gelegenen Gebiete an Frankreich bis 1802. Im Heiligen Römischen Reich Deutscher Nation wurden alle geistlichen Herrschaften bis auf Mainz und zwei Ritterorden säkularisiert und viele Kleinstaaten mediatisiert. Letzteres betraf vor allem die Einverleibung der Reichsstädte in umgebende Länder,

geistlich beherrschte Territorien sowie neun Reichsstädte und avancierte zum Kurfürstentum.[107] Die Allianz mit Kaiser Napoleon I. ab Oktober 1805 brachte am 30. Dezember 1805 die Erhebung zum Königreich und durch die Mitgliedschaft im Rheinbund umfassende Gebietsgewinne.[108] Für die Universität Tübingen wirkte dieser Aufstieg der württembergischen Regenten hingegen nicht nur positiv. Sie verlor 1811 ihre autonomen Rechte wie beispielsweise die Satzungshoheit und ihre eigene Gerichtsbarkeit.[109]

2. Einschreibung an der juristischen Fakultät

In demselben Jahr, während der Amtszeit des Rektors Johann Friedrich von Gaab[110] zwischen Mai und November 1811[111], trug sich Carl Wilhelm Pauli für die Rechtswissenschaften ein. Die Matrikeln vermerkten ihn wie folgt:

> „Carl Wilhelm Pauli aus Altona 18 Jahre alt iur. stud., p.: Adrian Wilhelm, Gutsbesitzer in Jütland[112].“[113]

Die halbjährlich veröffentlichten Vorlesungsverzeichnisse der juristischen Fakultät von 1811 bis 1813, der Studienzeit Carl Wilhelm Paulis in Tübingen, sahen zahlreiche Vorlesungen, Examinatorien und praktische Kollegien vor. Diese bezogen sich im materiellen und prozessualen Bereich auf die Themen:

- Institutionen des Römischen Rechts,
- Pandekten,
- Kanonisches Recht,

---

die nur Hamburg, Lübeck, Bremen, Frankfurt am Main, Nürnberg und Augsburg verschonte. Die Reform löste die grundlegenden Strukturen des Heiligen Römischen Reichs Deutscher Nation auf, das mit der Rheinbundakte und der Abdankung Kaiser Franz II. 1806 endete (Conze, Ereignisse und Entwicklungen 1792–1815, S. 169 f.).

107 Köbler, Historisches Lexikon der deutschen Länder, S. 738.

108 Beutter, Württemberg, S. 1387.

109 Quarthal, Universität Tübingen, S. 338, 341.

110 Johann Friedrich von Gaab, geboren am 10. Oktober 1761, war ab 1797 Professor für Philosophie an der Tübinger Universität und ab 1817 auch Doktor der Theologie. Er starb am 02. März 1832 (Redslob, Johann Friedrich von Gaab, S. 287).

111 Vgl.: Bürk/Wille, Die Matrikeln der Universität Tübingen, S. 462, 464.

112 Adrian Wilhelm Pauli erwarb trotz seiner Einbußen jedenfalls vor dem Jahre 1811 ein Gut im dänischen Jütland. Der Kauf findet Erwähnung in zwei Briefen Caspar von Voghts an Magdalena Pauli vom 27. Dezember 1810 und vom 31. März 1811 (Möller/Tecke, Caspar Voght und sein Hamburger Freundeskreis, S. 44, 50).

113 Bürk/Wille, Die Matrikeln der Universität Tübingen, S. 463.

- Deutsches Privatrecht,
- Württembergisches Privatrecht,
- Wechselrecht,
- Kriminalrecht,
- Lehenrecht,
- Europäisches Völkerrecht,
- Naturrecht,
- Konkursprozess,
- Zivilprozess.

Dazu kamen weiterhin – nach heutigem Verständnis – Grundlagenfächer wie:

- Staatswissenschaften,
- Geschichte des Rechts,
- Geschichte des Römischen Rechts,
- Methodologie der Rechtswissenschaft,
- Hermeneutik des Rechts,
- Mathematische Jurisprudenz.[114]

Zu den Professoren gehörte Heinrich Eduard Siegfried von Schrader[115], der Institutionen des römischen Rechts, Pandekten, Geschichte des römischen Rechts, Hermeneutik des Rechts und mathematische Jurisprudenz lehrte. Er hing der Historischen Rechtsschule[116] an[117] und brachte möglicherweise Carl Wilhelm Pauli, der jener Lehre später selbst folgte, erstmals damit in Kontakt.

3. Studentenleben in Zeiten der Romantik

Wenngleich Carl Wilhelm Pauli dieses umfangreiche Lehrangebot fleißig wahrnahm und sich als vorbildlicher Student erwies, stand die Tübinger Zeit für ihn

114 Angaben nach einer digitalisierten Version aller Vorlesungsverzeichnisse unter: http://idb.ub.uni-tuebingen.de/opendigi/LXV11_qt, zuletzt am 11.10.2018.

115 Heinrich Eduard Siegfried von Schrader kam am 31. März 1779 in Hildesheim zur Welt und studierte ab 1798 Theologie an der Universität Helmstedt. Er wechselte 1801 zum Studium der Rechtswissenschaften nach Göttingen, dort lehrte er ab 1803 als Privatdozent. Er ging 1804 als Professor zurück nach Helmstedt und 1809 nach Marburg. Ab 1810 wirkte er in Tübingen, wo er den ersten Vertreter der Historischen Rechtsschule im Lehrkörper darstellte und bis zu seinem Tod am 16. August 1860 lebte (Landsberg, Heinrich Eduard Siegfried von Schrader, S. 428).

116 Zu den Inhalten der Historischen Rechtsschule unten E. IV. 1.

117 Haferkamp, Historische Rechtsschule, S. 9.

doch besonders im Zeichen der dort geschlossenen Freundschaften.[118] Damit folgte er gleichfalls der Empfehlung Karl Sievekings, der ihm anriet:

> „Gott gebe aber, daß Du mit edeln und fleißigen jungen Leuten zu recht vertrauter Freundschaft gelangen mögest. Etwas besseres kann man niemand wünschen; aber auf der Universität ist die Freundschaft mehr als die Luft, die man athmet."[119]

Zu seinen neuen Bekanntschaften zählte der Theologiestudent und künftige Schriftsteller Gustav Schwab[120], mit dem eine sehr enge Bindung entstand. Carl Wilhelm Pauli traf Gustav Schwab zu Beginn des Studiums im Hause seines Professors[121] Heinrich Eduard Siegfried von Schrader und integrierte sich in dessen Freundeskreis,[122] was ihm dank seines sehr aufgeschlossenen Charakters und seiner äußerst angenehmen Umgangsformen mühelos gelang. So schrieb zumindest Karl August Klüpfel[123], ein Biograph Gustav Schwabs:

> „Pauli's Aeußeres war von dem einnehmendsten Wesen, er hatte eine jugendliche Regsamkeit und Wärme, verbunden mit seinen Sitten, die ihm leicht Freunde erwarben."[124]

---

118 Frensdorff, Carl Wilhelm Pauli, S. 262.

119 Brief Karl Sievekings an Carl Wilhelm Pauli vom 11. März 1811, zitiert nach: Poel, Carl Wilhelm Pauli. Ein Lebensbild, S. 10.

120 *Gustav* Benjamin Schwab, geboren am 19. Juni 1792 in Stuttgart, absolvierte von 1809 bis 1815 ein Theologiestudium in Tübingen. Ab 1817 lehrte er alte Sprachen am Stuttgarter Oberen Gymnasium und wurde wichtigster literarischer Berater des Cotta-Verlags, der 1819 seine *Romanzen aus dem Jugendleben Herzog Christophs von Württemberg* herausgab. Es folgte 1823 sein erstes Reisebuch *Die Neckarseite der Schwäbischen Alb.* Von 1828 bis 1838 arbeitete er den Poesieteil im *Morgenblatt für gebildete Stände* aus, bis 1837 betreute er den *Deutschen Musenalmanach.* Im selben Jahr zog er nach Gomaringen, um als Landpfarrer zu arbeiten. Zwischen 1838 und 1840 erschien sein dreibändiges berühmtestes Werk *Die schönsten Sagen des klassischen Alterthums.* Ebenso 1840 publizierte er *Schillers Leben in drei Büchern* und *Urkunden über Schiller und seine Familie.* Er kehrte 1841 nach Stuttgart zurück, wo er ab 1842 als Amtsdekan und ab 1845 als Oberkonsistorialrat wirkte. Gustav Schwab starb ebenda am 04. November 1850 (Gatter, Gustav Schwab, S. 772 f.).

121 Im 19. Jahrhundert pflegten Professoren und Studenten einen gesellschaftlichen Umgang, der weit über den universitären Betrieb hinausging. Viele Hochschullehrer öffneten ihre privaten Domizile zur Begegnung mit den – bis 1908 ausschließlich männlichen – Studierenden (Ellwein, Die deutsche Universität, S. 138, 179).

122 Poel, Carl Wilhelm Pauli. Ein Lebensbild, S. 10.

123 Karl August Klüpfel wurde am 08. April 1810 in Darmsheim geboren. Der spätere Schwiegersohn Gustav Schwabs studierte ab 1828 Theologie und Philosophie in Tübingen, wo er von 1841 bis 1881 als Universitätsbibliothekar arbeitete und am 11. April 1894 verstarb (Schneider, Karl August Klüpfel, S. 244 f.).

124 Klüpfel, Gustav Schwab, S. 32.

Zu Carl Wilhelm Paulis neuem Umfeld gehörten weitere dichterisch und literarisch rege Personen wie Johann Ludwig Uhland[125] und Karl Mayer[126].[127] Beide sind wie Gustav Schwab der Kulturepoche der Romantik zuzuordnen, die seit dem frühen 19. Jahrhundert in den deutschen Ländern herrschte.[128] Inspiriert durch die Ideen der Französischen Revolution von 1789 – Freiheit, Gleichheit und Brüderlichkeit -, welche die alten obrigkeitlichen Strukturen erschütterten, jedoch bald abgestoßen von der brutalen Vorgehensweise ihrer radikalen Anhänger, konzentrierten sich die Romantiker auf das Gefühlsleben des Individuums und schufen so einen Kontrast zur rational ausgerichteten Aufklärung.[129] Hierbei trat die Verbindung mit dem Göttlichen und der Natur ebenso in den Vordergrund wie das Bewusstsein für die eigene Geschichte, aus dem ein gesteigertes Nationalempfinden entstand.[130] Die neu auftretende Bewegung zeigte ihren Einfluss vor allem auf Dichtung, Musik und Kunst.[131] Sie prägte auch

125 Johann Ludwig Uhland kam am 16. April 1787 in Tübingen zur Welt, wo er von 1805 bis 1810 ein Jurastudium absolvierte. Danach weilte er ein Dreivierteljahr in Paris, um die Rechtskultur in Frankreich kennen zu lernen, beschäftigte sich jedoch eher mit Literatur. Darauf erschien 1812 sein Werk *Über das altfranzösische Epos*. In demselben Jahr trat er eine Stelle als Sekretär beim Justizministerium in Stuttgart an, die er 1814 aufgab, um als Advokat zu arbeiten. Er veröffentlichte 1815 seine *Gedichte*, die bis zu seinem Tod fast jährlich mit zusätzlichen Inhalten neu aufgelegt wurden. Als er eine Professur für deutsche Sprache und Literatur an der Universität Tübingen erhielt, ging er 1830 in seine Heimatstadt zurück. Er fungierte 1833 als Abgeordneter im Württembergischen Landtag. Zwischen 1844 und 1845 gab er die Sammlung *Alte hoch- und niederdeutsche Volkslieder* heraus. Darüber hinaus saß er 1848/49 in der Frankfurter Nationalversammlung. Er starb am 13. November 1862 in Tübingen (Fischer, Johann Ludwig Uhland, S. 148–150, 158–161).

126 Karl Mayer, geboren am 22. März 1786 in Bischofsheim, studierte von 1803 bis 1807 Rechtswissenschaften in Tübingen. Er war Mitpublizist des *Sonntagsblatts für gebildete Stände*. Von 1809 bis 1817 betätigte er sich als Advokat in Heilbronn, ab 1818 wirkte er als Assistent am Appellationsgerichtshof in Ulm und Esslingen. Es folgte 1824 die Ernennung zum Oberamtsrichter in Waiblingen. Zudem arbeitete er schriftstellerisch, so erschien 1833 die Erstauflage der selbst gedichteten *Lieder*. Er stieg 1843 zum Oberjustizrat am Gerichtshof des Schwarzwaldkreises in Tübingen auf und verstarb ebenda am 25. Februar 1870 (Hötzer, Karl Mayer, S. 530 f.).

127 Frensdorff, Carl Wilhelm Pauli, S. 262.

128 Vgl.: Gehlhoff/Dudde, Folgen der französischen Revolution, S. 190.

129 Bethke/Otto, Das Zeitalter der Romantik, S. 6 f.

130 Gehlhoff/Dudde, Folgen der französischen Revolution, S. 190.

131 Vgl. die Darstellung der dichterischen, künstlerischen und musikalischen Werke der Romantik in: Schoeps, Deutsche Geistesgeschichte der Neuzeit, S. 323–339.

Carl Wilhelm Paulis Persönlichkeit, der sich durch Ausflüge ins Umland und das intensive Zusammensein mit seinen Freunden innerlich so stark an seine Zeit in Tübingen band, dass er Schwaben noch über vierzig Jahre später bei einem Treffen 1857 mit August Friedrich Köstlin[132], einem weiteren Mitglied des dortigen Kreises, seine „geistige Heimat" nannte und erwog, im Ruhestand dauerhaft zurückzukehren.[133] Diese Verklärung seines Studentendaseins, verbunden mit der typisch romantischen Ausblendung der Realität, spiegelt ebenfalls folgende Aussage kurz vor seinem Wegzug wider:

> „Wenn die Sänger der Vorzeit und ihre neueren Schüler uns mit der lieblichen Sage eines goldenen Zeitalters entzücken, so kann ich mir dasselbe nur als eine Zeit denken, [...] wo man, wie in einem schönen Traume, aus dem uns nichts aufschreckt, sein Leben in ewiger Wonne dahin dämmern könnte. Dieses Ideal zu realisiren, war das Tübinger Leben ganz geschaffen, wenn nicht immer einige Töne einer ernsten Zeit sich zwischendurch hätten vernehmen lassen."[134]

Die „Töne einer ernsten Zeit" holten Carl Wilhelm Pauli schnell ein. Es zeichnete sich ein Feldzug Kaiser Napoleons I. gegen Russland ab,[135] für den das Königreich Württemberg gemäß der Rheinbundakte 12.000 Soldaten stellen musste[136]. Zu den ausgehobenen Männern zählte August Mayer, der ebenfalls dichterisch aktive Bruder von Karl Mayer.[137] Im Frühjahr 1812 reisten Carl Wilhelm Pauli und Gustav Schwab nach Stuttgart, um den Freund vor seinem Aufbruch zu verabschieden.[138] Am 24. Juni 1812 überschritt die französische Armee mit 614.000 Mann, die auf Grund der vielen Bündnisse und Herrschaften Frankreichs aus zwanzig

---

132 August Friedrich Köstlin wurde am 04. Juli 1792 in Nürtingen geboren. Ab 1809 studierte er Jura in Tübingen und trat 1812 in den württembergischen Staatsdienst ein. Er wurde 1822 zum Rat bei der Oberregierung in Stuttgart befördert und leitete die für den Eisenbahnbau zuständige Kommission im Innenministerium. Es folgte 1847 der Aufstieg zum Staatsrat sowie 1852 zum Konsistorialpräsidenten. Nach der Pensionierung 1866 und der von ihm begrüßten Reichsgründung 1871 starb er am 12. August 1873 in Stuttgart (Köstlin, August Friedrich Köstlin, S. 756 f.).

133 Vgl.: Poel, Carl Wilhelm Pauli. Ein Lebensbild, S. 13–15.

134 Brief Carl Wilhelm Paulis an seine Mutter Magdalena Pauli zum 56. Geburtstag am 23. Februar 1813, zitiert nach: Poel, Carl Wilhelm Pauli. Ein Lebensbild, S. 19.

135 Der Frieden von Tilsit vom 09. Juli 1807 legte den letzten Krieg zwischen Frankreich und Russland bei. Im Jahre 1810 kam jedoch ein russisches Bündnis mit England zu Stande, außerdem verweigerten die Russen ab 1811 die Teilnahme an der Kontinentalsperre (Müller, Deutsche Geschichte in Schlaglichtern, S. 143).

136 Vgl.: Behnen, Deutschland unter Napoleon, S. 397.

137 Goedeke, Grundriss der deutschen Dichtung, S. 345.

138 Klüpfel, Gustav Schwab, S. 33.

verschiedenen Nationen kamen, den Njemen hinein in russisches Gebiet.[139] Zwar errang Kaiser Napoleon I. in den Schlachten von Smolensk am 17. August 1812 und Borodino am 07. September 1812 zwei Siege.[140] Doch das gegnerische Heer zog sich, alle Vorräte vernichtend, stetig ins Hinterland zurück.[141] Kaiser Napoleon I. besetzte am 14. September 1812 mit seinen durch Hunger und Krankheit deutlich dezimierten Truppen Moskau, das am 15. September 1812 von den Russen in Brand gesetzt und so bis zum 17. September 1812 zu drei Vierteln zerstört wurde.[142] An diesem Tag schrieb August Mayer, der die Strapazen bislang überlebt hatte, den letzten Brief in die Heimat.[143] Da die russische Regierung keine Verhandlungsbereitschaft zeigte, befahl Kaiser Napoleon I. am 18. Oktober 1812 den Rückzug, der unter grausamsten Bedingungen – es begann ein strenger Winter mit Temperaturen von bis zu unter minus 30° Celsius – zur fast vollständigen Vernichtung seiner Streitkräfte führte.[144] Nach der Überquerung der Beresina vom 26. bis zum 29. November 1812, bei der wohl auch August Mayer starb[145], waren davon insgesamt 96 % verloren.[146]

IV. Freiwilliger Einsatz in den Befreiungskriegen

1. Nationaler Widerstand gegen die Fremdherrschaft

Mit dem katastrophalen Ausgang des Russlandfeldzugs begann die Befreiung Europas von der Vormachtstellung Frankreichs. Zwar bewunderten Teile der deutschen Bevölkerung Kaiser Napoleon I. als Überbringer des Fortschritts, der beispielsweise durch die Einführung des *Code civil*[147] rechtsstaatliche Prinzipien etablierte und durch die Abschaffung zahlreicher Adelsprivilegien für mehr

139 Rothenberg, Die Napoleonischen Kriege, S. 160.
140 Schäfer, Russlandfeldzug, S. 1090.
141 Müller, Deutsche Geschichte in Schlaglichtern, S. 144.
142 Rothenberg, Die Napoleonischen Kriege, S. 164, 166 f.
143 Goedeke, Grundriss der deutschen Dichtung, S. 345.
144 Schäfer, Russlandfeldzug, S. 1091.
145 Goedeke, Grundriss der deutschen Dichtung, S. 345.
146 Müller, Deutsche Geschichte in Schlaglichtern, S. 144.
147 Der *Code civil* aus dem Jahre 1804 schrieb erstmals ein für ganz Frankreich einheitliches Privatrecht fest. Im Laufe der Franzosenzeit galt er in einigen deutschen Gebieten wie etwa dem Münsterland und den linksrheinischen Rheinlanden, wo das Gesetzbuch wegen seiner Beliebtheit bei den dortigen Praktikern sogar bis 1900 in Kraft blieb. Es wurde fast identisch im *Badischen Landrecht* von 1809 übernommen und diente außerdem vielen Zivilrechtskodifikationen im romanischen Kulturkreis als Vorbild (Gmür/Roth, Grundriss der deutschen Rechtsgeschichte, Rn. 320 f.).

Chancengleichheit in der Gesellschaft sorgte.[148] Dem standen aber unterdrückende Faktoren wie wirtschaftliche Ausbeutung, Pressezensur und vor allem die Pflicht zur Bereitstellung von Truppen gegenüber.[149] Mit den steigenden Opferzahlen, welche die andauernden Kriege forderten, verstärkte sich zugleich der allgemeine Unmut.[150] Nach dem verlustreichen Angriff auf Russland, an dem über 100.000 Soldaten aus den Rheinbundstaaten, Preußen und Österreich teilnahmen, kippte die Stimmung im Volk endgültig und gab so den nötigen emotionalen Rückhalt für eine Erhebung gegen Frankreich.[151]

Als erster Fürst löste sich der preußische König Friedrich Wilhelm III.[152] aus der französischen Hegemonie, als er am 26. Februar 1813 auf Drängen seiner Militärs ein Bündnis mit dem russischen Zaren Alexander I.[153] abschloss.[154] Am 17. März 1813, dem Tag nach der Kriegserklärung an Frankreich, rief König Friedrich Wilhelm III. in seinem berühmten Appell „An mein Volk!" seine Untertanen und alle „Deutschen" zum Eintritt in die Freicorps auf.[155] In Preußen entstand eine Armee von 300.000 Mann aus regulären Truppen und Freiwilligen aller Gesellschaftsklassen, etwa Professoren, Studenten, Bauern und Kaufleuten.[156] Über die preußischen Landesgrenzen hinweg verbreitete sich nunmehr in den deutschen Regionen eine patriotische Bewegung, die in

148 Conze, Ereignisse und Entwicklungen 1792–1815, S. 170.

149 Behnen, Deutschland unter Napoleon, S. 402 f.

150 Knopp/Brauburger/Arens, Die Deutschen, S. 279.

151 Behnen, Deutschland unter Napoleon, S. 403.

152 Friedrich Wilhelm III. kam am 03. August 1770 zur Welt und übernahm 1797 die Regierung. Er verfügte kaum über Entschlossenheit und Selbstvertrauen, während seine am 10. März 1776 geborene Gattin Königin Luise wegen ihres Engagements für Preußen nach ihrem Tod am 19. Juli 1810 zur Märtyrerin der Nation stilisiert wurde. Er starb am 07. Juni 1840 (Heicker/Reese, Die Hohenzollern, S. 76–81).

153 Alexander I., geboren am 12. Dezember 1777, wuchs unter der Obhut seiner Großmutter Zarin Katharina II. der Großen auf. Nach der Ermordung seines Vaters Zar Paul I. in Folge einer Verschwörung bestieg er 1801 den Thron. Kaiser Napoleon I. beschrieb ihn als „geistvoll, freundlich und gebildet", hielt ihn allerdings für nicht vertrauenswürdig, weil er „nicht ehrlich", sondern „falsch" und „durchtrieben" sei. Er verstarb am 19. November 1825 (Jena, Russische Zaren, S. 356–359).

154 Reinhold, Deutschland zwischen Revolution und Napoleon, S. 375.

155 Das bekannteste Freicorps waren die *Lützower Jäger*, die sich als Ursprung einer nationalen Streitkraft sahen und nicht nur die Vertreibung der Franzosen, sondern auch die Einigung der deutschen Fürstentümer in einem Staat anstrebten. Ihre Farben aus schwarzen Uniformen, roten Aufschlägen und goldenen Knöpfen galten fortan als Symbol der Nationalbewegung (Langer, Die Schwarzen Jäger, S. 66 f., 69).

156 Otto, Die deutschen Befreiungskriege gegen Napoleon, S. 93 f.

Broschüren, Zeitungen, Flugschriften sowie Liedern zum Ausdruck kam.[157] Die Erhebung nahm den Charakter eines Volkskriegs an, der sich erstmals über die Zugehörigkeit zur „deutschen Nation" definierte und nicht mehr wie frühere Konflikte einen bloßen Streit mehrerer Herrscherhäuser darstellte.[158] Die vaterländische Stimmung entfaltete sich jedoch vornehmlich in Preußen. In den Rheinbundstaaten prägte sie sich nicht mit derselben Intensität aus, sodass es dort erst nach dem tatsächlichen Kampfausbruch in den einzelnen Mitgliedsländern zur Bildung von Freiwilligenverbänden kam.[159] Die Fürsten und mit ihnen die vorwiegend landesloyale Bevölkerung standen zunächst weiterhin zu Kaiser Napoleon I., nur die Herzogtümer Mecklenburg-Strelitz und Mecklenburg-Schwerin traten der preußisch-russischen Allianz bei.[160]

2. Unterbrechung des Studiums in Tübingen

Carl Wilhelm Pauli verließ Tübingen im März 1813 noch vor der Beendigung des Studiums und kehrte zu seiner Familie nach Bückeburg zurück.[161] Es liegt nahe, dass er sich bereits in diesem Moment für eine Teilnahme am Aufstand gegen die französische Besatzung entschieden hatte. Seinen dahingehenden Entschluss teilte er nämlich direkt nach der Heimkehr seinem Freund Gustav Schwab brieflich mit, der ihm unter dem 24. April 1813 darauf antwortete.[162]

Für Carl Wilhelm Pauli stellte der allgemein auflebende, aber im Königreich Württemberg als Rheinbundstaat gemäßigte Patriotismus nicht das einzige dominierende Motiv für seine Entscheidung dar. Zwar war er durch den Tod seines Freundes August Mayer im Russlandfeldzug in persönlicher Hinsicht besonders von der Fremdherrschaft betroffen. Dies galt angesichts der stetig steigenden Opferzahlen aber für weite Teile der Bevölkerung, ohne dass sie sich gegen die Zustände auflehnte. Vielmehr spielte genauso der Umstand eine Rolle, dass Carl Wilhelm Pauli und sein Vertrauter Gustav Schwab sich in dieselbe Frau verliebt hatten.[163] Seine Beweggründe treten aus einem Brief hervor, den er Gustav Schwab nach seiner Rückkehr aus dem Krieg schrieb:

> „Was mich zu den Waffen führte, und daß es nicht allein vaterländisches Gefühl war, sondern auch der Wunsch und die Hoffnung, den Schmerz einer tiefgekränkten,

157 Behnen, Deutschland unter Napoleon, S. 405.
158 Knopp/Brauburger/Arens, Die Deutschen, S. 291.
159 Langer, Die Schwarzen Jäger, S. 66.
160 Bleyer, Auf gegen Napoleon, S. 134.
161 Poel, Carl Wilhelm Pauli. Ein Lebensbild, S. 17, 19.
162 Klüpfel, Gustav Schwab, S. 36 f.
163 Poel, Carl Wilhelm Pauli. Ein Lebensbild, S. 17.

sehnsuchtsvollen Liebe und manches unbestimmte Heimweh meines Innern in dem begeisterten und stürmischen Treiben des Kriegs zu versenken, […] das weißt Du, oder kannst es Dir denken."[164]

Gustav Schwab widmete Carl Wilhelm Pauli anlässlich seines Abschieds aus Tübingen ein Sonett, in dem er die unglückliche Gesamtsituation aufnahm:

Was läßst du hinter dir, zerriss'nes Herz?
Lebend'ge Freunde, die vergebens weinen,
Tief unter kaltem Grabeshügel einen[165],
Erdrückt den andern unter Eis und Erz.

Was läßst du hinter dir, zerriss'nes Herz?
Zerstörten Glanz von alten Liebesscheinen,
Umwölkt von Argwohn ach! das Bild der Reinen,
Und Furcht statt Hoffnung und statt Freude Schmerz!

Wirf ab denn der Erinn'rung trübe Bürde,
Blick' vorwärts auf dein gährend Vaterland,
Da blüht Dir andre Lieb' und andre Würde!

Und wird dir wohl im heilenden Getümmel,
So tritt hervor auch, was dir jetzt verschwand,
Und Lieb' und Freundschaft winkt verklärt vom Himmel.[166]

3. Soldat im Corps Wallmoden-Gimborn

Nach Bückeburg zurückgekehrt,[167] führte Carl Wilhelm Pauli zunächst ein ruhiges Dasein. Er pflegte gesellschaftliche Kontakte, unternahm Ausflüge, befasste sich intensiv mit poetischer Literatur aus verschiedenen Ländern und zeigte sich in einem Brief an Gustav Schwab mit diesem Alltag zufrieden:

164 Poel, Carl Wilhelm Pauli. Ein Lebensbild, S. 22.

165 Mit der Zeile meinte Gustav Schwab den gemeinsamen Freund August Pauly, der am 12. Juli 1812 am Nervenfieber starb (vgl.: Klüpfel, Gustav Schwab, S. 31, 34).

166 Klüpfel, Gustav Schwab, S. 36.

167 Nach seinem Cousin Gustav Paul Poel ging Carl Wilhelm Pauli die Strecke von Tübingen nach Bückeburg zu Fuß (Poel, Carl Wilhelm Pauli. Ein Lebensbild, S. 20). Dies scheint zwar unglaubwürdig in Anbetracht der Distanz von 416 km Luftlinie (https://www.entfernung.org/Tübingen/Bückeburg, zuletzt am 15.10.2018). Jedoch lagen Wanderungen als Ausdruck freiheitlich-autonomen Denkens ab dem Ende des 18. Jahrhunderts sehr im Trend, so reisten ab den 1780er Jahren vor allem Aufklärer verstärkt gehend statt mit der Kutsche (Warneken, Bürgerliche Gehkultur, S. 177 f.).

> „Mein stilles Leben hier ist nicht ganz ohne Genuß, und, wenn auch nicht so lebendig wie einstmals, doch auch nicht todt.“[168]

Währenddessen setzte in Sachsen erneut das Kampfgeschehen ein. Kaiser Napoleon I. schlug die preußisch-russische Armee in den Schlachten von Großgöschen am 02. Mai 1813 und Bautzen am 20./21. Mai 1813, konnte ihr aber damit noch keine entscheidende Niederlage zufügen und ließ sich am 04. Juni 1813 auf einen Waffenstillstand ein.[169] In dieser Phase gelang es Preußen und Russland, den Kreis ihrer Verbündeten maßgeblich zu erweitern. Zuerst trat am 14. Juni 1813 Großbritannien der Allianz bei,[170] wodurch auch Schweden in das Bündnis involviert wurde[171]. Bevor Österreich offen Partei ergriff, überzeugte sich dessen Außenminister Fürst von Metternich[172] noch einmal persönlich von der Aussichtlosigkeit, den Streit friedlich beizulegen. Am 26. Juni 1813 traf er sich mit Kaiser Napoleon I. in Dresden und forderte ihn vergeblich auf, von seinem umfassenden Herrschaftsanspruch über ganz Europa Abstand zu nehmen und sich kompromissbereit für eine teilweise Aufgabe seiner Eroberungen zu zeigen.[173] Am folgenden Tag schloss sich der österreichische Kaiser

---

168 Poel, Carl Wilhelm Pauli. Ein Lebensbild, S. 21.

169 Rothenberg, Die Napoleonischen Kriege, S. 177 f.

170 Hein, Deutsche Geschichte in Daten, S. 87.

171 Schweden versprach Großbritannien am 03. März 1813 im Falle eines Kriegs gegen Kaiser Napoleon I. eine eigene Beteiligung mit 30.000 Soldaten. Im Gegenzug sagte die britische Regierung zu, dass das zu Frankreich stehende Dänemark nach seiner endgültigen Niederlage dazu verpflichtet werden würde, Norwegen an das schwedische Königreich abzutreten (Wunder, Europäische Geschichte, S. 126 f.).

172 Fürst Clemens Wenzel von Metternich-Winneburg, geboren am 15. Mai 1773 in Koblenz, begann nach dem Jurastudium in Straßburg und Mainz eine Karriere als österreichischer Diplomat. Ab 1801 arbeitete er als Botschafter in Dresden, Berlin und Paris, 1809 stieg er zum Außenminister auf. Bei dem von ihm geleiteten Wiener Kongress 1814/15 betrieb er die Restauration der alten Verhältnisse in Europa. Ab 1821 Staatskanzler, ging er im Deutschen Bund strikt gegen nationale und liberale Strömungen vor. Im Jahre 1848 zwang ihn die Revolution zum Rücktritt und zur Flucht nach Brüssel. Er kehrte 1851 nach Wien zurück, wo er am 11. Juni 1859 starb (Sautter, Biographisches Lexikon zur deutschen Geschichte, S. 298).

173 Fürst von Metternich hielt den Inhalt des berühmten acht- bis neunstündigen Vieraugengesprächs noch am selben Abend fest. Er will gesagt haben: „Es herrscht Unvereinbarkeit zwischen Europa und den Plänen, die Ihr bisher verfolgt habt. Die Welt braucht den Frieden. Um ihn zu sichern, müsst Ihr Eure Machtstellung so weit zurücknehmen, dass sie mit der allgemeinen Ruhe vereinbar ist, oder Ihr werdet untergehen. Heute könnt Ihr Frieden machen, morgen ist es zu spät.“ Kaiser Napoleon I. soll erwidert haben: „Also, was wollt Ihr von mir? Daß ich mich entehre? Niemals! Ich

Franz I.[174] ebenso der antifranzösischen Allianz an.[175] Nach Ablauf des Waffenstillstands am 10. August 1813 begannen erneute Gefechte, die überwiegend zu Gunsten der Verbündeten ausgingen, nur in der Schlacht bei Dresden am 26./27. August 1813 konnte Kaiser Napoleon I. seinen letzten bedeutsamen Sieg auf deutschem Boden erringen.[176] Immer stärker eingekreist von seinen Gegnern, zu denen am 08. Oktober 1813 auch das zuvor zum Rheinbund gehörende Königreich Bayern überlief, erlitt er in der sogenannten Völkerschlacht von Leipzig vom 16. bis zum 19. Oktober 1813 die entscheidende Niederlage und floh Anfang November 1813 mit seinen verbliebenen französischen Streitkräften über den Rhein.[177] Nun traten die übrigen Rheinbundstaaten ebenfalls der Koalition bei, die ihnen vorbehaltlich einer Neuregelung der Verhältnisse staatliche Souveränität gewährte.[178] Nach anfänglichen Differenzen bezüglich einer Invasion Frankreichs überschritten die Alliierten am 22. Dezember 1813 letztlich gleichfalls die Rheingrenze.[179]

Carl Wilhelm Pauli nahm zu seiner Unzufriedenheit an diesen Geschehnissen nicht teil. Er diente als Sergeant im Corps Wallmoden-Gimborn,[180] das erst Ende August 1813 fertig zusammengestellt war[181]. Das Regiment unter der Führung des Grafen von Wallmoden-Gimborn[182] gehörte zur Nordarmee, die unter dem

---

werde zu sterben wissen, aber niemals werde ich auch nur ein Daumenbreit Boden aufgeben. Eure Majestäten, die auf dem Thron geboren sind, halten es aus, zwanzigmal geschlagen zu werden. Jedesmal kehren sie zurück in ihre Hauptstadt. Ich bin nur der Sohn des Glücks. Ich würde von dem Tag an nicht mehr regieren, an dem ich aufhörte, stark zu sein, an dem ich aufhörte, Respekt zu erheischen." (Müchler, Napoleon und Metternich, S. 213 f., 216, 219).

174 Franz II./I. wurde am 12. Februar 1768 in Florenz geboren. Ab 1792 trug er als Franz II. die römisch-deutsche Kaiserkrone, nach der Abdankung 1806 nahm er den Titel Franz I. von Österreich an. Er war gewissenhaft und fleißig, litt aber zeitlebens unter Minderwertigkeitsgefühlen und ließ sich verstärkt vom Fürsten von Metternich beeinflussen. Auch die Verheiratung seiner ältesten Tochter Marie Louise mit Kaiser Napoleon I. 1810 folgte der Idee seines Außenministers und späteren Staatskanzlers. Er starb am 02. März 1835 in Wien (Hamann, Die Habsburger, S. 130–134).

175 Hein, Deutsche Geschichte in Daten, S. 87.

176 Schäfer, Befreiungskriege, S. 106.

177 Wunder, Europäische Geschichte, S. 126 f.

178 Bleyer, Auf gegen Napoleon, S. 137 f.

179 Rothenberg, Die Napoleonischen Kriege, S. 182.

180 Frensdorff, Carl Wilhelm Pauli, S. 262.

181 Hemmann, Dömitzer Bilderhandschrift 1813, S. 19.

182 Graf Ludwig Georg Thedel von Wallmoden-Gimborn, geboren am 06. Februar 1769 in Wien, diente erst im hannoverschen, preußischen und österreichischen Heer, bevor er als Feldmarschallleutnant Ende 1812 in russische Dienste übertrat. Nach

Kommando des schwedischen Kronprinzen Karl Johann[183], eines ehemaligen französischen Marschalls, stand.[184] Es setzte sich aus russischen, preußischen, schwedischen, britischen, hannoverschen, hanseatischen sowie mecklenburgischen Truppen zusammen und zählte 27.025 Soldaten.[185] Die Einheit operierte insbesondere in Mecklenburg und Lauenburg, beteiligte sich aber nicht an maßgeblichen Gefechten.[186] Demgemäß schrieb Carl Wilhelm Pauli nach seiner Rückkehr aus dem Krieg in einem Brief an Gustav Schwab vom „peinlichen Gefühl, während die siegesreiche Leipziger Schlacht geschlagen wurde, und während des allgemeinen glorreichen Vorrückens unthätig in den Mecklenburgischen Tannenwüsten liegen zu müssen".[187] Die scheinbar ersehnte militärische Konfrontation erlebte er wenig später bei der Belagerung des dänischen Glückstadt.[188] Dänemark hielt trotz des Sieges der Alliierten in der Völkerschlacht von Leipzig am Bündnis mit Frankreich fest und wurde um die Jahreswende 1813/14 binnen weniger Wochen in seinen Herzogtümern Schleswig und Holstein von der Nordarmee unterworfen.[189] Im Verlauf dieser Auseinandersetzung belagerten Truppen der Koalition ab Dezember 1813 Glückstadt, das am 05. Januar 1814 kapitulierte und nach Abzug der Dänen von alliierten Soldaten besetzt wurde.[190] Der Militärdienst sagte Carl Wilhelm Pauli jedoch trotz einer Beförderung weiterhin nicht zu:

---

der Auflösung des von ihm befehligten Corps in den Befreiungskriegen wechselte er 1815 wieder zum Militär Österreichs und erreichte den Rang des Kavalleriegenerals. Nach der Pensionierung 1848 verstarb er am 20. März 1862 in Wien (Pallua-Gall, Ludwig Georg Thedel von Wallmoden-Gimborn, S. 761 f.).

183 Jean-Baptiste Bernadotte kam am 26. Januar 1763 in Pau zur Welt. Er ging 1780 zur Armee und stieg nach der Französischen Revolution 1789 zum Divisionsgeneral auf. Kaiser Napoleon I. ernannte ihn 1804 zum Marschall und verlieh ihm 1806 den Titel des Fürsten von Pontecorvo. Im Jahre 1810 erwählte ihn der Schwedische Reichstag zum Kronprinzen. Er schloss sich 1813 der Koalition gegen Frankreich an und führte den Anschluss Norwegens an Schweden herbei. Als schwedischer und norwegischer König Karl XIV. Johann bestieg er 1818 den Thron. Er verstarb am 08. März 1844 in Stockholm (Findeisen, Schwedische Monarchie, S. 288 f.).

184 Hemmann, Dömitzer Bilderhandschrift 1813, S. 19.

185 Vgl.: v. Quistorp, Geschichte der Nordarmee, S. 128–131.

186 Ahrens, Franzosenzeit bis Erster Weltkrieg, S. 556.

187 Poel, Carl Wilhelm Pauli. Ein Lebensbild, S. 23.

188 Vgl.: Frensdorff, Carl Wilhelm Pauli, S. 263.

189 Bohn, Geschichte Schleswig-Holsteins, S. 86.

190 Möller, Glückstadt, S. 141 f.

„Ich war mittlerweile Offizier geworden; aber auch das war für mich kein Heil; der rothe Rock brannte auf meinem Leibe wie höllisches Feuer; dazu der scheußliche Dienst vor der Festung, das beinahe 3 Monate lange Liegen auf Einem Platze, oder nur verunglückte Unternehmungen, immer Tag und Nacht der rauhen Jahreszeit ausgesetzt, kein herzliches Wort in einem halben Jahre, überhaupt kein Trost, keine Beruhigung in meinem Berufe, sondern gezwungen ihn nur in mir selbst zu suchen."[191]

Unterdessen eroberten die Verbündeten Anfang des Jahres 1814 Frankreich. Kaiser Napoleon I. konnte einige der ab Januar 1814 einsetzenden Gefechte gewinnen, bevor er am 21. März 1814 in der Schlacht von Arcis-sur-Aube die entscheidende Niederlage erlitt.[192] Die Alliierten besetzten am 31. März 1814 Paris und zwangen Kaiser Napoleon I. am 11. April 1814 zur Abdankung, ließen ihm aber den Kaisertitel und wiesen ihm die Mittelmeerinsel Elba als lebenslanges Exil zu.[193] Es kam nunmehr zur Restauration des französischen Königtums unter den Bourbonen[194] und zum milden Ersten Frieden von Paris am 30. Mai 1814, der – unter Vorbehalt einer ausstehenden Neuordnung der europäischen Verhältnisse – Frankreich die Grenzen von 1792 zugestand.[195]

4. Unversehrte Heimkehr nach Bückeburg

Sobald der Frieden besiegelt war, nahm Carl Wilhelm Pauli seinen Abschied und kam nach Bückeburg zurück, wo er zu seiner Zufriedenheit ein ähnlich ruhiges Dasein erlebte wie zuvor und sich hauptsächlich der Poesie widmete:

191 In diesem Brief an Gustav Schwab nach seiner Rückkehr aus dem Krieg ordnete Carl Wilhelm Pauli die Belagerung von Glückstadt im Februar 1814 ein (Poel, Carl Wilhelm Pauli. Ein Lebensbild, S. 23). Dies kann aber nicht zutreffen, da bereits am 14. Januar 1814 der Frieden von Kiel das besiegte Dänemark zum Koalitionsbeitritt und außerdem zur Abtretung Norwegens an Schweden zwang (Lorenzen-Schmidt, Napoleonische Kriege, S. 424; Bohn, Geschichte Schleswig-Holsteins, S. 86).

192 Schäfer, Befreiungskriege, S. 106.

193 Otto, Die deutschen Befreiungskriege gegen Napoleon, S. 153 f.

194 Die Wiederherstellung der Monarchie erfolgte in konstitutioneller Form. Der neue König Ludwig XVIII., der nach der Französischen Revolution 1789 in England lebte, hatte sich einer Verfassung unterzuordnen. Sie garantierte Gleichheit, Freiheit, Eigentum, Gewaltenteilung, Unabhängigkeit der Justiz und Beteiligung des Volkes an der Gesetzgebung. König Ludwig XVIII. sah sich weiterhin genötigt, die napoleonische Staatsschuld anzuerkennen und auf eine Säuberung von Verwaltung und Armee zu verzichten (Wunder, Europäische Geschichte, S. 128, 190 f.).

195 Schäfer, Befreiungskriege, S. 106.

> „Ich kann nicht umhin, das Leben, welches ich jetzt führe, mit einigen wenigen Modificationen, als mein wahres Element zu betrachten. Nie bin ich mehr mit poetischen Ideen und Anlagen gesegnet worden als jetzt, wo in einem stillen, beschaulichen Leben manche Eindrücke und Saaten früherer Zeiten wieder lebendig werden und zu keimen beginnen."[196]

Wie intensiv er seinem literarischen Wirken im Sommer und Herbst 1814 nachging, verdeutlicht die Veröffentlichung zweier Gedichte im *Rheinischen Merkur*[197], nämlich „Das Lied vom alten Helden" vom 10. August 1814 und „Die Weihe der Feuer" vom 18. Oktober 1814[198]. Darin thematisierte Carl Wilhelm Pauli den Sieg des tapferen deutschen Volkes über die demütigende französische Herrschaft, der als Grundlage für ein neu erstarktes und freies Vaterland dienen sollte.[199] Hiermit traf er den Ton der damals präsenten romantischen Kampf- und Befreiungslyrik, die patriotische Werte stark in den Vordergrund rückte.[200] Viele Zeitungen und Zeitschriften beschworen eine nationale Erneuerung im Krieg gegen die Franzosen, verbunden mit einer stellenweise bis zum Hass gesteigerten Antipathie gegen Frankreich, wurden jedoch nach dem Sieg über Kaiser Napoleon I. in der Restaurationszeit[201] als Gefahrenquelle unerwünschter politischer Veränderungen wahrgenommen und oft eingeschränkt oder – wie der *Rheinische Merkur* – sogar untersagt.[202]

V. Abschluss des Studiums an der Universität Göttingen

1. Widerwillige Fortführung der Rechtswissenschaften

Nur ungern gab Carl Wilhelm Pauli sein „wahres Element", das er in dem dichterisch aktiven Bückeburger Lebensstil gefunden hatte, wieder auf, um die juristische Ausbildung fortzusetzen. Zu diesem Schritt entschloss er sich vor allem,

---

196 Brief Carl Wilhelm Paulis an seine in Driburg weilende Mutter Magdalena Pauli, zitiert nach: Poel, Carl Wilhelm Pauli. Ein Lebensbild, S. 24.

197 Der *Rheinische Merkur* erschien ab 23. Januar 1814 alle zwei Tage mit jeweils vierseitigem Umfang und erreichte schnell eine hohe Auflage. Zu den Mitarbeitern gehörten populäre Personen wie die Gebrüder Grimm und der Freiherr vom Stein. Da das Blatt viele kritische Artikel zum restaurativen Kurs des Wiener Kongresses beinhaltete, wurde es in Württemberg, Bayern, Sachsen und Preußen verboten. Die letzte Ausgabe erfolgte am 10. Januar 1816 (Renz, Rheinischer Merkur, S. 1031).

198 Goedeke/Goetze, Grundriss der deutschen Dichtung, S. 838.

199 Beide Gedichte sind vollständig im Anhang abgedruckt (S. 191–193).

200 Vgl.: Sørensen, Deutsche Romantik, S. 294.

201 Zur Restauration und ihren antiliberalen Schritten unten C. V. 3. b) und D. V.

202 Schlosser, Deutsche Literatur, S. 181.

um künftig einen Beruf ergreifen zu können, der ihm eine sichere wirtschaftliche und gesellschaftliche Existenz in Aussicht stellte.[203] Er wählte die Universität Göttingen und schrieb sich dort am 23. Oktober 1814 unter dem Prorektor Johann Tobias Mayer[204] ein, wie aus den Matrikeln folgt:

> „Carl Wilhelm Pauli, Lübeck, jur., ex ac. Tübingen. V: Kaufmann Pauli."[205]

Angesichts des von ihm idealisierten Studentendaseins in Tübingen und der angenehmen Zeit in Bückeburg war Carl Wilhelm Pauli nun gegenüber dem unerwünschten Neuanfang höchst negativ eingestellt. Er verfolgte allein den Zweck, sein Studium zügig zu beenden, und wollte sowohl der Stadt als auch dem sozialen Umfeld nichts Positives abgewinnen. Sein Pessimismus tritt klar aus den Briefen hervor, die er Gustav Schwab nach der Ankunft schrieb:

> „Ich verspreche mir dort für etwas anderes als die Jurisprudenz keinen Gewinn; es ist dort ein ledernes, ausgetrocknetes Volk! [...] Ganz zu Boden gedrückt, fuhr ich traurig meinem neuen Leben entgegen, [...]. Kalt starrte mir alles entgegen! [...] Und so wandele ich auch hier unter den Menschen nur mit halber Seele herum; meinem besseren Theile nach jenem ersten schönen Abschnitt meiner Studentenzeit zugewendet. [...] Von Studenten habe ich noch gar keinen kennen gelernt. Ich komme auch nicht anders als im Collegium mit ihnen zusammen, und überhaupt ist ihr Ton untereinander so steif und formell, [...]."[206]

2. Die Georg-August-Universität und ihre juristische Fakultät

Mit der Göttinger Georg-August-Universität entschied sich Carl Wilhelm Pauli für eine äußerst angesehene Hochschule. Sie wurde zwischen 1734 und 1737 offiziell vom hannoverschen Kurfürsten und britischen König Georg II. August[207]

---

203 Vgl.: Poel, Carl Wilhelm Pauli. Ein Lebensbild, S. 24.

204 Johann Tobias Mayer wurde am 05. Mai 1752 in Göttingen geboren. Er studierte dort ab 1765 Medizin und ab 1770 Mathematik, ab 1773 arbeitete er als Privatdozent. Es folgten von 1780 bis 1799 Professuren für Mathematik und Physik in Altendorf und Erlangen. Danach wirkte er bis zu seinem Tod am 30. November 1830 als Physikprofessor in Göttingen (Folkerts, Johann Tobias Mayer, S. 530).

205 v. Selle, Die Matrikel der Universität Göttingen, S. 537, 542.

206 Poel, Carl Wilhelm Pauli. Ein Lebensbild, S. 25 f.

207 Georg II. August, geboren am 30. Oktober 1683 in Herrenhausen, war der zweite britische König aus dem Hause Hannover. Er hing zeitlebens außerordentlich an seiner deutschen Heimat, deren Interessen er gegenüber denjenigen Großbritanniens bevorzugte, wenngleich er sich um Nähe zum englischen Volk bemühte. Er bewies zwar im Krieg besondere Tapferkeit, zeigte sich aber als jähzorniger, eigensinniger, habgieriger und unbeständiger Herrscher. Heftige Konflikte mit seinem Vater König Georg I. und seinem früh verstorbenen Sohn Kronprinz Friedrich begleiteten sein Leben. Er starb am 25. Oktober 1760 in London (Schnath, Georg II., S. 212).

gegründet, als ihr eigentlicher Urheber gilt allerdings der damalige Geheimrat Freiherr Gerlach Adolf von Münchhausen[208], der das prägende Konzept einer toleranten und aufgeklärten Ausbildungsstätte entwarf und durch die Wahl der ersten Professoren eine lebensnahe und praxisbezogene Lehre in allen Fächern etablierte.[209] Im ersten Jahrhundert ab der Aufnahme des Betriebs, also bis in die 1830er Jahre, machten die Juristen rund 51 % der Studenten – bisweilen sogar über 60 % – aus.[210] In dieser Phase repräsentierte die rechtswissenschaftliche Fakultät die wichtigste der gesamten Universität, die sich im 18. Jahrhundert zur führenden Akademie in den protestantischen deutschen Ländern entwickelte.[211] In der Franzosenzeit ging der südliche Teil des Kurfürstentums Hannover mit der Stadt Göttingen von 1807 bis 1813 im Königreich Westphalen, einem neu errichteten Rheinbundstaat, auf.[212] Diese Episode überstand die Universität ohne größere Einschränkungen.[213] Ab dem 12. Oktober 1814 gehörte sie zum nun existierenden Königreich Hannover.[214]

3. Studentenleben zu Beginn der Restaurationszeit

a) Versunken im berüchtigten Göttinger Fleiß

Der juristischen Fakultät mitsamt ihrem Lehrkörper und ihren Studenten eilte schon bald nach der Universitätsgründung der Ruf eines ungemeinen Eifers voraus. So urteilten Berichte aus dem 18. und 19. Jahrhundert beispielsweise:

> „Der Fleiß der Lernenden sowohl als der Lehrenden ist unbeschreiblich.“
> „Ein Göttingisches halbes Jahr ist ebenso lang und ebenso nützlich wie auf anderen Academien ein ganzes.“

---

208 Freiherr Gerlach Adolf von Münchhausen kam am 05. Oktober 1688 in Berlin zur Welt. Nach dem Jurastudium wirkte er ab 1714 im kursächsischen und ab 1716 im hannoverschen Justizdienst. Ab 1726 betätigte er sich als Gesandter im Reichstag in Regensburg, bevor König Georg II. August ihn 1728 in den Geheimen Rat des Kurfürstentums Hannover berief. Er avancierte zum einflussreichsten Staatsmann und dominierte die hannoversche Politik über vier Jahrzehnte, so stieg er 1753 zum Kammerpräsidenten und 1765 zum Premierminister auf. Er starb am 26. November 1770 in Hannover (Brosius, Gerlach Adolph von Münchhausen, S. 523 f.).

209 Eggers, Universität Göttingen, S. 159 f.

210 Ebel, Geschichte der Juristenfakultät der Georgia Augusta, S. 7.

211 Eggers, Universität Göttingen, S. 160.

212 Köbler, Historisches Lexikon der deutschen Länder, S. 234, 715.

213 Eggers, Universität Göttingen, S. 161.

214 Köbler, Historisches Lexikon der deutschen Länder, S. 234.

> „So ununterbrochen wie fortdauernd die Professoren in Göttingen arbeiten, arbeitet hier im Lande kein Geschäftsmann.“[215]

Vom Einsatz, der den Hochschülern abverlangt wurde, zeugen ebenfalls die Vorlesungsverzeichnisse. Sie nannten in der Studienzeit Carl Wilhelm Paulis von 1814 bis 1816 Vorlesungen, Examinatorien, Repetitorien und praktische Übungen in verschiedenen materiell-rechtlichen und prozessualen Fächern:

- Institutionen,
- Pandekten,
- Römisches Recht,
- Kanonisches Recht,
- Deutsches Recht,
- Preußisches Zivilrecht,
- Französisches Zivilrecht,
- Kur-Braunschweig-Lüneburgisches Privatrecht,
- Handelsrecht,
- Wechselrecht,
- Berg- und Forstrecht,
- Bergwerksrecht,
- Kriminalrecht,
- Lehenrecht,
- Europäisches Völkerrecht,
- Naturrecht mit Rücksicht auf die Philosophie des positiven Rechts,
- Allgemeines und besonderes Staatsrecht,
- Staatsrecht der deutschen Bundesstaaten,
- Staats- und Privatrecht des Königreichs Hannover,
- Theorie des gemeinen bürgerlichen Prozesses,
- Theorie des Kur-Braunschweig-Lüneburgischen Zivilprozesses,
- Theorie des Hannoverschen Zivilprozesses,
- Kriminalprozess.

Die Lehreinheiten behandelten auch allgemeine und historische Themen wie:

- Allgemeine Einleitung in die Rechtswissenschaft,
- Rechtsphilosophie,
- Enzyklopädie des gesamten heutigen Rechts,
- Geschichte der Rechtswissenschaft,
- Geschichte des Römischen Rechts,

215 Ebel, Geschichte der Juristenfakultät der Georgia Augusta, S. 20 f., 23.

- Geschichte und Literatur des Staats- und Völkerrechts,
- Geschichte und Literatur des Kriminalrechts,
- Unionsgeschichte des Königreichs Hannover.[216]

Entsprechend seinem Ziel, sich zügig alle gefragten Inhalte anzueignen, legte Carl Wilhelm Pauli schon in seinem ersten Semester ebenso den berüchtigten Göttinger Fleiß an den Tag und empfand angesichts seiner pflichtbewussten Tätigkeit eine gewisse Befriedigung. Als Ausgleich spielte er nebenher Geige und arrangierte sich bald mit der zunächst unerwünschten Rückkehr in das Studium der Rechtswissenschaften, für das er sich aktuell kaum interessierte. Bereits am 12. November 1814 schrieb er an seine Mutter Magdalena Pauli:

> „Du siehst, daß mein Leben nur ein Doppelconcert von Pandecten und Prozeß ist, mit einer obligaten Violine. Die Prosa, in welcher sich solchergestalt einförmig und kalt mein Dasein dahinschleppt, wäre mir noch schauderhafter und verzweiflungsvoller, wäre nicht zugleich eine Art von Heiterkeit in mir erzeugt, die jener Stimmung einigermaßen das Gegengewicht hält: und das ist das Gefühl der erfüllten Pflicht. Der Kampf des idealen und des reellen Lebens, dem ich in Tübingen beinahe unterlegen, ist ausgekämpft; das letztere ist im äußeren Leben in die vollen Rechte eingetreten, [...] und jenes andre hat sich [...] in das Gemüth, zurückgezogen."[217]

Kurz nachdem Carl Wilhelm Pauli sich in das neue Göttinger Studentenleben vertieft hatte, starb am 28. Januar 1815 sein Vater Adrian Wilhelm Pauli[218]. Der Verlust motivierte ihn, sich noch intensiver der Ausbildung zu widmen, um den Erwartungen der Familie – vor allem denjenigen seines geschäftlich erfolglosen Vaters -, er solle einen soliden Beruf ergreifen, zu entsprechen.[219]

Obschon Carl Wilhelm Pauli sich gewissenhaft dem Studium hingab, stellte er ebenfalls ein soziales Leben her. Den Ausgangspunkt bildete der Kontakt zu Dorothea von Rodde[220] – der ersten deutschen Doktorin der Philosophie -, die mit Magdalena Pauli aus der Altonaer Zeit bekannt war und ihn freundlich

216 Angaben nach einer digitalisierten Version aller Vorlesungsverzeichnisse unter: https://www.sub.uni-goettingen.de/sammlungen-historische-bestaende/alte-drucke-1501-1900/historische-vorlesungsverzeichnisse/, zuletzt am 24.10.2018.

217 Poel, Carl Wilhelm Pauli. Ein Lebensbild, S. 27.

218 AHL, Lübeckische Geschlechter, S. 1327, Pauli.

219 Vgl.: Poel, Carl Wilhelm Pauli. Ein Lebensbild, S. 28 f.

220 Dorothea von Rodde kam am 10. August 1770 als Tochter des Historikers und Staatswissenschaftlers August Ludwig Schlözer in Göttingen zur Welt. Sie bekam früh Privatunterricht und besuchte die Universitätsvorlesungen ihres Vaters und seiner Kollegen. Obwohl sie als Frau nicht studieren durfte, erwarb sie 1787 nach einem Examen an der Göttinger Universität den Titel *Doktor der Philosophie*. So stieß die damals Siebzehnjährige eine Wandlung der gesellschaftlich herrschenden

empfing.[221] Dort traf er unter anderem August von Bethmann-Hollweg[222] und schloss mit ihm, wie auch mit Ludwig Hassenpflug[223], enge Freundschaft.[224]

Carl Wilhelm Pauli machte allerdings nicht nur im privaten Umfeld neue Bekanntschaften, sondern baute auch einen gesellschaftlichen Umgang mit

---

Vorstellung von bildungsunfähigen Frauen an und zeigte die Möglichkeit auf, auch weibliche Studierende an der Universität zuzulassen. Sie heiratete 1792 den wohl situierten Lübecker Kaufmann und Ratsherrn Matthäus Rodde und gebar bis 1798 drei gemeinsame Kinder. Ihr Haus stellte den Mittelpunkt der Gesellschaft Lübecks dar, doch sie suchte ebenfalls den Kreis um die Familien Reimarus und Sieveking in Hamburg sowie auf dem Landsitz in Neumühlen auf. Ihr Gatte erhielt 1803 den Titel eines Reichsfreiherrn und übte ab 1806 das Amt eines Lübecker Bürgermeisters aus, musste allerdings 1810 wegen umfassender Verluste in Folge der Kontinentalsperre Konkurs anmelden. Darauf kehrte Dorothea von Rodde 1811 nach Göttingen zurück, wo sie in finanziell engen Verhältnissen lebte. Sie starb im Juli 1825 auf einer Reise in Avignon (Pilz, Dorothea Schlözer, S. 139 f., 142 f., 146–149, 152, 154).

221 Poel, Carl Wilhelm Pauli. Ein Lebensbild, S. 26.

222 Moritz *August* von Bethmann-Hollweg, geboren am 08. April 1795 in Frankfurt am Main, studierte Rechtswissenschaften an den Universitäten von Göttingen und Berlin. An letzterer, wo er bei Friedrich Carl von Savigny lernte, habilitierte er sich 1819 und arbeitete ab 1823 als Ordinarius. Im Jahre 1829 berief ihn die Universität Bonn, an der er ab 1842 die Position des Kurators innehatte. Außerdem nahm er ab 1845 am Preußischen Staatsrat teil und gründete 1848 den Deutschen Evangelischen Kirchentag, dem er bis 1872 vorsaß. Er starb am 14. Juli 1877 auf Schloss Rheineck bei Andernach. Sein Enkel, der Jurist und Politiker *Theobald* Theodor Friedrich Alfred von Bethmann-Hollweg amtierte von 1909 bis zu seiner Entlassung 1917 als Kanzler des Deutschen Kaiserreichs (Fischer, August von Bethmann-Hollweg, S. 187 f.; Fraudienst, Theobald von Bethmann-Hollweg, S. 188 f., 192).

223 Hans Daniel *Ludwig* Friedrich Hassenpflug wurde am 16. Februar 1794 in Hanau geboren. Er nahm 1812 ein Jurastudium in Göttingen auf, das er – nach einer Unterbrechung 1813/14 zur Teilnahme an den Befreiungskriegen im kurhessischen freiwilligen Jägercorps – 1816 abschloss. Anschließend machte er im Staatsdienst Kurhessens Karriere und stieg 1834 als Leiter der Justiz- und Innenministerien zum Staatsminister auf. Jedoch verursachten persönliche Differenzen mit dem hessischen Kurfürsten Friedrich Wilhelm 1837 seine Entlassung. Sodann führte er ab 1838 die Verwaltung des Fürstentums Hohenzollern-Sigmaringen, im Folgejahr trat er einen Posten als Zivilgouverneur im Großherzogtum Luxemburg an. Ludwig Hassenpflug wechselte 1841 in preußische Dienste, wo er ab 1844 als Mitglied des Staatsrats und ab 1846 als Präsident des Oberappellationsgerichts Greifswald wirkte. Kurfürst Friedrich Wilhelm von Hessen berief ihn 1850 erneut als Staatsminister des Innern und der Justiz. Nach seiner Pensionierung 1855 zog er sich nach Marburg zurück, wo er am 10. Oktober 1862 verstarb (Franz, Ludwig Hassenpflug, S. 46 f.).

224 Poel, Carl Wilhelm Pauli. Ein Lebensbild, S. 30 f.

Georg Arnold Heise[225] auf[226], seinem Professor und späteren Vorgesetzten am Oberappellationsgericht der vier freien Städte, der sich als folgenreich für seinen eigenen beruflichen Werdegang an diesem Gericht erweisen sollte. Georg Arnold Heise wirkte nach einer vorherigen Professur in Heidelberg seit 1814 an der Universität Göttingen, wo er sich großer Erfolge als Dozent und äußerster Beliebtheit bei den Studenten erfreute.[227] In Carl Wilhelm Paulis Studienzeit las er gemäß den Vorlesungsverzeichnissen römisches Recht, Pandekten, deutsches Recht, Handelsrecht und Bergwerksrecht.[228] Georg Arnold Heise verkörperte einen Vertreter der Historischen Rechtsschule, was ebenso für seinen Göttinger Kollegen Gustav Hugo[229] galt.[230] Gustav Hugo lehrte während Carl Wilhelm Paulis Studium gleichfalls die Pandekten und unterrichtete zusätzlich Geschichte der Rechtswissenschaft, Geschichte des römischen Rechts, Naturrecht mit Rücksicht auf die Philosophie des positiven Rechts und Enzyklopädie des gesamten heutigen Rechts.[231] Demnach stand Carl Wilhelm Pauli wie bereits in Tübingen durch Heinrich Eduard Siegfried von Schrader weiterhin unter dem Einfluss von Anhängern der Historischen Rechtsschule, wodurch es nahe liegt, dass er spätestens im Laufe seiner vier Semester in Göttingen anfing, den Gedanken dieser Lehre selbst zu folgen. Unter der Anleitung dieser bemerkenswerten Professoren

---

225 Zur Biographie Georg Arnold Heises unten E. IV. 2. a) und F. II. 3. a).

226 Frensdorff, Carl Wilhelm Pauli, S. 263.

227 Schultze-v. Lasaulx, Georg Arnold Heise, S. 454.

228 Angaben nach einer digitalisierten Version aller Vorlesungsverzeichnisse unter: https://www.sub.uni-goettingen.de/sammlungen-historische-bestaende/alte-drucke-1501-1900/historische-vorlesungsverzeichnisse/, zuletzt am 24.10.2018.

229 Gustav Hugo wurde am 23. November 1764 in Lörrach geboren und studierte ab 1782 Rechtswissenschaften an der Universität Göttingen. Die erste Professur erhielt er 1788 in Halle. Ein Schwerpunkt seiner Tätigkeit lag auf dem Gebiet des römischen Rechts, dessen Stoff er im *Lehrbuch der Rechtsgeschichte* in historische Perioden gliederte und dadurch eine bis heute maßgebende Einteilung erstellte. In seinem *Lehrbuch zum heutigen römischen Recht* präsentierte er das geltende Recht in einer eigenen Systematik und verfasste damit eines der ersten modernen Lehrbücher. Ab 1791 erschien sein insgesamt sechsbändiges *Civilistisches Magazin,* darin befasste er sich sowohl mit praktischen als auch mit historischen und philosophischen rechtlichen Themen. Im Jahre 1792 wechselte Gustav Hugo nach Göttingen, wo er trotz mehrfacher Berufungen der Universitäten Heidelberg und Halle bis zu seinem Tod am 15. September 1844 arbeitete (Schröder, Gustav Hugo, S. 219–223 m.w.N.).

230 Haferkamp, Historische Rechtsschule, S. 21 f.

231 Angaben nach einer digitalisierten Version aller Vorlesungsverzeichnisse unter: https://www.sub.uni-goettingen.de/sammlungen-historische-bestaende/alte-drucke-1501-1900/historische-vorlesungsverzeichnisse/, zuletzt am 24.10.2018.

gefiel das Studium Carl Wilhelm Pauli stetig besser, zumal er trotzdem Freiräume fand, sich mit Literatur zu befassen. Seine veränderte Stimmung zeigt ein Brief von 1815:

> „Ich bin jetzt gerne hier. Die Zweige meiner Wissenschaft, welche mich jetzt beschäftigen (außer dem Römischen Recht die Deutschen Rechte und das Handelsrecht) sind mir erfreulich, das politische Studium zieht mich auch an, und ich erübrige noch Zeit zu meinen altdeutschen Bestrebungen, welches mir eine wahre Erquickung ist.“[232]

b) Gestaltung Europas auf dem Wiener Kongress

So sehr ihm mittlerweile das Studentenleben zusagte, verdross Carl Wilhelm Pauli wie zahlreiche Deutsche die politische Entwicklung nach der Befreiung von der französischen Fremdherrschaft. Auf dem Wiener Kongress, der unter dem Vorsitz des österreichischen Außenministers Fürst von Metternich am 18. September 1814 begann, sollten die Verhältnisse in Europa neu geordnet werden.[233] Da gemäß dem Ersten Frieden von Paris vom 30. Mai 1814 alle am Krieg beteiligten Mächte eingeladen waren, fanden sich etwa dreihundert Delegationen unterschiedlicher Staaten in Wien ein, das wegen seiner gut ausgebauten Infrastruktur die bis zu 100.000 Fremden, die zu diesem Anlass in die Stadt kamen, beherbergen konnte.[234] Die deutsche Bevölkerung hegte die Hoffnung, dass sich ihr aus den Befreiungskriegen folgendes nationales Selbstbewusstsein nunmehr in einem geeinten Staat realisieren würde, in dem Freiheit und Gleichheit gelten und das Volk mittels einer entsprechenden Verfassung an der politischen Willensbildung teilnimmt.[235] Diese Erwartung stand allerdings in scharfem Kontrast zu den fünf Prinzipien, auf welche die dominierenden Großmächte – Österreich, Preußen, Russland, Frankreich und Großbritannien – wesentlich abzielten: die Restauration der politischen Lage von 1792, die Legitimierung der Bourbonenherrschaft über die Franzosen, die Autorität der Monarchen, die Solidarität bei der Abwehr revolutionärer Bewegungen und das Gleichgewicht der europäischen Mächteverteilung.[236]

Eine zügige Verwirklichung dieser Ziele zeichnete sich jedoch zu Beginn des Kongresses nicht ab, vielmehr stritten die Teilnehmer derart heftig besonders um die künftigen Gebietsverhältnisse, dass ein Kriegsausbruch zu befürchten

---

232 Poel, Carl Wilhelm Pauli. Ein Lebensbild, S. 29.
233 Emmerich/Jankrift/Kockerols/Müller, Deutsche Geschichte, S. 134.
234 Lentz, Der Wiener Kongress und die Neugründung Europas, S. 31, 68, 71.
235 Firnkes, Restauration und Vormärz, S. 19.
236 Vgl.: Renz, Wiener Kongress, S. 1354.

stand.[237] Erst die Flucht Kaiser Napoleons I. aus dem Exil beschleunigte die Gespräche hin zu einer Einigung.[238] Er schiffte sich am 26. Februar 1815 mit 1.100 Soldaten in Elba ein und landete am 01. März 1815 in Südfrankreich zwischen Cannes und Antibes.[239] Auf dem anschließenden Marsch nach Paris liefen die gegen ihn geschickten französischen Truppen reihenweise zu ihm über, sodass er am 20. März 1815 ohne jedes Gefecht in die Hauptstadt einzog, aus der König Ludwig XVIII. geflohen war.[240] Zwar versicherte er friedliche Absichten und erklärte sich zur Anerkennung des Ersten Friedens von Paris vom 30. Mai 1814 bereit, doch die europäischen Mächte wiesen alle diplomatischen Gespräche ab und schlossen am 25. März 1815 ein neues Bündnis, um die Regentschaft Kaiser Napoleons I. endgültig militärisch zu beenden.[241] Auch Carl Wilhelm Pauli meldete sich nochmals freiwillig zur Hanseatischen Legion[242], blieb aber mangels eines Einsatzes des Regiments während des gesamten Konflikts in Göttingen.[243] Dieser entschied sich mit dem Sieg der Alliierten in der Schlacht von Waterloo südlich von Brüssel am 18. Juni 1815.[244] Kaiser Napoleon I. dankte am 22. Juni 1815 nach seiner sogenannten *Herrschaft der Hundert Tage* in Paris zum zweiten Mal ab.[245] Er versuchte vergeblich, in die Vereinigten Staaten von Amerika zu entkommen, begab sich schließlich aber am 14. Juli 1815 in britische Gefangenschaft.[246] Die Verbündeten verbannten ihn auf die Insel St. Helena im Südatlantik, wo er am 15. Oktober 1815 ankam und – fast sechs Jahre gedanklich ständig um die Abläufe der Schlacht von Waterloo kreisend – am 05. Mai 1821 starb.[247]

Schon zehn Tage vor der entscheidenden Schlacht von Waterloo einigten sich die europäischen Mächte mit der Deutschen Bundesakte am 08. Juni 1815, die in die Wiener Schlussakte vom 09. Juni 1815 integriert wurde, verbindlich auf die künftige Gestaltung der deutschen Regionen und leiteten dadurch die

---

237 Otto, Die deutschen Befreiungskriege gegen Napoleon, S. 156.

238 Müller, Deutsche Geschichte in Schlaglichtern, S. 145.

239 Ullrich, Napoleons hundert Tage, S. 53.

240 Rothenberg, Die Napoleonischen Kriege, S. 192.

241 Stauber, Der Wiener Kongress, S. 105.

242 Die Hanseatische Legion repräsentierte eine Freiwilligeneinheit, die Lübeck und Hamburg während der Befreiungskriege im März 1813 aufstellten. Sie wurde nach der Rückkehr Kaiser Napoleons I. aus Elba im April 1815 reaktiviert, nahm aber nicht mehr an Kämpfen teil (Hundt, Hanseatische Legion, S. 165).

243 Poel, Carl Wilhelm Pauli. Ein Lebensbild, S. 33.

244 Otto, Die deutschen Befreiungskriege gegen Napoleon, S. 159–161.

245 Ullrich, Napoleons hundert Tage, S. 54 f.

246 Füssel, Waterloo, S. 93.

247 Ullrich, Napoleons hundert Tage, S. 55.

sogenannte Restaurationszeit[248] ein.[249] Innerhalb der Grenzen des ehemaligen Heiligen Römischen Reichs Deutscher Nation, das endgültig aufgelöst blieb, entstand nun der Deutsche Bund, der fünfunddreißig souveräne Fürstentümer und vier freie Städte einschloss.[250] Entgegen der Hoffnung der Bevölkerung gründete er keinen einheitlichen Nationalstaat, sondern zielte nach Art. 2 der Bundesakte auf „Erhaltung der äußeren und inneren Sicherheit Deutschlands" und „Unabhängigkeit und Unverletzbarkeit der einzelnen deutschen Staaten" ab[251]. Der lose Verband von Herrschaften[252] unterhielt nur ein gemeinsames Organ in Form der Bundesversammlung in Frankfurt am Main, die unter dem Vorsitz Österreichs über die „Angelegenheiten des Bundes" entschied.[253] Sie bestand aus Gesandten und nicht aus gewählten Abgeordneten, sodass das Volk die politische Willensbildung weiterhin nicht beeinflussen konnte.[254] Vielmehr blieben die Menschen

---

248 Die Bezeichnung „Restauration" entstammt dem Titel des Werks *Restauration der Staatswissenschaften*, das der Schweizer Staatsrechtler Karl Ludwig von Haller 1816 herausgab. Sie beschreibt die Zeitspanne vom Wiener Kongress 1814/15 bis zur Julirevolution 1830, die sich durch das Bestreben der Machthaber auszeichnete, die vor den Revolutionskriegen bestehenden Zustände wiederherzustellen und vor allem die Erbmonarchien zu stärken (Geisthövel, Restauration und Vormärz, S. 13).

249 v. Hippel/Stier, Europa zwischen Reform und Revolution, S. 60.

250 Das Bundesgebiet erfasste, entsprechend dem Umfang des vormaligen Heiligen Römischen Reichs Deutscher Nation, Österreich und Preußen nur mit einem Teil ihrer Besitztümer. Zugleich waren ausländische Regenten wegen ihrer deutschen Territorien gleichberechtigte Mitglieder im Deutschen Bund, nämlich der britische König als König von Hannover, der dänische König als Herzog von Lauenburg und Holstein sowie der niederländische König als Großherzog von Luxemburg (Dudde, Wiener Kongress und Restauration, S. 204 f.).

251 Conze, Ereignisse und Entwicklungen 1792–1815, S. 172.

252 Der Deutsche Bund hatte den Charakter eines „doppelten Völkerrechtssubjekts". Zum Einen stellten die Einzelstaaten völkerrechtliche Subjekte dar, die aktiv und passiv eigene Gesandtschaften unterhielten. Zum Anderen verfügte der Deutsche Bund selbst über den Status eines Subjekts des Völkerrechts und trat als politische Gesamtmacht gegenüber dem Ausland auf (Gruner, Der Deutsche Bund, S. 24).

253 Die elf größten Länder – Österreich, Preußen, Bayern, Sachsen, Hannover, Baden, Württemberg, Kurhessen, Hessen, Dänemark für das Herzogtum Holstein und die Niederlande für das Großherzogtum Luxemburg – besaßen im *Engeren Rat* je eine der insgesamt 17 Stimmen, die weiteren 6 Stück übten die anderen Herrschaften in Gruppen aus. Im *Plenum*, das über Änderungen der Bundesakte und „gemeinnützige Anordnungen" betreffend den gesamten Deutschen Bund beschloss, kamen 39 von 69 Stimmen auf die genannten elf Mächte (Müller, Der Deutsche Bund, S. 4 f.).

254 Dudde, Wiener Kongress und Restauration, S. 204.

Untertanen der Landesfürsten, die ihnen gegenüber absolut souverän handeln konnten und nur den Beschlüssen des Deutschen Bundes, aus dem sie nicht austreten durften, verpflichtet waren.[255] Die Einzelstaaten verfolgten auf der Basis ihrer Selbständigkeit und mangels eines mit umfassenden Hoheitsrechten versehenen zentralen Organs immer noch primär ihre Partikularinteressen.[256] Eine gesamtstaatliche Struktur, die das Bedürfnis nach nationaler Einheit widerspiegelte, kam nicht zu Stande, denn dafür fehlten sowohl ein gemeinsames politisches Oberhaupt als auch sonstige Zentraleinrichtungen wie eine Bundesexekutive und ein oberstes Bundesgericht.[257] Entsprechend groß war der Unmut in der Bevölkerung, die sich durch dieses Ergebnis in ihren Erwartungen an den Wiener Kongress enttäuscht fand. Scharfe Kritik machte sich breit, so verurteilte der ein Jahr später untersagte *Rheinische Merkur* 1815 die „jämmerliche, unförmliche, mißgeborene, ungestaltete Verfassung".[258] Carl Wilhelm Pauli beklagte in einem Brief Ende 1814 ebenfalls verbittert den Egoismus der Herrscher, die den Wunsch des Volkes nach Nationalität und Mitbestimmung ignorierten:

> „Die Zeit lag da wie ein bearbeiteter fruchtbarer Boden, in den man alles Gute hineinsäen konnte, sicher, daß es in üppiger Fülle aufgehen würde. Das Volk und die Besseren haben auch nicht ermangelt, es zu thun; die Großen der Erde aber haben Selbstsucht eingesäet, und ihre Saat geht nun auf [...]. Das Herz kehrt sich mir im Leibe um, wenn ich den Skandal betrachte, und so muß es Jedem ergehen, der nur etwas deutsch empfindet und schon im Geiste die deutsche Herrlichkeit aus ihren Trümmern wieder emporsteigen sah."[259]

Der „Skandal" wurde durch den Zweiten Frieden von Paris am 20. November 1815[260], der einige Zusatzregelungen über die deutschen Gebietsverhältnisse traf und die Unabhängigkeit des Deutschen Bundes proklamierte, gefestigt.[261]

---

255 Conze, Ereignisse und Entwicklungen 1792–1815, S. 172.

256 Firnkes, Restauration und Vormärz, S. 25.

257 Vgl.: Müller, Der Deutsche Bund, S. 5 f.

258 Behnen, Deutschland unter Napoleon, S. 416.

259 Poel, Carl Wilhelm Pauli. Ein Lebensbild, S. 32.

260 Der Zweite Frieden von Paris zwischen den Alliierten und König Ludwig XVIII. folgte auf den Krieg während der *Herrschaft der Hundert Tage* und reduzierte Frankreich auf seine Grenzen von 1789 (Schulz, Das 19. Jahrhundert, S. 56 f.).

261 Vgl.: Duchhardt, Der Wiener Kongress, S. 28, 94.

c) Studentischer Aufruhr im Verfassungskonflikt

Als Träger der Empörung über das Resultat des Wiener Kongresses taten sich insbesondere die Studenten hervor. Getrieben vom auflebenden Patriotismus, hatten sie in großer Zahl freiwillig an den Befreiungskriegen teilgenommen und kehrten mit gestärktem Selbstbewusstsein und in der Hoffnung auf einen freiheitlichen, von der Volkssouveränität getragenen Nationalstaat zurück.[262] Sie fühlten sich, wie gleichfalls andere Teile der Bevölkerung, nun um ihren Einsatz gegen die französische Fremdherrschaft betrogen und empfanden den Restaurationskurs als Verrat ihrer Bemühungen, die Distanz zwischen den absolutistischen Herrschern und den Untertanen zu reduzieren.[263] Um ihre nationalliberalen Ideen gemeinsam effizient zu verfolgen, gründeten Jenaer Hochschüler am 12. Juni 1815 erstmalig eine Burschenschaft und wählten als ihr Symbol die Farbkombination aus Schwarz, Rot und Gold.[264] Daraufhin organisierten sich schnell weitere Verbindungen etwa in Freiburg, Heidelberg und Tübingen, während dieser Prozess an Carl Wilhelm Paulis Universität in Göttingen länger brauchte.[265] Doch auch dort bewiesen die Studenten nach ihren jüngsten Erfahrungen ein starkes politisches Bewusstsein, wovon die Geschehnisse im „Fall Dabelow“ um die Jahreswende 1815/16 zeugen.[266] Sie ereigneten sich vor dem Hintergrund des Verfassungsstreits, der seit dem Erlass der Bundesakte aufkam. Der darin enthaltene Art. 13 lautete nämlich:

> „In allen Bundesstaaten wird eine landständische Verfassung stattfinden.“[267]

An der offenen Formulierung entfaltete sich die Kontroverse, ob eine alte *landständische Verfassung*, die nur berufs- und geburtsständischen Gruppen wie beispielsweise dem Adel oder dem Klerus ein Mitspracherecht gewährte, der Norm genügte, oder ob sie eine neue *konstitutionelle Verfassung* forderte, die allen Bürgern unabhängig von ihrem Status gleiche Rechte garantierte und außerdem auf dem Prinzip der staatsbürgerlichen Repräsentation beruhte.[268] Auch stellte sich die Frage, ob die Bevölkerung aus Art. 13 der Bundesakte aktuell ein eigenes Recht ableiten konnte. Dazu vertrat der Göttinger Dozent Freiherr Christoph

262 Gevers/Vos, Studentische Bewegungen, S. 231.
263 Firnkes, Restauration und Vormärz, S. 33.
264 Emmerich/Jankrift/Kockerols/Müller, Deutsche Geschichte, S. 136.
265 Vgl.: Gevers/Vos, Studentische Bewegungen, S. 231.
266 Lampe, Politische Entwicklungen in Göttingen, S. 56.
267 Ries, Deutsche Geschichte, S. 102.
268 Geisthövel, Restauration und Vormärz, S. 22.

Christian von Dabelow[269] in einer Ende 1815 publizierten Broschüre die Position, dass aus der Norm kein Anspruch des Volkes auf den Erlass einer Verfassung folge.[270] Dies regte Carl Wilhelm Pauli dermaßen auf, dass er den Autor persönlich kritisierte und einen Protest der Hochschüler auslöste. In einem Brief beschrieb er seine Reaktion auf die Lektüre wie folgt:

> „Die Galle lief mir über, sowie ich sie gelesen; schnell tunkte ich meine Feder darin, und schrieb dem Herrn von Dabelow einen derben Brief, worin ich ihm unter anderm rieth, Göttingen so bald wie möglich zu verlassen; die Schrift theilte ich sogleich allen Freunden und Bekannten mit, und diese wieder den ihrigen, so daß sie bald ziemlich allgemein verbreitet war; und sie verfehlte nicht ihre Wirkung! Alle, die nur etwas kräftig fühlten, wurden in Wuth versetzt, und es kam sogar dazu, daß eines Tages am hellen Mittage unter gewaltigem Zusammenlauf von Studenten die Dabelow'sche Schrift an den Schandpfahl geheftet [...] wurde."[271]

Nach diesem Vorfall im Januar 1816 ging Freiherr Christoph Christian von Dabelow tatsächlich aus Göttingen fort.[272] Doch seine Ansicht entsprach der Haltung der Einzelstaaten im Verfassungskonflikt. Da sie nach dem Wortlaut des Art. 13 der Bundesakte sowohl hinsichtlich des Zeitpunkts als auch des Inhalts der Verfassungsgebung frei waren, setzten die Herrscher den Auftrag in unterschiedlicher Geschwindigkeit und auf verschiedene Weise durch.[273]

---

269 Freiherr Christoph Christian von Dabelow kam am 19. Juli 1768 in Neu-Buckow bei Wismar zur Welt. Nach dem Jurastudium erhielt er 1791 eine Professur an der Universität Halle, wo er bis 1809 lehrte. Er trat 1811 als Staatsrat in den Dienst des Herzogs von Anhalt-Köthen. Von 1813 bis 1816 wirkte er als Privatdozent in Halle, Heidelberg und Göttingen. Er folgte 1819 einem Ruf nach Dorpat, dort verstarb er am 28. April 1830 (Steffenhagen, Christoph Christian von Dabelow, S. 684).

270 Lampe, Politische Entwicklungen in Göttingen, S. 56.

271 Poel, Carl Wilhelm Pauli. Ein Lebensbild, S. 36.

272 Lampe, Politische Entwicklungen in Göttingen, S. 56.

273 Bis Anfang der 1820er Jahre führten 29 Bundesmitglieder Verfassungen ein. Es gab altständische Formen, Repräsentativsysteme und Mischmodelle. Generell wuchs der Modernisierungsgrad vom Nordosten zum Südwesten. So reaktivierten etwa die mecklenburgischen Fürstentümer ihre 1755 gestaltete Adelsherrschaft, während das Großherzogtum Baden und das Königreich Bayern 1818 konstitutionelle Versionen schufen. Die Großstaaten Preußen und Österreich setzten hingegen keine Verfassung in Kraft (Hahn/Berding, Handbuch der Deutschen Geschichte, S. 135, 137, 144).

4. Auseinandersetzung mit dem Kodifikationsstreit

Vor dem Hintergrund der Neuordnung Europas im Jahre 1814/15 bewegte die rechtswissenschaftliche Welt in den deutschen Staaten eine intensive Debatte über die Einführung eines einheitlichen Gesetzbuchs. Zu dieser Zeit herrschte eine starke Rechtszersplitterung. In manchen Ländern galten die dort bereits erlassenen Kodifikationen,[274] sonst fanden das jeweilige Partikularrecht und das regional verschieden geprägte gemeine Recht[275] Anwendung.[276] Wegen des nach den Befreiungskriegen präsenten Nationalbewusstseins kam nun das Streben auf, diesen heterogenen Zustand, der den wirtschaftlichen Fortschritt hemmte und vor allem dem Ziel staatlicher Einheit widersprach, zu beseitigen und durch eine einzige Kodifikation zu ersetzen.[277] Diese Forderung stellte 1814 der Heidelberger Professor Anton Friedrich Justus Thibaut[278] in seiner Schrift *Ueber die*

---

274 Im 18. Jahrhundert entstand die aufklärerische Idee, die gesamte Rechtsordnung zum Allgemeinwohl verbindlich sowohl für die Bevölkerung als auch für die Fürsten festzuschreiben. Daher erließen einzelne Staaten Gesetzbücher auf unterschiedlichen Rechtsgebieten. In Bayern traten der strafrechtliche *Codex Bavarici criminalis* 1751, der zivilprozessuale *Codex Iuris Bavarici iudiciari* 1753 und der materiell-zivilrechtliche *Codex Maximilianues Bavaricus civilis* 1756 in Kraft. Es folgte 1794 das *Allgemeine Landrecht für Preußische Staaten*, welches das ganze private und öffentliche Recht abdeckte. Die französischen Kodifikationen – nämlich der *Code civil* zum materiellen Zivilrecht von 1804, der *Code de procédure civile* über den Zivilprozess von 1806, das Handelsgesetzbuch *Code de commerce* von 1807, der strafprozessuale *Code d'instruction criminelle* von 1808 und der *Code pénal* von 1810 zum materiellen Strafrecht – hatten in einigen deutschen Territorien über die Franzosenzeit hinaus Geltung. Auch Österreich verabschiedete ab der Mitte des 18. Jahrhunderts diverse prozessuale und materielle Gesetze bis zum *Allgemeinen Bürgerlichen Gesetzbuch* 1812 (Köbler, Deutsche Rechtsgeschichte, S. 142–145).

275 Das gemeine Recht bezeichnete das allgemeine römische und kanonische Recht im Gegensatz zum besonderen Partikularrecht. Die partikularen Ordnungen, Statuten und Gewohnheiten gingen gemäß § 3 der Reichskammergerichtsordnung zwar dem subsidiären gemeinen Recht vor, mussten aber bewiesen und im Einklang mit dem gemeinen Recht ausgelegt werden (Köbler, Lexikon der Rechtsgeschichte, S. 183).

276 Gmür/Roth, Grundriss der deutschen Rechtsgeschichte, Rn. 401.

277 Meder, Rechtsgeschichte, S. 300.

278 Anton Friedrich Justus Thibaut, geboren am 04. Januar 1772 in Hameln, studierte ab 1792 Jura an den Universitäten von Göttingen, Königsberg und Kiel. An letzterer erhielt er 1798 eine Professur für römisches Recht, bevor er 1802 nach Jena zog. Ab 1803 erschien sein Hauptwerk *System des Pandektenrechts*, das zu einem führenden Lehrbuch wurde. Zudem prägten seine Einzelschriften zivilrechtliche Materien wie die Irrtums- und Eigentumslehre und den Besitzschutz des Mieters und

Nothwendigkeit eines allgemeinen bürgerlichen Rechts für Deutschland, worin er das Privat-, Kriminal- und Prozessrecht einbezog.[279] Er sah nicht nur in der Uneinheitlichkeit als solcher einen Missstand, sondern fand auch das subsidiär geltende römische Recht wegen seines Zuschnitts auf eine über tausend Jahre alte Kultur im aktuellen Leben unpassend und schlug deswegen vor, eine Versammlung von Gelehrten aus allen deutschen Ländern mit dem Entwurf eines Gesetzbuchs auf Grundlage der schon vorhandenen Kodifikationen zu beauftragen.[280] Dabei war er der Überzeugung, dass „die Deutschen nicht anders in ihren bürgerlichen Verhältnissen glücklich werden können".[281]

Dem trat ebenfalls 1814 der Berliner Professor Friedrich Carl von Savigny[282] mit seiner Schrift *Vom Beruf unsrer Zeit für Gesetzgebung und Rechtswissenschaft* entgegen, in der er ein solches Vorhaben für den Moment ablehnte.[283] Er vertrat die Ansicht, dass ein dem „Volksgeist" entsprechendes Gesetz nur an Hand der Arbeit eines hochqualifizierten Juristenstandes, der als Repräsentant der Bevölkerung das Recht historisch-systematisch erforscht und fortbildet, entstehen könne und nicht mittels obrigkeitlicher Vorgabe.[284] Das Recht erzeuge

---

Pächters. Er wechselte 1805 an die Universität Heidelberg, wo er bis zu seinem Tod am 28. März 1840 lehrte (Schröder, Anton Friedrich Justus Thibaut, S. 449–452 m.w.N.).

279 Thibaut, Notwendigkeit eines allgemeinen Rechts, S. 12.

280 Thibaut, Notwendigkeit eines allgemeinen Rechts, S. 14–16, 26 f., 34–36.

281 Thibaut, Notwendigkeit eines allgemeinen Rechts, S. 12.

282 Friedrich Carl von Savigny, geboren am 21. Februar 1779 in Frankfurt am Main, studierte ab 1795 Jura an der Universität Marburg, wo er ab 1800 römisches Recht, Strafrecht, Rechtsgeschichte und Methodenlehre las. Nach diversen Studienreisen zwischen 1804 und 1808 übernahm er eine Professur für römisches Privatrecht in Landshut. Er wechselte 1810 an die neu gegründete Universität Berlin, die er ab 1812 als Rektor führte und durch die von ihm dominierte Historische Rechtsschule zum Mittelpunkt der deutschen Rechtswissenschaft machte. Ab 1815 veröffentlichte er mit Karl Friedrich Eichhorn die *Zeitschrift für geschichtliche Rechtswissenschaft*. Friedrich Carl von Savigny verfolgte ebenfalls eine politische Karriere, so saß er ab 1817 im Staatsrat Preußens. Im Jahre 1840 erschien der erste Teil seines wichtigsten achtbändigen Werks *System des heutigen Römischen Rechts*, das die allgemeinen Lehren des Zivilrechts samt Methoden- und Rechtsquellenfragen darstellte. Er stieg 1842 zum Staats- und Justizminister auf und prägte in diesem Amt, von dem er 1848 in Folge der Revolution zurücktrat, die *Wechselordnung des Deutschen Bundes* von 1848 und das *Preußische Strafgesetzbuch* von 1851, das dem *Reichsstrafgesetzbuch* von 1871 als Vorbild diente. Er verstarb am 25. Oktober 1861 in Berlin (Schröder, Friedrich Carl von Savigny, S. 380 f., 384, 386–388 m.w.N.).

283 v. Savigny, Vom Beruf unserer Zeit, S. 158 f.

284 v. Savigny, Vom Beruf unserer Zeit, S. 11–14.

sich also „durch innere, stillwirkende Kräfte" und nicht in Folge der „Willkür eines Gesetzgebers".[285] Die Wissenschaft befinde sich indes noch auf zu geringem Niveau, um die organische, im Einklang mit dem „Volksgeist" stehende Rechtsentwicklung zu erfassen und auf dieser Basis eine Kodifikation zu schaffen, sondern bedürfe dafür weiterer Entfaltung.[286]

Bemerkenswerter Weise unterschieden sich die beiden Anführer der Debatte nicht nur in ihren Standpunkten, sondern stellten zugleich durchaus konträre Persönlichkeiten dar. Während Friedrich Carl von Savigny kühl, distanziert und ehrfurchtgebietend auftrat und dadurch relativ einsam blieb, suchte der musikalische, gesellige Anton Friedrich Justus Thibaut die Nähe zu seinen Studenten.[287] Wenngleich er persönlich weniger anziehend gewesen sein mag als sein Kontrahent, setzte sich trotzdem Friedrich Carl von Savigny mit seiner Position durch und eine einheitliche deutsche Kodifikation entstand zumindest im gegenwärtigen Zeitpunkt nicht. Dieser Erfolg erlaubt aber nicht unbedingt den Rückschluss, dass seine Auffassung als vorzugswürdig gelten kann. Vielmehr ließ sich die Forderung Anton Friedrich Justus Thibauts schlechthin nicht mit den damaligen politischen Bedingungen vereinbaren. Sie widersprach der Haltung der Einzelstaaten, deren Fokus auf partikulare Interessen mit der Rechtszersplitterung korrespondierte.[288] Der Wunsch nach einem allgemeinen Gesetzbuch für Deutschland passte nicht zum Geist der Restaurationszeit, die Souveränität der Fürsten möglichst wiederherzustellen und alle entgegenstehenden nationalen Tendenzen abzuwehren.[289] Als bloßer Staatenbund besaß der Deutsche Bund – anders als der Norddeutsche Bund von 1867, der einen Bundesstaat begründete – keine unmittelbare legislative Gewalt, sondern die in der Bundesversammlung beratenen Gesetze bedurften für ihre Wirksamkeit erst der jeweiligen gesetzlichen Sanktionierung in den Mitgliedsländern.[290] Auf diesem Weg fand eine Angleichung des rechtlichen Rahmens nur für den Handel statt, der durch seine interstaatliche Ausweitung dringend harmonisierte Zustände forderte.[291] Wegen der schwachen Stellung des Deutschen

285 v. Savigny, Vom Beruf unserer Zeit, S. 14.

286 v. Savigny, Vom Beruf unserer Zeit, S. 22 f., 49 f., 158 f.

287 Hattenhauer, Europäische Rechtsgeschichte, Rn. 1723.

288 Köbler, Deutsche Rechtsgeschichte, S. 187.

289 Vgl.: Hattenhauer, Europäische Rechtsgeschichte, Rn. 1726.

290 Schlosser, Neuere Europäische Rechtsgeschichte, S. 285 f.

291 Zur Vereinheitlichung des Handelsrechts übernahmen fast alle Bundesstaaten die betreffenden Beschlüsse der Bundesversammlung, nämlich die *Allgemeine Deutsche Wechselordnung* von 1848 und das *Allgemeine Deutsche Handelsgesetzbuch* von 1861, das dem heutigen *Handelsgesetzbuch* von 1871 in weiten Teilen als Vorbild diente (Gmür/Roth, Grundriss der deutschen Rechtsgeschichte, Rn. 408 f.).

Bundes als Gesetzgeber und der restaurativen Politik wäre das Kodifikationsanliegen von Anton Friedrich Justus Thibaut wohl auch ohne die Gegenschrift Friedrich Carl von Savignys nicht realisierbar gewesen.[292]

Die juristische Fakultät der Universität Göttingen brachte ihren Studenten den Kodifikationsstreit im Wintersemester 1815 mit der neuen Vorlesung „Ueber die Nothwendigkeit ein allgemeines Gesetzbuch in Deutschland einzuführen" näher, die samstags um 10:00 Uhr stattfand.[293] Da Carl Wilhelm Pauli sehr gewissenhaft arbeitete, liegt es nahe, dass er in seinem letzten Semester auch diese Veranstaltung besuchte und sich mit der Kontroverse auseinandersetzte.

5. Examen, Promotion und Abschied aus Göttingen

In dieser Phase rückte für Carl Wilhelm Pauli der Studienabschluss heran. Zwar belastete ihn die Prüfungsvorbereitung, doch zugleich bedauerte er den baldigen Verlust der studentischen Freiheit. So schrieb er an Gustav Schwab:

> „Die letzte Zeit in Göttingen war für mich […] keine sehr erfreuliche. Mehr in practischen Beschäftigungen und Studien, wie sie zur Vorbereitung für meinen bürgerlichen Beruf nöthig waren, begraben, konnte ich mich selten zu einem recht freudigen Dasein erheben. Indessen, wenn auch das Wesen dieser Universitätszeit zuweilen weniger realisirt wird, ist es mir doch an sich, durch die Freiheit von äußern Verhältnissen und […] die Unberührtheit von irdischen oder vielmehr bürgerlichen Bestrebungen so unendlich theuer."[294]

Seine Lerndisziplin machte sich letztlich mit dem Bestehen des Examens *cum laude praecipua* am 09. März 1816 sowie der Promotion[295] durch

292 Vgl.: Meder, Rechtsgeschichte, S. 309.

293 Angabe nach einer digitalisierten Version des Vorlesungsverzeichnisses im Wintersemester 1815 unter: https://gdz.sub.uni-goettingen.de/id/PPN654655340_1815_WS, zuletzt am 02.11.2018.

294 Poel, Carl Wilhelm Pauli. Ein Lebensbild, S. 37 f.

295 Die Promotionszahlen waren in Göttingen im Vergleich zu anderen Hochschulen verhältnismäßig gering. Maßgebend für die hohen Anforderungen war die Vorgabe des eigentlichen Gründers Freiherr Gerlach Adolf von Münchhausen, „es würde die Göttingsche Academie mehr vor anderen distinguiren, wenn man die Doctorwürde auf selbiger keinen als wohlverdienten Leuthen mittheilete, als wenn daselbst viele Promotiones geschehen, mithin viele Stümper honores academicos erlangen". Im ersten Jahrhundert der Universität bis 1837 nahm die juristische Fakultät 1058 Promotionen vor (Ebel, Geschichte der Juristenfakultät der Georgia Augusta, S. 23).

Professor Anton Bauer[296], den Dekan der Rechtsfakultät, am 13. April 1816 bezahlt.[297]

Obwohl das Studentendasein Carl Wilhelm Pauli „unendlich theuer“ war, sah er dem nun bevorstehenden Start in das Berufsleben optimistisch entgegen. Schon während der Göttinger Zeit fasste er den Entschluss, hierfür in seine Geburtsstadt Lübeck zurückzukehren. Zu dieser Entscheidung motivierte ihn nicht nur sein national-historisches Empfinden, dem eine Orientierung nach der traditionsreichen Heimat der Familie Pauli entsprach, sondern auch die Hochachtung, welche diese in der dortigen Gesellschaft immer noch genoss:

> „Auch ist durch die Wiedergeburt unseres Vaterlandes der Sinn für ein deutsches Leben und Streben sehr lebendig in mir geworden. Ich habe mich deshalb […] ganz auf meine Vaterstadt Lübeck beschränkt und die Aussicht bald thätig zu werden, in das neu erwachte Leben eines ehrwürdigen, reichstädtischen Gemeinwesens einzugreifen, kann für mich nicht anders als erfreulich sein; zumal da das zufällige Ansehen meiner Familie […] mir meinen Weg sehr erleichtern wird.“[298]

Bevor es soweit sein sollte, begab sich Carl Wilhelm Pauli aber zunächst nach Bückeburg, um mehrere Wochen mit seinen Angehörigen zu verbringen.[299]

VI. Zwischenbetrachtung

Die fünf Jahre seines Studiums entfalteten maßgeblichen Einfluss auf Carl Wilhelm Paulis persönliche und berufliche Entwicklung. Zunächst fand er in Tübingen ein Umfeld, zu dem er sich dermaßen hingezogen fühlte, dass eine zeitlebens andauernde Verbindung zur Region und den daselbst gewonnenen Freunden entstand. Wie sehr deren dichterisch-literarische Tätigkeit und die ganze romantische Kultur ihn prägten, zeigt die Abfassung eigener Gedichte, die er – über das Ziel einer rein persönlichen Gedankenverarbeitung hinaus – durch ihre Veröffentlichung im *Rheinischen Merkur* einem breiten Publikum zugänglich machte. Der zweite Studienabschnitt an der Universität Göttingen repräsentierte zwar

---

296 Anton Bauer wurde am 16. August 1772 in Marburg geboren. Dort studierte er von 1787 bis 1793 Rechtswissenschaften und erhielt 1797 nach einer Tätigkeit als Privatdozent seine erste Professur. Besonderes Ansehen erlangte er durch seine zahlreichen Veröffentlichungen auf dem Gebiet des Strafrechts. Er wechselte 1812 nach Göttingen, wo er am 01. Juni 1843 verstarb (Spehr, Anton Bauer, S. 139).

297 Vgl.: Frensdorff, Paulis juristisch-literarische Tätigkeit, S. 102.

298 Brief Carl Wilhelm Paulis an Gustav Schwab während der Göttinger Studienzeit (1814–1816), zitiert nach: Poel, Carl Wilhelm Pauli. Ein Lebensbild, S. 29.

299 Poel, Carl Wilhelm Pauli. Ein Lebensbild, S. 40.

insofern einen Gegensatz zu der von Carl Wilhelm Pauli idealisierten Tübinger Phase, als er nun keine Erwartungen mehr an das soziale Leben hegte und sich sehr nüchtern auf seinen Abschluss fokussierte. Doch seine gesamte Studentenzeit verbindet der Umstand, dass Carl Wilhelm Pauli sich beständig und fleißig seiner Ausbildung widmete und in beiden Städten mühelos gesellschaftliche Kontakte knüpfte, von denen insbesondere derjenige zu Georg Arnold Heise für seinen beruflichen Werdegang essentiell wurde. Zudem brachten ihm seine Hochschullehrer die Ideen der Historischen Rechtsschule näher, die sein späteres Wirken ausschlaggebend beeinflussten. Neben der juristischen Qualifikation waren die Jahre zwischen 1811 und 1816 allerdings mindestens genauso deutlich von den Befreiungskriegen und dem anschließenden Beginn der Restaurationszeit dominiert. Carl Wilhelm Paulis zweimalige freiwillige Meldung zur Armee der Alliierten zeugt von großem Mut und der Bereitschaft, selbst gegen Missstände einzutreten. Die Zuteilung zum Corps Wallmoden-Gimborn, dessen meist passiver Einsatz ihn verdross, stellte auf Grund seiner unversehrten Heimkehr im Ergebnis einen Glücksfall dar. Obwohl er sich schämte, so wenig im aktiven Kampf involviert zu sein, blieb er dadurch von den schrecklichen Ereignissen verschont, die sich etwa in der von ihm glorifizierten Völkerschlacht von Leipzig abspielten. Dies veranschaulicht der Bericht eines Berliner Arztes, der einige Tage nach der Konfrontation an den Schauplatz des Geschehens kam, um Hilfe zu leisten:

> „Die zügelloseste Phantasie ist nicht imstande, sich ein Bild des Jammers in so grellen Farben auszumalen, als ich es hier in der Wirklichkeit vor mir fand.“[300]

Als ebenso glücklich erwies sich die Tatsache, dass die Hanseatische Legion, der Carl Wilhelm Pauli während der *Herrschaft der Hundert Tage* beitrat, an der Schlacht von Waterloo nicht mehr teilnahm. So beschrieb beispielsweise ein englischer Artilleriehauptmann seine Eindrücke von den Schlachtfeldern:

> „Es war herzzerreißend - und doch sah ich es! [...] Solch ein Anblick des Grauens und ein solch ekelerregender ward sicher nicht gesehen.“[301]

Nicht zuletzt zeigt der „Fall Dabelow“ Carl Wilhelm Paulis Entwicklung zu einer Persönlichkeit, die couragiert für ihre eigenen Überzeugungen einstand.

---

300 Kleßmann, Die Befreiungskriege in Augenzeugenberichten, S. 192 f.
301 Kleßmann, Die Befreiungskriege in Augenzeugenberichten, S. 319 f.

D. Berufseinstieg als Advokat und Notar

> „Willst Du aber wissen, was meine liebste Beschäftigung ist, so vernimm, daß ich mich bis über die Ohren vertieft habe in das Studium des Rechtes und der Geschichte meiner Vaterstadt, über alles anziehend, weil es mich mit neuen lebendigen Banden an dieselbe kettet."[302]

I. Die freie Stadt Lübeck im Deutschen Bund

1. Verteidigung der Eigenstaatlichkeit

Am 14. Juli 1816 kehrte der 23-jährige Carl Wilhelm Pauli nach Lübeck zurück.[303] Hinter seiner Geburtsstadt lagen in diesem Moment bewegte Jahre, die geprägt waren von den politischen Umbrüchen, welche die Franzosenzeit mit sich brachte. Im Reichsdeputationshauptschluss 1803 entging Lübeck wie fünf andere reichsunmittelbare freie Städte – Hamburg, Bremen, Frankfurt am Main, Nürnberg und Augsburg – der Mediatisierung.[304] Nach der Auflösung des Heiligen Römischen Reichs Deutscher Nation in Folge der Abdankung Kaiser Franz II. am 06. August 1806 wurden Nürnberg und Augsburg in das Königreich Bayern sowie Frankfurt am Main in den Rheinbund integriert.[305] Die drei Hansestädte blieben vorerst unabhängig, standen ab November 1806 aber unter französischer Besetzung.[306] Sie durften zunächst ihre Verfassungs- und Verwaltungsstrukturen behalten, verloren jedoch am 13. Dezember 1810 endgültig ihre Selbständigkeit, als Kaiser Napoleon I. sie zusammen mit dem Herzogtum Lauenburg[307] sowie der Nordseeküste zwischen Ems und Elbe dem Kaiserreich Frankreich einverleibte, um ein einheitliches Staatsgebiet zu schaffen und damit

302 Brief Carl Wilhelm Paulis an seine Mutter Magdalena Pauli im Anschluss an die Rückkehr nach Lübeck 1816, zitiert nach: Poel, Carl Wilhelm Pauli. Ein Lebensbild, S. 43.

303 Poel, Carl Wilhelm Pauli. Ein Lebensbild, S. 41.

304 Conze, Ereignisse und Entwicklungen 1792–1815, S. 170.

305 Dittrich, Lübeck, S. 92.

306 Die Franzosen nahmen am 06. November 1806 zunächst Lübeck ein, sodann Hamburg am 19. November 1806 und schließlich Bremen am 20. November 1806 (Ahrens, Franzosenzeit bis Erster Weltkrieg, S. 543, 546).

307 Das südlich an Lübeck grenzende Herzogtum Lauenburg gehörte seit 1705 zum Kurfürstentum Hannover, das seinerseits ab dem Jahre 1714 eine Personalunion mit dem britischen Königreich bildete (Bornefeld, Lauenburg, S. 356 f.).

die Kontinentalsperre noch effizienter durchzusetzen.[308] Lübeck blieb mit einer Unterbrechung zwischen März und Juni 1813 bis zum 05. Dezember 1813 von den Franzosen und teils auch von den mit Frankreich verbündeten dänischen Soldaten besetzt, woraus ein über das 19. Jahrhundert anhaltender Dänenhass der Lübecker Bevölkerung folgte.[309] Auf dem Wiener Kongress 1814/15 gelang es dem Ratsherrn Johann Friedrich Hach[310], einem späteren Richterkollegen Carl Wilhelm Paulis, die Eigenständigkeit der Stadt zu erhalten. Die benachbarten Länder Dänemark, Schweden, Hannover und Mecklenburg-Strelitz zogen in Erwägung, bei der Neuordnung Europas die Eingliederung Lübecks in ihr Gebiet anzustreben.[311] Wirkliche Gefahr drohte letztlich nur vom dänischen Staat, dessen Vertreter in Wien den Anschluss Lübecks und des Herzogtums Lauenburg als Entschädigung für die eigenen territorialen Einbußen verfolgten.[312] Dänemark verlor nach seiner Niederlage gegen die Alliierten im Frieden von Kiel vom 14. Januar 1814 Norwegen an Schweden und erhielt dafür schwedische Besitztümer in Vorpommern.[313] Diese trat es an die preußische Regierung ab und bekam im Gegenzug das Herzogtum Lauenburg, das nach dem Abzug der Franzosen erst an Preußen gefallen war.[314] Die dänischen Ambitionen auf Lübeck konnte jedoch Johann Friedrich Hach dank seines diplomatischen Geschicks und seines engagierten Auftretens in Wien abwehren.[315] Die Stadt bewahrte ihre Souveränität und repräsentierte nach der Deutschen Bundesakte nun neben Hamburg, Bremen und Frankfurt am Main eine der vier freien Städte im Deutschen Bund.[316] Mit der Integration dieses Dokuments in die Wiener Schlussakte garantierten die Großmächte den Bestand der verordneten Herrschaften und untermauerten dadurch zugleich den Status Lübecks,[317] das mit einem Bevölkerungsanteil von 0, 135 % das kleinste Mitglied im neu gegründeten Verband darstellte[318].

---

308 Ahrens, Franzosenzeit bis Erster Weltkrieg, S. 548, 552.

309 Ahrens, Franzosenzeit bis Erster Weltkrieg, S. 556–560.

310 Zur Biographie Johann Friedrich Hachs unten F. III. 2. a).

311 Jacobsen, Das Fürstentum und die Freie Stadt Lübeck, S. 33 f.

312 Hundt, Wiederherstellung der lübeckischen Eigenstaatlichkeit, S. 192.

313 Bohn, Geschichte Schleswig-Holsteins, S. 86.

314 Bornefeld, Lauenburg, S. 357.

315 Vgl.: Hundt, Lübeck auf dem Wiener Kongress, S. 42, 52–57.

316 In der Bundesversammlung besaßen die vier freien Städte nach Art. 4 Nr. 17 der Bundesakte im *Engeren Rat* gemeinsam eine der insgesamt 17 Stimmen, während ihnen nach Art. 6 Nr. 35 bis 38 im *Plenum* je eine der im Ganzen 69 Stimmen zukam (Hardtwig/Hinze, Deutsche Geschichte in Quellen und Darstellungen, S. 38, 40).

317 Hundt, Lübeck auf dem Wiener Kongress, S. 79.

318 Dittrich, Lübeck, S. 99.

2. Schwerer wirtschaftlicher Neubeginn

Wenngleich der Wiener Kongress für Lübeck im Hinblick auf den Erhalt der bedrohten Eigenständigkeit erfolgreich ausging, befand sich die Stadt nach dem Ende der Konferenz sowohl bezüglich der sie umgebenden territorialen Verhältnisse als auch angesichts ihrer Wirtschaftslage in einer unglücklichen Situation. Sie war nun durch die Eingliederung Lauenburgs in das Königreich Dänemark fast komplett von dänischem Hoheitsgebiet eingekreist. Da das im Nordwesten um Lübeck liegende Herzogtum Holstein – wie das Herzogtum Schleswig – weiter Dänemark angehörte, grenzte nur noch im Osten mit dem Großherzogtum Mecklenburg-Schwerin ein nichtdänischer Bereich an.[319] Um Waren mit Hamburg zu tauschen und so Zugang zum Atlantikhandel zu erhalten, mussten die Kaufleute die heruntergekommenen Straßen in Holstein oder Lauenburg nutzen, deren Instandsetzung Dänemark auf Grund seiner Wirtschaftskonkurrenz zu den Hansestädten bis 1838 verhinderte.[320] Als in diesem Jahr der Ausbau der Landstraße vollendet wurde, belegte die dänische Regierung sie trotz der festgelegten Zollfreiheit mit einem Transitzoll.[321] Der Bundesversammlung fehlte die Kompetenz, den Rechtsbruch zu unterbinden, sodass sich die Händler zur Entrichtung der Abgabe, die 1857 zumindest auf 20 % ihrer ursprünglichen Höhe sank, gezwungen sahen.[322] Die Repressalien hemmten eine ökonomische Erholung Lübecks, das in Folge der beinahe siebenjährigen französischen Besetzung mit einer Gesamtverschuldung von 9, 8 Millionen Courant Mark ohnehin schon dem Bankrott sehr nahe stand.[323] Um die Finanzen zu sanieren und

---

319 Die nördliche Bundesgrenze verlief zwischen den Herzogtümern Schleswig und Holstein. Daher gehörten von den dänischen Gebieten nur Holstein und Lauenburg, nicht aber Schleswig zum Deutschen Bund (Angaben nach der Karte des Deutschen Bundes 1815 in: Rudolf/Oswald, Taschen Atlas Deutsche Geschichte, S. 138 f.).

320 Bis in die 1830er Jahre wiesen die Wege zwischen Lübeck und Hamburg einen derartig schlechten Zustand auf, wie man ihn entsprechend den Aussagen Reisender „zwischen zwei reichen und ununterbrochen miteinander verkehrenden Städten […] nicht erwarten sollte". Die Befestigung einer Chaussee erfolgte erst nach russischer und französischer Fürsprache (Hundt, Lübeck auf dem Wiener Kongress, S. 86 f.).

321 Ahrens, Franzosenzeit bis Erster Weltkrieg, S. 597.

322 Die Reduktion des Transitzolls basierte ebenso auf einer Intervention Russlands, Frankreichs und Großbritanniens (Hundt, Lübeck auf dem Wiener Kongress, S. 87).

323 Neben die plünderungsbedingten Schäden traten Kosten durch Einquartierungen, Requirierungen, Heereslieferungen, Pflege von Verwundeten und Kontributionen. Wegen der Kontinentalsperre nahm der Seehandel rapide ab, mit der Annexion durch Frankreich Ende 1810 kamen sämtliche Schiffsbewegungen zum Erliegen (Ahrens, Franzosenzeit bis Erster Weltkrieg, S. 549, 551, 558, 578, 580).

die Schulden langfristig abzubauen, schlug Lübeck einen strengen Sparkurs ein und schuf hierzu zwei neue Institutionen in Form der zentralen Kasse und des Finanzdepartements, das den Jahresetat plante.[324] Zudem erfuhr das Abgabensystem eine wichtige Innovation, indem die Bürger in zwölf Einkommensklassen eingeteilt und diese progressiv mit einem Satz von 0 bis 5, 5 % besteuert wurden.[325] Trotz dieser Maßnahmen begleiteten die Verbindlichkeiten über das gesamte 19. Jahrhundert die Stadt, deren ökonomischer Neuaufschwung durch ihre von Dänemark eingekreiste Lage an der Ostsee deutlich langsamer voranging als in den beiden anderen Hansestädten Hamburg und Bremen, die einen Nordseezugang besaßen.[326]

3. Wiederherstellung der alten Verfassung

Abgesehen von den Änderungen im Finanzwesen erfolgte im Übrigen keine Erneuerung der innerstaatlichen Verhältnisse. Vielmehr galt entsprechend der allgemeinen Restaurationspolitik mit dem Abzug der Franzosen wieder die ehemalige Verfassung, die nach der Einverleibung Lübecks ins Kaiserreich Frankreich zu Beginn des Jahres 1811 außer Kraft gesetzt worden war.[327] Sie basierte auf dem Bürgerrezess von 1669, der die Strukturen und Rechte des Rats und der Bürgerschaft als Staatsorgane ausbildete und erstmals schriftlich festhielt.[328] Der Rat, der aus 20 Personen in Gestalt von 4 Bürgermeistern und 16 Ratsherren bestand, wählte auf Grund des Selbstergänzungsrechts eigens seine Mitglieder, die zwingend aus dem Stand der Kaufleute oder Juristen stammen mussten.[329] Da noch keine Gewaltenteilung herrschte, vereinte er legislative, judikative und exekutive Befugnisse.[330] Die Bürgerschaft setzte sich aus zwölf Kollegien zusammen, die diverse Zünfte und gesellschaftliche Klassen repräsentierten, und wirkte an Gesetzgebung und Verwaltung mit.[331] Im Bereich der Judikative kam der

324 Dittrich, Lübeck, S. 99.

325 Ahrens, Franzosenzeit bis Erster Weltkrieg, S. 579.

326 Hundt, Lübeck auf dem Wiener Kongress, S. 88.

327 Vgl.: Hundt, Franzosenzeit, S. 123.

328 Hundt, Bürgerrezess, S. 75.

329 Krabbenhöft, Verfassungsgeschichte der Hansestadt Lübeck, S. 19 f.

330 Hundt, Rat, S. 314.

331 Zu den zwölf Kollegien zählten neun sogenannte Kompanien, nämlich die der Junker, der Kaufleute, der Schonenfahrer, der Nowgorodfahrer, der Bergenfahrer, der Rigafahrer, der Stockholmfahrer, der Gewandschneider und der Krämer. Dazu kamen die Brauerzunft, die Schiffergesellschaft sowie die Ämter der Handwerker (Krabbenhöft, Verfassungsgeschichte der Hansestadt Lübeck, S. 18).

Bürgerschaft überhaupt keine Mitsprache zu, außerdem war der Rat in Polizeisachen und auswärtigen Angelegenheiten alleinzuständig und durfte ohne Zustimmung der Bürgerschaft Verordnungen im Rahmen der bestehenden Gesetze erlassen, sodass der Rat das deutlich mächtigere Organ darstellte.[332] In diesem System blieb der überwiegenden Bevölkerung eine nennenswerte Teilhabe an der politischen Willensbildung verwehrt. Einerseits hinderte das Selbstergänzungsrecht des Rats eine äußere Einflussnahme auf die dortigen Abläufe. Andererseits machten die Kollegien der Bürgerschaft im Jahre 1820 nur etwa 4 % aller Einwohner der Stadt aus,[333] daher kann auch dieses Gremium nicht als echte Volksvertretung gelten. Die Verfassung, die sich vornehmlich über Standeszugehörigkeiten definierte und demokratische Elemente aussparte, lässt sich am treffendsten als „ständisch beschränkte Aristokratie" charakterisieren.[334] Zwar entstand 1814 auf Antrag des Rats eine Kommission, die eine Repräsentativverfassung zum Zweck der weitergehenden Beteiligung der Menschen an der Staatsgewalt fertigte, doch die Bürgerschaft lehnte den Entwurf 1817 mit der folgenden Begründung ab:

> „Bei der Stockung in Handel und Wandel sei die Sorge eines jeden auf sich selbst und seine Erhaltung zurückgedrängt und dürfe also auf Gemeinsinn und öffentliche Tätigkeit wenig bestanden werden."[335]

II. Tätigkeit als Advokat und Notar

1. Anwaltschaft und Notariat in Lübeck

Im Gegensatz zur Verfassung, die im Anschluss an die Franzosenzeit keine Modifikationen erfuhr, bewirkte die Besetzung für die Lübecker Advokaten eine langfristige Änderung der von ihnen vorzuweisenden Qualifikation. Man unterschied im 19. Jahrhundert auf dem Gebiet rechtlicher Beratung, das den Juristen nach der rein universitären Ausbildung – ein Referendariat existierte noch nicht – zusätzlich zur Justiz, Verwaltung und Wirtschaft offenstand, grundsätzlich die drei Gruppen der Advokaten, Prokuratoren und Notare.[336]

Die Advokaten durften sich ausschließlich beratend betätigen, sie verfassten Gutachten und Prozessschriften, ohne indessen zum Auftreten vor Gericht berechtigt zu sein.[337] Ihre Zulassung durch den Rat hing zunächst

332 Krabbenhöft, Verfassungsgeschichte der Hansestadt Lübeck, S. 19, 21.
333 Ahrens, Franzosenzeit bis Erster Weltkrieg, S. 569.
334 Krabbenhöft, Verfassungsgeschichte der Hansestadt Lübeck, S. 20 f.
335 Ahrens, Franzosenzeit bis Erster Weltkrieg, S. 569 f.
336 Commichau, Hansestädtische Juristenausbildung im 19. Jahrhundert, S. 59, 73.
337 Kähler, Französisches Zivilrecht in den Hansestädten, S. 34.

nicht von bestimmten Sachvoraussetzungen ab, sondern es galt vielmehr der Grundsatz:

> „Jeder, der Lust hat, kann advocieren."[338]

In Folge der fehlenden Eignungsprüfung praktizierten viele unqualifizierte Personen die advokatische Arbeit und brachten den gesamten Berufsstand in gesellschaftlichen Verruf, der sich erst während der Franzosenzeit besserte.[339] Kaiser Napoleon I. kündigte den Hansestädten nämlich 1807 und 1809 die Einführung der französischen Gesetze an, was für die dortigen, mit diesem Recht unvertrauten Juristen eine große Herausforderung versprach.[340] Darauf prüfte der Lübecker Rat ab 1810 die Fähigkeit der Advokatenanwärter und bestellte sie in der Regel, sofern sie ihren juristischen Abschluss nachwiesen und das Bürgerrecht besaßen.[341] Diese neuen Bestimmungen regelte der Rat am 21. Februar 1810 durch einen gemeinen Bescheid, in dem er verordnete:

> „[…] daß zum Advocieren hieselbst Niemand ferner zugelassen werden soll, welcher nicht auf sein deshalb ad curiam zu richtendes Gesuch, nach vorgängiger Untersuchung in Beziehung auf seine Zulässigkeit zu diesem Geschäft, mittelst Decrets die Erlaubnis dazu erlangt und demnächst das Bürgerrecht gewonnen haben werde."[342]

Obgleich die Hansestädte, in denen ab 20. August 1811 die *cinq Codes* galten, nach dem Abzug der Besatzer zur früheren Rechtsordnung zurückkehrten, bestanden in Lübeck die gesteigerten Anforderungen an Advokaten fort.[343]

Im Gegensatz zur Advokatur verursachte die französische Besetzung keine dauerhafte Verschärfung der Zulassungskriterien für die Prokuratur und das Notariat. Den Prokuratoren, deren Anzahl jede Stadt individuell beschränkte, kam das alleinige Recht zur gerichtlichen Vertretung der Parteien zu.[344] Der

338 Commichau, Hansestädtische Juristenausbildung im 19. Jahrhundert, S. 64.

339 Kähler, Französisches Zivilrecht in den Hansestädten, S. 35.

340 Vgl. zu den französischen Vorstößen von 1807 und 1809 sowie den Reaktionen der Hansestädte: Kähler, Französisches Zivilrecht in den Hansestädten, S. 46–67.

341 Kähler, Französisches Zivilrecht in den Hansestädten, S. 34.

342 AHL, ASA Interna, Nr. 15429, Gemeiner Bescheid vom 21. Februar 1810.

343 Zu den fünf Gesetzbüchern gehörten drei zivilrechtliche Werke, nämlich der *Code civil*, der *Code de procédure civile* und der *Code de commerce* sowie zwei strafrechtliche in Form des *Code pénal* und des *Code de procédure criminelle*. Da sie für die Hanseaten ein Symbol der unerwünschten Fremdherrschaft darstellten, wurden sie nach deren Ende mit verschiedenen Übergangsfristen außer Kraft gesetzt (Kähler, Französisches Zivilrecht in den Hansestädten, S. 82, 253–260, 308).

344 Commichau, Hansestädtische Juristenausbildung im 19. Jahrhundert, S. 71.

Lübecker Rat prüfte die Fähigkeit der Prokuratoren seit einem dahingehenden Beschluss von 1756 und praktizierte dieses Verfahren über die Franzosenzeit hinaus mit der einzigen Erneuerung, dass die Kandidaten künftig schon als Advokaten bestellt sein mussten.[345] Unverändert blieben die Anforderungen an die nicht limitierte Menge der Notare, die vor allem Beurkundungen und Beglaubigungen aller Art vornahmen, Testamente und Inventare errichteten sowie rechtserhebliche Erklärungen zustellten.[346] Auch ihre Tauglichkeit für das angestrebte Amt unterlag in Lübeck einer Untersuchung durch den Rat.[347]

2. Bewerbung, Zulassung und Praxis

Carl Wilhelm Pauli standen als Berufsanfänger nur die Advokatur und das Notariat offen. Er bat den Lübecker Rat unter dem 13. August 1816, fast exakt einen Monat nach seiner Rückkehr, um die Genehmigung beider Tätigkeiten:

> „Wiewohl seit meiner frühesten Kindheit aus dieser meiner Vaterstadt entfernt, blieb doch mein Sinn ihr immer zugewandt und da nun mein Lieblingswunsch, zu ihr einmahl heimkehren zu können, ihr meine Kräfte zu weihen und mein Glück zu verdanken, […] mir jetzt halb gewährt ist, so ergeht, damit ich mich dessen ganzer Erfüllung freuen könne, […] meine unterthänigste Bitte mit Beziehung auf der Verordnung vom Jahre 1810 und das anliegende Diplom, um dessen Rückgabe ich geziemend ersuche, mir die Erlaubniß hieselbst als Sachwalter aufzutreten, so wie auch zum öffentlichen Notarius beeidigt zu werden […] ertheilen zu wollen, indem ich dann […] der Pflicht, mich um das Bürgerrecht zu bemühen, […] nachkommen werde.“[348]

Der Rat entsprach seinem Anliegen bereits am 14. August 1816 per Dekret:

> „Auf Suppliciren des Herrn Doctoris Carl Wilhelm Pauli, um Gestattung der juristischen Praxis und Verleihung des Notariats, hat Ein hochedler Rath […] dem Herrn Supplicanten unter […] Verpflichtung zur Gewinnung des Bürgerrechts, sowohl die gebetene Erlaubniß zur Ausübung der juristischen Praxis hieselbst ertheilt, als auch […] das Notariat conferirt, […].“[349]

---

345 Kähler, Französisches Zivilrecht in den Hansestädten, S. 33, 308.

346 Kähler, Französisches Zivilrecht in den Hansestädten, S. 36–38, 313.

347 Die bereits gängige Prüfung der Notarbewerber folgt aus dem Bescheid von 1810, in dem der Rat die Neuanforderungen an die Advokaten regelte. Denn dies geschah „in Uebereinstimmung mit der bestehenden Einrichtung wegen der Notarien“ (AHL, ASA Interna, Nr. 15429, Gemeiner Bescheid vom 21. Februar 1810).

348 AHL, ASA Interna, Nr. 15441, Gesuch Paulis vom 13. August 1816.

349 AHL, ASA Interna, Nr. 15441, Dekret des Lübecker Rats vom 14. August 1816.

Mit dem Erwerb des Bürgerrechts[350] am 30. Oktober 1816[351] erfüllte Carl Wilhelm Pauli die letzte Bedingung, um seine Berufstätigkeit aufzunehmen. Diese entfaltete sich jedoch wegen der langsamen wirtschaftlichen Erholung der Stadt mühsam.[352] Trotz der erst wenig erfreulichen Auftragslage fand sich Carl Wilhelm Pauli in der neuen Arbeit zurecht, wenngleich er ihr nicht mit großer Begeisterung nachging. Nach zwei Jahren schrieb er in einem Brief:

> „Meine Berufsgeschäfte gehen ihren ebenen Gang fort; ich befreunde mich immer mehr mit ihnen, und habe auch das Glück, manche gute Sache durchzusetzen, weil sich die schlechten nicht zu mir wenden."[353]

Langfristig wollte Carl Wilhelm Pauli lieber ein öffentliches Amt ausüben.[354] Schon in seiner Tübinger Studienzeit nannte er eine „feste Stellung" in einem Brief an Magdalena Pauli vom 23. Februar 1813 den „Zweck meines Lebens" und diesem Wunsch nach Sicherheit und Unabhängigkeit widersprach die Beschäftigung in der Rechtsberatung, die von wechselnden äußeren Faktoren wie der ökonomischen Lage und dem Willen der Mandantschaft abhing.[355] Auch trat erschwerend Carl Wilhelm Paulis „reizbare Natur" hinzu, die ihm sein Cousin Gustav Paul Poel[356]

---

350 Der Erwerb des Bürgerrechts erfolgte durch die Leistung des Bürgereids und des Bürgergelds. Mit diesem Status ging die Pflicht zur Verteidigung der Stadt und zur Steuerzahlung sowie das Recht zur Mitwirkung in der Bürgerschaft und diversen Behörden einher. Die Einwohner zahlten hingegen ein geringes Bürgergeld, mussten aber als Soldaten dienen. Eine Verfassungsänderung 1848 hob diese Differenzierung auf und erlaubte ebenfalls Juden und Landleuten, das Bürgerrecht zu erwerben. Ab 1920 besaßen automatisch alle Männer und erstmals auch Frauen den Bürgerrang, die das 20. Lebensjahr vollendet und mindestens drei Jahre lang ihren Wohnsitz in Lübeck unterhalten hatten (Graßmann, Bürgerrecht, S. 74 f.).

351 Carl Wilhelm Pauli zahlte ein Bürgergeld von 15 lübischen Mark und leistete am 30. Oktober 1816 den Bürgereid (AHL, Bürgereidbuch, Carl Wilhelm Pauli, S. 79).

352 Ahrens, Carl Wilhelm Pauli, S. 329.

353 Poel, Carl Wilhelm Pauli. Ein Lebensbild, S. 44.

354 Frensdorff, Carl Wilhelm Pauli, S. 263.

355 Poel, Carl Wilhelm Pauli. Ein Lebensbild, S. 29, 44.

356 Gustav Paul Poel kam am 17. November 1804 als Sohn von Piter und Friederike Elisabeth Poel, geborene Büsch, in Altona zur Welt. Dort trat er nach dem Abschluss des Jurastudiums, das er in Göttingen, Berlin und Kiel absolvierte, 1826 eine Stelle als Untergerichtsadvokat an. Dann arbeitete er von 1828 bis 1835 für die Schleswig-Holstein-Lauenburgische Kanzlei in Kopenhagen, ehe er sich in Itzehoe niederließ, wo er als Polizeimeister, Ratsverwandter, Stadtsekretär und Auktionator tätig war. Er übernahm 1852 das Amt des Bürgermeisters, das er bis zu seinem Rücktritt 1868 ausübte. Im Ruhestand verfasste er literarische Nachlassschriften, etwa über seinen

zuschreibt.[357] Angesichts dieser Eigenschaft dürfte es ihm große Mühe bereitet haben, geduldig und verständnisvoll mit den Anliegen seiner Mandanten und ihrer individuellen Situation umzugehen. Dementsprechend war die Arbeit als Advokat und Notar, wenngleich deren Fortschritt und die damit erwirtschafteten Einkünfte offenbar Carl Wilhelm Paulis Ansprüchen genügten, dauerhaft mit seiner Veranlagung unvereinbar. Er führte in der Bewerbung vom 03. März 1820 um die Stelle als Sekretär am Oberappellationsgericht der vier freien Städte über die ersten Berufsjahre aus:

> „Mein bisheriges vierjähriges öffentliches Leben […] war nicht glänzend aber […] ohne Tadel; und sagte meine gegenwärtige Laufbahn meinem Gemüthe in dem Grade zu, wie ich in jeder andern Hinsicht Ursache habe mit ihr zufrieden zu seyn ich würde nicht daran denken sie zu verlassen."[358]

III. Aufschwung des rechtshistorischen Interesses

Eine Aktivität, die seinem „Gemüthe" eher entsprach, fand Carl Wilhelm Pauli relativ zufällig im Rahmen einer Nebentätigkeit. Er erhielt den Auftrag, das Archiv der Lübecker Baukommission neu zu ordnen und gelangte unter diesem Eindruck zur Überzeugung, dass der Vergangenheit große Relevanz beim Verständnis der Aktualität zukomme.[359] Darauf begann er ein intensives Studium des Rechts und der Geschichte seiner Geburtsstadt und nutzte fortan so viel Zeit wie möglich für diese neue Beschäftigung, von der er eine noch engere persönliche Bindung an seine Heimatstadt erhoffte, da nach seiner Auffassung „nur das historische Band […] uns an das Vaterland kettet".[360] Dieser Ansatz stand im Einklang mit der grundsätzlichen Besinnung auf die eigene Nationalität und Geschichte, die sich nach dem Ende der französischen Fremdherrschaft allgemein in den deutschen Ländern und besonders in einer traditionsreichen Stadt wie Lübeck entfaltete, wo die Bürger nun verstärkt für den Erhalt der künstlerischen und kulturellen Werke eintraten.[361] Beispielhaft für den Aufschwung des historischen Forschungstriebs ist der Beginn der bis heute erscheinenden *Monumenta Germaniae Historica,* der bedeutsamsten und umfangreichsten

---

Vater Piter Poel und seinen Cousin Carl Wilhelm Pauli. Er verstarb am 16. April 1895 auf Trenthorst bei Reinfeld (Feilchenfeld, Gustav Paul Poel, S. 214–216).

357 Poel, Carl Wilhelm Pauli. Ein Lebensbild, S. 44.

358 AHL, ASA Interna, Nr. 15966, Bewerbung Paulis vom 03. März 1820.

359 Ahrens, Carl Wilhelm Pauli, S. 330.

360 Poel, Carl Wilhelm Pauli. Ein Lebensbild, S. 43.

361 Vgl.: Ahrens, Franzosenzeit bis Erster Weltkrieg, S. 600.

Quellensammlung zur deutschen Vergangenheit bis ins 15. Jahrhundert, die der mittelalterlichen Geschichtsschreibung gewichtige Impulse gab.[362] Als die Reihe im Jahre 1819 auf Initiative des Reichsfreiherrn Karl vom und zum Stein[363] anfing, schloss sich Carl Wilhelm Pauli der Idee mit dem Vorsatz an, er wolle „selbst mit Hand anlegen zur Förderung des trefflichen Werks, das so hoffnungsreich ist für geistige Einung des im Äußeren zerrissenen Vaterlandes und für immer tieferes Ausgraben der Wurzeln einer reichen Vergangenheit".[364] Zwar lieferte Carl Wilhelm Pauli tatsächlich keine Beiträge zur *Monumenta Germaniae Historica,*[365] doch die Worte verdeutlichen seine Überzeugung, durch die Beschäftigung mit der Historie eine positive Entwicklung der gegenwärtigen Zustände verursachen zu können. Diesem Ziel verschrieb er sich nun mit besonderer Ausdauer, wie sein weiteres Wirken und seine späteren Veröffentlichungen zeigen sollten.

IV. Gesellschaftliches Leben und soziales Engagement

Wie Carl Wilhelm Pauli es bereits vor seiner Rückkehr nach Lübeck erwartet hatte, konnte er sich dort dank seines familiären Hintergrunds mühelos in die sozialen Strukturen integrieren und war bald mit den einflussreichen Kreisen der Stadt bestens vernetzt. Er wohnte zuerst bei seinem Onkel Franz Hinrich

---

362 Vgl.: Justi, Monumenta Germaniae Historica, S. 344.

363 Reichsfreiherr Heinrich Friedrich *Karl* vom und zum Stein wurde am 26. Oktober 1757 in Nassau an der Lahn geboren. Nach dem Jurastudium in Göttingen machte er ab 1780 im preußischen Staatsdienst Karriere. Er wirkte in der Verwaltung, bevor er 1804 zum Handels-, Wirtschafts- und Finanzminister aufstieg. Nach der Niederlage Preußens gegen die französische Armee 1806 lehnte er das Amt des Außenministers ab, worauf er Anfang 1807 seine Stelle verlor. Im Oktober 1807 kam er als leitender Minister zurück und begann eine breite Erneuerung der Staatsstrukturen. Da seine *Preußischen Reformen* auf eine Erhebung gegen Frankreich abzielten, musste König Friedrich Wilhelm III. ihn im November 1808 unter dem Druck Kaiser Napoleons I. entlassen. Er lebte nun im Exil in Böhmen und Mähren, bis er 1812 als Berater Zar Alexanders I. nach St. Petersburg zog. Er initiierte 1813 die antifranzösische Allianz zwischen Russland und Preußen und nahm in der russischen Delegation am Wiener Kongress 1814/15 teil. Als seine dortigen Bemühungen um einen starken deutschen Bundesstaat gescheitert waren, gab er die Politik auf. Er starb am 31. Juni 1831 in Cappenberg (Sautter, Biographisches Lexikon zur deutschen Geschichte, S. 390).

364 Ahrens, Franzosenzeit bis Erster Weltkrieg, S. 603.

365 Die Autorenliste der *Monumenta Germaniae Historica* führt Carl Wilhelm Pauli jedenfalls nicht (http://www.mgh.de/archiv/namenregister/, zuletzt am 12.11.2018).

Pauli,[366] dem Inhaber der Firma *Franz Hinrich Pauli & Sohn* und älteren Bruder seines verstorbenen Vaters Adrian Wilhelm Pauli, bevor er in eine eigene Unterkunft umzog[367]. Zu seiner Lübecker Verwandtschaft zählte auch die Familie Platzmann,[368] von deren Mitgliedern er insbesondere zu seinem Cousin, dem Kaufmann und späteren Ratsherrn Conrad Platzmann[369], einen engen Kontakt pflegte.[370] Sehr herzlich nahm ihn ebenso der Bürgermeister Christian Adolph Overbeck[371] auf, ein Freund von Magdalena Pauli und der Vater seines künftigen Richterkollegen Christian Gerhard Overbeck[372].[373] Neben Christian Adolph Overbeck, mit dessen Sohn Christian Gerhard Overbeck sich Carl Wilhelm Pauli

---

366 Sein Cousin Gustav Paul Poel gibt nur an, dass Carl Wilhelm Pauli bei einem der Brüder seines Vaters weilte (Poel, Carl Wilhelm Pauli. Ein Lebensbild, S. 42). Dabei handelte es sich wohl um Franz Hinrich Pauli. Adrian Wilhelm Pauli hatte noch den jüngeren überlebenden Bruder Johann Wilhelm Pauli, der vom 20. November 1755 bis zum 10. Januar 1832 lebte (AHL, Lübeckische Geschlechter, S. 1327, Pauli). Dieser ist jedoch in den ab 1798 geführten Adressbüchern nicht verzeichnet. Der Wohnsitz von Carl Wilhelm Paulis Onkel Franz Hinrich Pauli befand sich in der Breiten Straße Nr. 76 (Adressbuch HL/1815, S. 177; Adressbuch HL/1818, S. 166).

367 Jedenfalls ab 1818 wohnte Carl Wilhelm Pauli in der Beckergrube Nr. 11 (Adressbuch HL/1818, S. 166).

368 Carl Wilhelm Paulis Angehörigenverhältnis zu den Platzmanns bestand über zwei Geschwister seines Vaters Adrian Wilhelm Pauli. Dessen Bruder Franz Hinrich Pauli ging am 27. Mai 1773 seine erste Ehe mit Christina Louise Platzmann ein und hatte mit ihr sieben Nachkommen. Die jüngere Schwester Dina Pauli, die vom 28. Dezember 1752 bis zum 16. April 1818 lebte, heiratete am 04. Juli 1771 den Kaufmann Conrad Platzmann und gebar ihm dreizehn Kinder (AHL, Lübeckische Geschlechter, S. 1327, Pauli; AHL, Lübeckische Geschlechter, S. 1360, Platzmann).

369 Conrad Platzmann wurde am 10. Oktober 1775 als viertes Kind und zweiter Sohn von Conrad und Dina Platzmann in Lübeck geboren. Am 08. September 1799 ehelichte er Marianne Friderika Schwarz, mit der er zwei Töchter bekam. Er war Teilhaber der Firma *Conrad Platzmann & Sohn* und wirkte ab 20. Februar 1822 als Ratsherr. Er verstarb am 25. Oktober 1838 (AHL, Lübeckische Geschlechter, S. 1360, Platzmann; AHL, Personenkartei, Nr. 244, Platzmann).

370 Poel, Carl Wilhelm Pauli. Ein Lebensbild, S. 45.

371 Christian Adolph Overbeck kam am 21. August 1755 in Lübeck zur Welt. Nach dem Jurastudium in Göttingen betätigte er sich ab 1779 als Prokurator am Lübecker Obergericht. In seinem Amt als Ratsherr, das er ab 1800 ausübte, vertrat er während der Franzosenzeit auf diversen diplomatischen Reisen die Interessen der Stadt. Im Jahre 1814 stieg er zum Bürgermeister und Obergerichtspräsidenten auf. Er starb am 09. März 1821 in Lübeck (Meier, Christian Adolph Overbeck, S. 720 f.).

372 Zur Biographie Christian Gerhard Overbecks unten F. III. 2. b).

373 Poel, Carl Wilhelm Pauli. Ein Lebensbild, S. 42.

bald befreundete, gehörte durch Johann Matthäus Tesdorpf[374] noch ein weiterer derzeitiger Bürgermeister zu seinem neuen Bekanntenkreis.[375] Außerdem baute er unter anderem gesellschaftliche Beziehungen mit dem Ratsherrn Adolph Heinrich Voeg[376], dem Ratssekretär Carl Ludwig Roeck[377] sowie den Syndizi[378] Carl Georg Curtius[379] und Anton Diedrich Gütschow[380] auf, sodass er ein reges

374 Johann Matthäus Tesdorpf kam am 30. November 1749 in Lübeck zur Welt. Im Jahre 1769 nahm er in Göttingen ein Studium der Rechte, Philosophie, Geschichte, Statistik und Diplomatik auf. Anschließend bekleidete er ab 1773 die Position des Lübecker Ratssekretärs, bevor er 1794 zum Ratsherrn und 1806 zum Bürgermeister aufstieg. In der folgenden Franzosenzeit bemühte er sich um den Erhalt von Ruhe und Ordnung, die Vermeidung der Verarmung und die Beschränkung des Einflusses der Besatzer. Nachdem diese abgezogen waren, wirkte er auf einen Neuaufschwung der Wirtschaft und eine Reorganisation der Verwaltung hin. Er starb am 25. Januar 1824 (Pelc, Johann Matthäus Tesdorpf, S. 391–394).

375 Poel, Carl Wilhelm Pauli. Ein Lebensbild, S. 42, 45.

376 Adolph Heinrich Voeg wurde am 22. April 1766 in Lübeck geboren. Dorthin kehrte er nach dem Jurastudium in Jena 1788 zurück und arbeitete als Prokurator am Niedergericht. Seine Wahl zum Ratsherrn erfolgte 1814, die zum Bürgermeister 1824. Er starb am 14. April 1833 (Voigt, Neuer Nekrolog der Deutschen, S. 294 f.).

377 Carl Ludwig Roeck, geboren am 07. Juni 1790 in Lübeck, fing 1809 in Heidelberg ein rechtswissenschaftliches Studium an, das er 1812 an der Universität von Dijon abschloss. Der Lübecker Rat wählte ihn 1814 zum Sekretär, im darauffolgenden Jahr nahm er an den Befreiungskriegen teil. Nach seiner Ernennung zum Ratsherrn 1833 erreichte er 1855 das Bürgermeisteramt, das er bis 1868 vier Mal in Folge wahrnahm. Er bewies sich als fähiger Repräsentant der Stadt und schenkte der Erhaltung ihrer Geschichte und Traditionen seine gesteigerte Aufmerksamkeit. Er verstarb am 29. Januar 1869 (Ahrens, Carl Ludwig Roeck, S. 411–413).

378 Die beiden lübischen Syndizi stellten eine Mischung aus Berufspolitikern und Verwaltungsleitern dar (Stubbe da Luz, Anton Diedrich Gütschow, S. 183).

379 Carl Georg Curtius wurde am 07. März 1771 in Lübeck geboren. Er studierte Rechtswissenschaften in Jena und ging nach dem Abschluss 1794 wieder in seine Heimatstadt, wo er sich zunächst als Advokat betätigte und 1801 eine Stelle als Syndikus erhielt. Während der französischen Besetzung engagierte er sich für die Belange der Stadt. Nach der Befreiung verteidigte er als Leiter der auswärtigen Angelegenheiten mit Erfolg die Eigenständigkeit. Zwischen 1822 und 1844 nahm er als lübischer Gesandter mehrmals an der Bundesversammlung in Frankfurt am Main teil. Er starb am 04. Oktober 1857 (Bruns, Carl Georg Curtius, S. 69–71).

380 Anton Diedrich Gütschow kam am 11. November 1765 in Lübeck zur Welt. Im Anschluss an ein Jurastudium in Jena und Göttingen wirkte er ab 1789 als Prokurator am Lübecker Niedergericht und bekam 1802 den Posten eines Syndikus. Von 1806 bis 1811 saß er der Kommission vor, welche die von der Fremdherrschaft besonders betroffene Bevölkerung unterstützte, musste jedoch auch die undankbare Aufgabe

soziales Leben entwickelte.[381]

Wie einige Personen seines nahen Umfelds engagierte sich Carl Wilhelm Pauli in der *Gesellschaft zur Beförderung gemeinnütziger Tätigkeit*. Sie ging auf die Initiative des Theologen und Juristen Ludwig Suhl[382] zurück, der am 27. Januar 1789 die erste Zusammenkunft der Gruppe anregte, die sich zuerst als *Literarische Gesellschaft* bezeichnete.[383] Zu den Gründungsmitgliedern zählten 25 Bürger in Gestalt von 21 Gelehrten und 4 Kaufleuten.[384] Unter ihnen waren Christian Adolph Overbeck[385] und Anton Diedrich Gütschow[386], die neben Ludwig Suhl die bedeutsamsten Lübecker Aufklärer darstellten[387]. Dementsprechend verfolgte die Organisation vornehmlich das aufklärerische Ziel, gesellschaftlichen Fortschritt im Bereich der Bildung und der sozialen Fürsorge zu fördern.[388] Dies schien dringend nötig angesichts der schlechten wirtschaftlichen Lage, in der große Teile der Bevölkerung lebten und die im 18. Jahrhundert mehrfach zu Unruhen führte.[389] Nachdem die *Literarische Gesellschaft* zwei Jahre lang nur interne Lesekreise zum geistigen Austausch ausgerichtet hatte, erweiterten ihre

---

ausfüllen, die Regeln und Forderungen Frankreichs in der Stadt durchzusetzen. Nach der Wiederherstellung der Unabhängigkeit führte er das Finanzdepartement und trug zur Errichtung des Oberappellationsgerichts der vier freien Städte bei. Zudem vertrat er 1819/20 Lübeck in der Bundesversammlung in Frankfurt am Main. Er starb am 08. November 1833 (Stubbe da Luz, Anton Diedrich Gütschow, S. 182–187).

381 Poel, Carl Wilhelm Pauli. Ein Lebensbild, S. 42, 45 f.

382 Ludwig Suhl wurde am 11. November 1753 in Lübeck geboren. Ab 1772 studierte er Theologie an den Universitäten Jena und Leipzig. Anschließend kehrte er in seine Heimatstadt zurück und trat dort 1779 die Stelle des Subrektors am Gymnasium Katharineum an, die zugleich die Leitung der Stadtbibliothek umfasste. Ab 1783 arbeitete er als Diakon an der Kirche St. Petri. Er wechselte 1793 in den Dienst des Lübecker Domkapitels und übernahm die Verantwortung für dessen Kirchen-, Schul- und Armenwesen. Ab 1803 betätigte er sich als Privatlehrer, bevor er von 1808 bis 1811 ein Jurastudium in Kiel absolvierte. Dann wirkte er als Rechtsanwalt in Lübeck, wo er am 03. Januar 1819 verstarb (Kopitzsch, Ludwig Suhl, S. 386).

383 Kopitzsch, Das 18. Jahrhundert, S. 525.

384 Eickhölter/Mührenberg/Peter-Hirst, Alphabet zur Gemeinnützigen, S. 246.

385 Meier, Christian Adolph Overbeck, S. 720.

386 Stubbe da Luz, Anton Diedrich Gütschow, S. 182.

387 Kopitzsch, Ludwig Suhl, S. 388.

388 Ahrens, Gemeinnützige, S. 134.

389 Um 1789 verfügten etwa 22 % der erwachsenen männlichen Einwohner über das Bürgerrecht und prägten fast allein das öffentliche Leben. Die ständische Verfassung vertiefte zusätzlich die Schranken zwischen den Klassen. Viele Menschen mussten in Abhängigkeit leben, sahen kaum Aufstiegschancen und erlitten Lebensmittelnot (v. Brandt, Lübecker Bürgertum, S. 19 f.).

Teilnehmer sie am 04. Juni 1793 zur gleichfalls extern agierenden *Gesellschaft zur Beförderung gemeinnütziger Tätigkeit*, die sich ganz allgemein um städtische Belange kümmern sollte.[390] Das ausgedehnte Aufgabenfeld sprach eine breite Menge von Menschen an, wodurch zahlreiche Angehörige diverser Stände, Berufe und Konfessionen der Vereinigung beitraten, die im Jahre 1800 bereits 188 Anhänger zählte.[391] Zwar verlieh dieser Zuwachs der Gesellschaft ein vielfältiges Profil, welches realistisch die unterschiedlichen Schichten der Bevölkerung widerspiegelte. Hierbei ist allerdings der Umstand zu bedenken, dass Frauen bis 1920 eine ordentliche Mitgliedschaft verwehrt blieb[392]. Die ausschließlich aus Männern bestehende Vereinigung kann daher jedenfalls im 19. Jahrhundert nicht als repräsentatives Bild der Allgemeinheit gelten. Dennoch markierte sie eine Zäsur in der politischen Sozialgeschichte der Stadt, weil sie bezüglich ihrer Anhänger nicht nach Standeszugehörigkeit differenzierte und demokratische Prinzipien bei ihren Entscheidungen und Amtsbesetzungen einhielt.[393] Von Beginn an betätigte sie sich auf vielen allgemein relevanten Gebieten und sie verfolgt ihr Engagement bis in die Gegenwart. Dazu gehört der Ausbau des Bildungs- und Gesundheitswesens, die Betreuung sozial schwacher Personen, die Unterstützung der Wirtschaft und die Förderung von Kultur und Sport[394]. Einen bis heute unveränderten Teil der gesellschaftlichen Aktivitäten bilden die „Dienstagsvorträge", die seit 1789 stattfinden und erst als „Vorlesungen" bezeichnet wurden.[395] Einige hielt auch Carl Wilhelm Pauli ab, der 1817 die Position des Sekretärs in der Organisation übernahm, wobei ihn jedoch eher die Steigerung der eigenen Popularität als der Zweck geistigen Austausches antrieb, wie sein Brief vom 17. Dezember 1817 an Magdalena Pauli zeigt:

> „Du siehst, nun muß ich nolens volens gemeinnützig sein, und ich bin's auch schon gewaltig, spreche über Armenanstalten, Rettungshäuser, ja sogar über Hebammen-Unterricht. Eine Einnahme ist mit der Stelle nicht verbunden, aber man wird dem Publikum bekannt und so magst Du mich im Geist alle Dienstag von 7–8 Uhr vor einer

---

390 Peter-Hirst, Die Gemeinnützige heute, S. 15, 17.

391 Kopitzsch, Das 18. Jahrhundert, S. 526.

392 Ab 1892 konnten „einzelstehende Damen" außerordentliche Mitglieder werden (Eickhölter/Mührenberg/Peter-Hirst, Alphabet zur Gemeinnützigen, S. 239).

393 Kopitzsch, Das 18. Jahrhundert, S. 527.

394 Vgl. die Auflistung der einzelnen Maßnahmen, Initiativen und Einrichtungen in: Eickhölter/Mührenberg/Peter-Hirst, Alphabet zur Gemeinnützigen, S. 235–253.

395 Die Vorträge durften zunächst grundsätzlich nur von Gesellschaftsangehörigen gehalten und besucht werden. Erst seit 1934 stehen sie kostenfrei jedermann offen (Eickhölter/Mührenberg/Peter-Hirst, Alphabet zur Gemeinnützigen, S. 237 f.).

mehr oder weniger zahlreichen Versammlung […] stehen sehen. Meine nächste Vorlesung wird die interessante Ditmarsische Geschichte betreffen und eine folgende wahrscheinlich von der hanseatischen, handeln."[396]

Obwohl Carl Wilhelm Pauli im Gegensatz zu seinen späteren Richterkollegen Johann Friedrich Hach, Christian Gerhard Overbeck und Georg Friedrich Ludwig Oppenheimer[397] nie als Direktor der Gesellschaft amtierte,[398] blieb er durch seine Vorträge, die er künftig sogar veröffentlichte[399], aktiv engagiert.

V. Unterdrückung national-liberaler Ideen im Vormärz

Während Carl Wilhelm Pauli sich in Lübeck eine neue berufliche und soziale Existenz aufbaute, verschärfte sich im Deutschen Bund die innere Situation. Mit dem Wiener Kongress 1814/15 setzte die Zeit des Vormärz ein, in dem ein zunehmendes Spannungsverhältnis zwischen den restaurativ eingestellten Obrigkeitsstaaten und der bürgerlich-liberalen Opposition entstand, das in der Märzrevolution 1848[400] gipfelte.[401] Direkt nach der Gründung des Deutschen Bundes spitzte sich der Streit zwischen den Monarchen und den enttäuschten Anhängern eines auf der Volkssouveränität basierenden Nationalstaats zu. Die Bevölkerung, die sich seit der Französischen Revolution 1789 mit den Gedanken von Freiheit, Gleichheit und Teilnahme an der politischen Macht beschäftigt und angesichts ihrer von Patriotismus getragenen Leistung in den Befreiungskriegen neues Selbstbewusstsein entwickelt hatte, diskutierte ihre Vorstellungen und kritischen Ansichten lebhaft in zahlreichen Zeitungen, Zeitschriften, Flugschriften und Büchern.[402] Insbesondere die studentischen Burschenschaften verliehen ihrer Unzufriedenheit mit dem Restaurationskurs und ihrer Forderung nach Einheit und Mitbestimmung offensiv Ausdruck. Sie traten am 18. Oktober 1817 erstmals öffentlich auf, als 470 Studenten und 350 weitere Personen auf der Wartburg bei Eisenach zusammenkamen, um den Jahrestag zweier national-freiheitlicher Ereignisse zu begehen, nämlich den der Reformation 1517 und den der Völkerschlacht von Leipzig 1813.[403] Sie hielten patriotische

396 Poel, Carl Wilhelm Pauli. Ein Lebensbild, S. 45.
397 Zur Biographie Georg Friedrich Ludwig Oppenheimers unten F. III. 2. c).
398 Vgl. die Liste der Direktoren in: Behrens, 175 Jahre Gemeinnützige, S. 143–145.
399 Zu diesem Werk *Lübeckische Zustände* unten F. III. 1. b), G. IV. und G. VI.
400 Zu den Geschehnissen 1848/49 unten F. V. 1.
401 Hein, Deutsche Geschichte in Daten, S. 88 f.
402 Hahn/Berding, Handbuch der Deutschen Geschichte, S. 145 f.
403 Geisthövel, Restauration und Vormärz, S. 20.

Reden und entzündeten abends ein Feuer, in das einige Mitwirkende reaktionäre Schriften und Symbole der alten Ordnung warfen.[404] Zwar verbot Preußen daraufhin burschenschaftliche Verbindungen, doch ihr Zulauf riss nicht ab und es kam zu weiteren Neugründungen an Universitäten in anderen Staaten.[405] Am 10. Oktober 1818 formierte sich dann in Jena die *Allgemeine Deutsche Burschenschaft* als Gesamtvertretung aller deutschen Studenten.[406] Sie verschrieb sich in ihrer Gründungsurkunde der nationalen Einheit Deutschlands, die eine radikale Minderheit mit allen nötigen Mitteln – einschließlich des politischen Mordes – durchzusetzen bereit war, wodurch sich die angespannte Atmosphäre zusätzlich verschärfte.[407] Sie eskalierte, als der fanatische Theologiestudent und Burschenschaftler Carl Ludwig Sand[408] am 23. März 1819 den antiliberalen Schriftsteller und russischen Staatsmann August von Kotzebue[409] in Mannheim tötete.[410] Das Attentat diente nun als Anlass, unter Berufung auf die Garantie der inneren Sicherheit im Deutschen Bund aus Art. 2 der Bundesakte strikt

404 Firnkes, Restauration und Vormärz, S. 34.

405 Geisthövel, Restauration und Vormärz, S. 21.

406 Hein, Deutsche Geschichte in Daten, S. 90.

407 Behnen, Deutschland unter Napoleon, S. 424.

408 Carl Ludwig Sand kam am 05. Oktober 1795 in Wunsiedel zur Welt. Er studierte ab 1814 Theologie in Tübingen. Nach der Teilnahme an den Befreiungskriegen 1815 ging er 1816 nach Erlangen. Dort leitete er bis Mitte 1817 die von ihm mitgegründete *Teutsche Burschenschaft*. Am 18. Oktober 1817 besuchte er das Wartburgfest und wirkte bei der Bücherverbrennung mit. Anschließend ging er nach Jena und wandte sich dem extremistischen Flügel der *Allgemeinen Deutschen Burschenschaft* zu. Durch die Ermordung August von Kotzebues, den er als einen „Landesverräter" und „Volksverführer" sah, wollte er eine allgemeine Einheits- und Freiheitsbewegung anstoßen. Seine Hinrichtung am 20. Mai 1820 in Mannheim machte ihn für die Befürworter der Tat, die jedoch eine Minderheit unter den Studenten darstellten, zur politischen Identifikationsfigur (Lönnecker, Carl Ludwig Sand, S. 413 f.).

409 August von Kotzebue wurde am 03. Mai 1761 in Weimar geboren, wo er nach dem Jurastudium als Advokat arbeitete. Er zog 1781 nach St. Petersburg und stieg dort vom Sekretär bis zum Gouverneur auf. Daneben verfasste er weit über 200 sehr erfolgreiche Theaterstücke. Ab 1801 lebte er wieder in Weimar, Jena und Berlin und setzte sich als politischer Publizist gegen die französische Fremdherrschaft ein. Er erhielt 1813 das Amt eines russischen Staatsrats und Generalkonsuls in Königsberg. Ab 1817 gab er das *Literarische Wochenblatt* heraus. Darin trat er gegen Demokratie und unbedingte Freiheit und Gleichheit ein, außerdem verunglimpfte er den neuen liberalen Geist an den Universitäten (Häntzschel, August von Kotzebue, S. 624 f.).

410 Emmerich/Jankrift/Kockerols/Müller, Deutsche Geschichte, S. 137.

gegen national-liberale Strömungen einzuschreiten.[411] Zunächst einigte sich der österreichische Außenminister Fürst von Metternich am 01. August 1819 in der Teplitzer Punktuation mit Preußen über repressive Maßnahmen gegen die Universitäten und die Presse, sodass bereits Konsens zwischen den dominanten Großmächten herrschte.[412] Danach trafen sich auf seine Einladung die Vertreter von insgesamt zehn deutschen Staaten vom 06. bis zum 31. August 1819 in Karlsbad und erstellten ein Paket von vier Gesetzen zur Abwehr revolutionärer Bestrebungen.[413] Das *Universitätsgesetz* ließ die Überwachung der Hochschulen zu und verbot die Burschenschaften, das *Pressegesetz* unterwarf alle Druckerzeugnisse unter 320 Seiten der Vorzensur und umfangreichere Werke der Nachzensur.[414] Das *Untersuchungsgesetz* schuf eine zentrale Kommission mit Sitz in Mainz, die „revolutionäre Umtriebe und demagogische Verbindungen" verfolgte.[415] Schließlich ermächtigte die *Exekutionsordnung* den Deutschen Bund, die Einzelstaaten nötigenfalls mit militärischer Gewalt zum Vorgehen gegen „umstürzlerische Bewegungen" zu zwingen.[416] Die Bundesversammlung nahm die sogenannten *Karlsbader Beschlüsse* am 20. September 1819 an und leitete dadurch eine Zeit der Unterbindung sämtlicher liberaler, nationaler und demokratischer Kräfte ein.[417] Obwohl die Mitgliedsländer diese repressiven Vorschriften praktisch verschieden streng ausführten, entfaltete sich überall eine von Misstrauen und Verdächtigung geprägte Stimmung.[418] Vornehmlich in Preußen und Österreich, wo regelrechte Polizeiregime entstanden, mussten Studenten und Professoren die Universitäten verlassen oder sogar langjährige Haft verbüßen, Schriftsteller eine strenge Zensur ertragen und Vereine eine permanente Beobachtung hinnehmen.[419] Die bis 1848 geltenden *Karlsbader Beschlüsse* veranlassten zahlreiche freigeistige Menschen zur Emigration ins Ausland und riefen in den deutschen Gebieten, die zuvor eine rege öffentliche Debatte über die gesellschaftlichen und politischen Zustände erlebt hatten, ein Klima des Stillstands und der Resignation

---

411 Ries, Deutsche Geschichte, S. 104.

412 Hahn/Berding, Handbuch der Deutschen Geschichte, S. 151.

413 Neben Preußen und Österreich waren acht gleichgesinnte Partner – Württemberg, Hannover, Baden, Sachsen, Mecklenburg, Nassau, Hessen-Kassel und Bayern – repräsentiert (Hahn/Berding, Handbuch der Deutschen Geschichte, S. 151 f.).

414 Behnen, Deutschland unter Napoleon, S. 425.

415 Geisthövel, Restauration und Vormärz, S. 21 f.

416 Hahn/Berding, Handbuch der Deutschen Geschichte, S. 153.

417 Schulz, Das 19. Jahrhundert, S. 84.

418 Ries, Deutsche Geschichte, S. 104 f.

419 Hahn/Berding, Handbuch der Deutschen Geschichte, S. 154.

hervor, das eine Denkschrift von 1823 mit einer Beschreibung des Deutschen Bundes gut veranschaulicht:

> „So vegetiert er nun - die Schande Deutschlands und der Spott Europas."[420]

Carl Wilhelm Pauli, der während seiner Studienzeit die Restauration selbst als frustrierenden Rückschritt empfand und engagiert für eine Verpflichtung der Herrscher zur Einführung von Verfassungen eintrat, distanzierte sich sehr entschieden vom Attentat Carl Ludwig Sands auf August von Kotzebue. Zwar sah er in der Befreiung von der französischen Fremdherrschaft ein wichtiges Symbol für den legitimen Wunsch der Bevölkerung nach einem freiheitlichen Nationalstaat.[421] Doch dessen radikale Verwirklichung mittels eines Mordes lehnte er – wie die Mehrheit der Burschenschaftler – als ethisch und moralisch unvertretbar ab. Obgleich er die antiliberale Haltung August von Kotzebues verurteilte, stellte Carl Ludwig Sand nach seiner Ansicht einen fehlgeleiteten Fanatiker dar, dessen Tat der nationalen Idee unwürdig war. So äußerte er:

> „Er, der ein Opfer dieser That geworden, Kotzebue, verdient nicht, daß man seiner erwähne, [...]. Welches Ungeheuer aus dem christlichen Deutschen, oder vielmehr aus dem deutschen Christenthum werden kann, das sieht man an Sand, und durch nichts hat wohl Kotzebue seine Verachtung der Deutschen und sein Nichtbegreifen dieses Geistes mehr an den Tag gelegt, als daß er diesen Geist so schmäht [...]. Hoffentlich wird diese That manchen jungen Schwärmer zur Besinnung bringen, nur müssen sie keinen deutschen Rock mehr tragen, seitdem solche Schandthat in ihm begangen worden!"[422]

VI. Zwischenbetrachtung

Die ersten vier Jahre seines Berufslebens standen für Carl Wilhelm Pauli eher im Zeichen einer neuen gesellschaftlichen Verwurzelung in Lübeck als einer begeisterten Ausübung seiner Beschäftigung als Advokat und Notar. Da er der Arbeit kein wirkliches Interesse entgegenbrachte, liegt es nahe, dass er diese aus dem rein praktischen Zweck ergriff, vorerst seine wirtschaftliche Existenz zu sichern und sich langfristig um ein öffentliches Amt zu bemühen. Dafür spricht auch der Umstand, dass er schon nach einer kaum vierjährigen Tätigkeit 1820 die Chance

---

420 Behnen, Deutschland unter Napoleon, S. 426 f.

421 Carl Wilhelm Pauli beging den zweiten Jahrestag der Völkerschlacht von Leipzig am 18. Oktober 1815 – also vor dem eigentlichen Wartburgfest 1817 – in Eisenach (Poel, Carl Wilhelm Pauli. Ein Lebensbild, S. 33), was zeigt, welche Bedeutung er diesem Ereignis für die Zukunft des deutschen Volkes als vereinte Nation zumaß.

422 Poel, Carl Wilhelm Pauli. Ein Lebensbild, S. 52 f.

ergriff, sich auf die Stelle des Sekretärs am neu eingerichteten Oberappellationsgericht der vier freien Städte zu bewerben. Andererseits brachte seine erste Arbeit den Vorteil, dass Carl Wilhelm Pauli daneben Zeit fand, sich intensiv den Studien über das Recht und die Historie Lübecks zu widmen und darin eine Beschäftigung entdeckte, der er zeitlebens mit Freude nachging. Zudem gelang ihm parallel die Integration in gehobene gesellschaftliche Kreise, die sicherlich positiv für die Mandatsakquise wirkte. Welche Relevanz Carl Wilhelm Pauli einer weiten sozialen Vernetzung und dem eigenen Status zumaß, zeigt auch sein Engagement in der *Gesellschaft zur Beförderung gemeinnütziger Tätigkeit*, zu der wichtige Persönlichkeiten des öffentlichen Lebens gehörten. Angesichts der Verbundenheit mit seiner Heimatstadt kann ihm aber nicht abgesprochen werden, dass er dabei zugleich auf selbstlose Art allgemeine Belange fördern wollte. Insgesamt begann Carl Wilhelm Paulis neuer Lebensabschnitt deutlich ruhiger als die Studienjahre, die stark von den Befreiungskriegen und der Restauration geprägt waren. Er scheint zu dieser Zeit wegen seiner aufgeklärten Erziehung und der Erlebnisse an der Universität und im Krieg bereits einen gefestigten, reflektierten und ebenso sensiblen Charakter entwickelt zu haben. In diesem Sinn äußerte sich Caspar von Voght in einem Brief an Magdalena Pauli vom 10. April 1817:

> „Ich kann Ihnen nicht sagen, theure Freundin, wie lieb mir ihr Karl ist. So viel Sanftheit und so viel Festigkeit, so viel Gemüht und Gefühl und so viel praktischer Sinn, so viel Bewustseyn und so viel Bescheidenheit, das alles mit einem so empfehlenden Äußern!“[423]

Auch seine Patin Johanna Margaretha Sieveking schrieb an Magdalena Pauli:

> „Gestern überraschte uns Dein Carl [...]. Er war ungemein froh und liebenswürdig. [...] Er gefällt sich in Lübeck und er gefällt. Du kannst recht mit Zuversicht an diesen Sohn denken, [...].“[424]

Obwohl diese Urteile zweier Menschen, die in enger Freundschaft zu seiner Mutter standen, möglicherweise nicht ganz objektiv sind, lassen sie doch den Rückschluss zu, dass Carl Wilhelm Pauli schon als Berufsanfänger einen sehr einnehmenden und vielversprechenden Eindruck in seinem Umfeld erweckte.

---

423 Möller/Tecke, Caspar Voght und sein Hamburger Freundeskreis, S. 91.
424 Poel, Carl Wilhelm Pauli. Ein Lebensbild, S. 43 f.

E. Sekretär am Oberappellationsgericht der vier freien Städte

> „Könnte ich überhaupt durch irdisches Glück allein befriedigt werden, so müßte es jetzt sein, in einem Amt, das mich nicht übermäßig beschäftigt, und damit Muße und Gelegenheit zu weiterer Ausbildung gewährt, und ein, wenn nicht reichliches, doch für jetzt hinreichendes Auskommen giebt.“[425]

I. Das Oberappellationsgericht der vier freien Städte

1. Einrichtung in der Hansestadt Lübeck

Die ersehnte Möglichkeit, langfristig eine Laufbahn im öffentlichen Dienst einzuschlagen, bot sich dem 27-jährigen Carl Wilhelm Pauli im Jahre 1820, als die vier freien Städte des Deutschen Bundes – Lübeck, Hamburg, Bremen und Frankfurt am Main – in seiner Heimatstadt ein Oberappellationsgericht als gemeinsame dritte Instanz errichteten. Sie setzten damit den Auftrag des Art. 12 der Bundesakte um, der einen dreistufigen Aufbau der Gerichtsbarkeit als allgemeinen Bundesgrundsatz festschrieb.[426] Hiernach durften Staaten mit mindestens 150.000 Einwohnern ihre schon bestehenden obersten Gerichte behalten und Länder mit einer Bevölkerung ab 300.000 Personen solche auch eigenständig neu einrichten, alle anderen Herrschaften mussten sich entweder für eine gemeinschaftliche Gründung zusammentun oder sich einem Mitglied anschließen, das bereits einen entsprechenden Gerichtshof hatte.[427] Auf diese Weise erhielten nun alle Bundesstaaten eine für sie zuständige Letztinstanz in Form von sogenannten *Oberappellationsgerichten*, *Oberhofgerichten* und *Obertribunalen*.[428] Den vier freien Städten stand nach dieser Regel eigentlich keine Variante offen, allein oder miteinander einen derartigen Gerichtshof zu unterhalten. Sie

425 Brief Carl Wilhelm Paulis an eine seiner Schwestern Ende des Jahres 1822, zitiert nach: Poel, Carl Wilhelm Pauli. Ein Lebensbild, S. 64.

426 Vgl.: Huber, Deutsche Verfassungsgeschichte seit 1789, S. 617.

427 Greb, Die Verfassung des OAG, S. 14.

428 Vgl. die Auflistung in: Huber, Deutsche Verfassungsgeschichte seit 1789, S. 618.

verfügten bisher über einen zweistufigen Rechtszug[429] und zählten eine Gesamtbevölkerung von 210.000 Menschen, sodass sie auf die Mitwirkung einer der Monarchien im Deutschen Bund angewiesen waren.[430] Als sich diese Situation auf dem Wiener Kongress abzeichnete, erreichten die Vertreter der vier freien Städte am 30. Mai 1815 – also nur neun Tage vor der Unterzeichnung der Bundesakte am 08. Juni 1815 – mit Rücksicht auf ihre bedeutende Rolle im Handelsverkehr das Sonderrecht, trotz der grundsätzlich zu geringen Bevölkerungsstärke eine gemeinsame dritte Instanz zu schaffen, sodass Art. 12 der Bundesakte noch folgende zusätzliche Regelung erhielt:

> „Den vier freyen Städten steht das Recht zu, sich unter einander über die Errichtung eines gemeinsamen obersten Gerichts zu vereinigen."[431]

Die tatsächliche Einrichtung eines solchen Gerichtshofs verlief allerdings äußerst schwierig. Insbesondere Hamburg weigerte sich zunächst standhaft, die Bestimmung des Art. 12 überhaupt auszuführen, danach diskutierten die Städte über die Zuständigkeiten und Kompetenzen, den Sitz sowie die Details der Gerichtsverfassung und forderten ständig Ausnahmeregeln entsprechend ihren Eigeninteressen, sodass die Eröffnung des Oberappellationsgerichts erst nach fast fünfjährigen Beratungen am 13. November 1820 stattfand.[432] Am Ende dieses zähen Prozesses stand dafür jedoch eine klar strukturierte und prägnant formulierte Gerichtsordnung, die sich als überaus praktikabel erwies und fast unverändert in Kraft blieb.[433] Bei der Debatte um den Standort setzte sich Lübeck durch, das einerseits durch das lübische Stadtrecht eine lange Rechtstradition verkörperte und andererseits als kleinste der vier Städte die geringsten Lebenshaltungskosten für das Personal versprach.[434] Zwar stellte Lübeck allein

---

429 Beispielsweise bildeten in Lübeck das Nieder-, Land- und Militärgericht sowie die im Wettbewerbsrecht entscheidende Wette eine erste niedere Instanz und das Obergericht eine zweite höhere Instanz (Greb, Die Verfassung des OAG, S. 11).

430 Polgar, Das OAG der vier freien Städte, S. 35.

431 Polgar, Das OAG der vier freien Städte, S. 35 f.

432 Vgl. die Beschreibung der einzelnen Verhandlungsschritte zwischen den Städten von Januar 1816 bis November 1820 in: Greb, Die Verfassung des OAG, S. 14–26.

433 Sowohl die provisorische Gerichtsordnung vom 05. Juli 1820 als auch die definitive Gerichtsordnung vom 13. August 1831, die nur geringfügige sprachliche Änderungen vornahm, bestand aus vier Teilen. Der erste Abschnitt behandelte die Verfassung und innere Einrichtung des Gerichts, der zweite die Kompetenzen, der dritte den Prozess- und Geschäftsgang und zuletzt der vierte den Ablauf des Strafverfahrens (Polgar, Das OAG der vier freien Städte, S. 62 f.).

434 Ahrens, Franzosenzeit bis Erster Weltkrieg, S. 571.

die Räume für das Oberappellationsgericht zur Verfügung, doch dessen ständige Unterhaltung finanzierten die vier Städte gemeinsam.[435]

2. Die verschiedenen Zuständigkeiten

Über seine gesamte Existenz hinweg begleitete das Oberappellationsgericht die für seine Arbeit grundlegende und oft problematische Frage, in welchen Angelegenheiten es überhaupt entscheiden durfte. Während die Eingrenzung der örtlichen Zuständigkeit auf die Staatsgebiete der vier Städte und das von Hamburg und Lübeck verwaltete Amt Bergedorf regelmäßig keine Umstände bereitete, gestaltete sich die Festlegung der sachlichen Kompetenz generell schwierig, weil diese den individuellen Gerichtsverfassungen der auf ihrer Justizhoheit beharrenden vier Städte unterworfen war und keine praktikable einheitliche Regelung erfuhr.[436] Dadurch bestanden je nach der Herkunft des Rechtsfalls variierende Zuständigkeitsbedingungen, die es zu prüfen galt.[437] Dementsprechend gewährte die Gerichtsordnung[438] den vier Städten weite Freiheiten, auf die Befugnisse des Oberappellationsgerichts und die dort zulässigen Rechtsmittel einzuwirken. So sollte das Oberappellationsgericht nur über *Appellationen* gegen obergerichtliche Entscheidungen in derartigen Zivilsachen urteilen, die ihm die einzelnen Vorschriften der Städte explizit zuwiesen oder die mangels einer solchen Bestimmung nach den Grundsätzen des gemeinen deutschen Prozessrechts seiner Befugnis unterfielen.[439] Die Städte formten die *Appellation* verschieden aus, indem beispielsweise die drei Hansestädte sie an unterschiedliche, in ihren jeweiligen Währungen bezifferte Streitwerte knüpften.[440] Die *Nichtigkeitsbeschwerde* war hingegen für alle Städte einheitlich gefasst, doch sie diente lediglich der Rüge

435 Das Gerichtsgebäude lag erst in den Schüsselbuden und dann in der Königstraße Nr. 21. Die Kostenverteilung entsprach dem Arbeitsanteil, der erwartungsgemäß von den vier Städten ausgehen würde. Danach trugen Frankfurt und Bremen je 17/72, Hamburg 26/72 und Lübeck 12/72 (Greb, Die Verfassung des OAG, S. 26, 34).

436 Polgar, Das OAG der vier freien Städte, S. 72 f.

437 Greb, Die Verfassung des OAG, S. 84.

438 Ein Auszug der relevanten Vorschriften der definitiven Gerichtsordnung des Oberappellationsgerichts von 1831 (OAGO) befindet sich im Anhang (S. 193–205).

439 § 34 OAGO.

440 Lübeck regelte beispielweise per Verordnung, dass das Oberappellationsgericht als dritte Instanz über Erkenntnisse der Obergerichte entschied, sofern generell eine Appellationssumme von 1.000 lübischen Mark und bei wiederkehrenden Leistungen 50 lübischen Mark jährlich vorlag oder sich der Wert des Streitgegenstands nicht festlegen ließ (Polgar, Das OAG der vier freien Städte, S. 76 f.).

wesentlicher formeller Fehler im Verfahren vor den Obergerichten – beispielsweise Mängel in Bezug auf die daran beteiligten Personen, die Unzuständigkeit des Obergerichts oder die Verletzung rechtlichen Gehörs – und beinhaltete im Gegensatz zur *Appellation* keine materiell-rechtliche Prüfung der Urteile.[441]

Auch auf dem Gebiet des Strafrechts stellten sich die Kompetenzen des Oberappellationsgerichts uneinheitlich dar. Es konnte grundsätzlich mit dem Instrument der *Weiteren Verteidigung* gegen alle in erster Instanz ergangenen Urteile der Obergerichte angerufen werden.[442] Dabei legten die Städte jedoch einzeln fest, in welchen besonders schweren Fällen dieses Rechtsmittel zwingend erfolgte oder ihr Senat noch zusätzlich zu beteiligen war, um die Entscheidung des Oberappellationsgerichts nachträglich zu billigen oder sie zu mäßigen.[443] Aus dieser Regelungshoheit und den ohnehin verschiedenen erstinstanzlichen Befugnissen der städtischen Obergerichte resultierte eine kaum überschaubare Menge von Zuständigkeitsvorschriften.[444] Allgemeine Geltung kam hingegen dem Verbot der *reformatio in peius* zu, wonach das Oberappellationsgericht kein Recht zur Verschärfung, sondern ausschließlich zur Bestätigung oder Milderung der obergerichtlichen Erkenntnisse besaß.[445] In Strafsachen fand ebenfalls die *Nichtigkeitsbeschwerde* statt, doch sie bezog sich wie im Zivilrecht nur auf formelle und nicht auf materielle Aspekte.[446] Ein Unterschied zwischen der zivil- und der strafrechtlichen Zuständigkeit des Oberappellationsgerichts ergab sich allerdings hinsichtlich des Instituts der Aktenversendung, die nur in Zivilsachen auf Antrag der Parteien erfolgen konnte.[447] In diesem Fall bewertete

441 Greb, Die Verfassung des OAG, S. 96 f.; § 41 OAGO.

442 § 37 OAGO.

443 § 38 OAGO.

444 Schon allein in Lübeck bot sich eine komplizierte Situation. Das Obergericht entschied erstinstanzlich bei Überschreitung der Strafgewalt des Niedergerichts – es durfte Geldstrafe bis 100 Taler, Gefängnis und Zuchthaus bis 6 Monate, Ausstellung an das Halseisen sowie Züchtigung bis 12 Schläge aussprechen – und generell bei schweren Delikten. Die in erster Instanz ergangenen Obergerichtsurteile unterlagen allgemein der *Weiteren Verteidigung* zum Oberappellationsgericht, diese erfolgte von Amts wegen bei der Verhängung von Todesstrafen, mindestens zehnjährigen Freiheitsstrafen oder kürzeren Gefängnisstrafen mit harter Leibesstrafe. In letzteren drei Fällen benötigte die Entscheidung des Oberappellationsgerichts zusätzlich die Bestätigung des Lübecker Rats (Polgar, Das OAG der vier freien Städte, S. 80–83).

445 Polgar, Das OAG der vier freien Städte, S. 80.

446 Greb, Die Verfassung des OAG, S. 101 f.

447 Die Aktenversendung erlangte lediglich in Phasen der Arbeitsüberlastung größere Bedeutung, in denen das Oberappellationsgericht darauf gerichtete Anträge verstärkt zuließ, um das angesammelte Pensum bewältigen zu können. Es wandte sich dabei

das Spruchkollegium einer juristischen Fakultät den an sie versandten Rechtsstreit und das Oberappellationsgericht verkündete die vorgeschlagene Lösung anschließend als eigenes Urteil.[448]

Zuletzt wirkte das Oberappellationsgericht noch in sogenannten *Austrägal-* und *Kompromisssachen,* also Streitigkeiten unter Beteiligung von Staaten des Deutschen Bundes, die es mit der Billigung der vier Stadtsenate übernahm.[449] Art. 11 der Bundesakte verpflichtete die Herrscher im Deutschen Bund, ihre Differenzen friedlich zu lösen, wobei die Bundesversammlung vermitteln und nötigenfalls die Justiz einschreiten sollte.[450] Diese *Austrägalangelegenheiten* – gleich welcher Rechtsnatur – durften alle Gerichte dritter Instanz in den konfliktneutralen Mitgliedsländern umfassend und verbindlich beurteilen, es sei denn, ein Gesetz oder eine Vereinbarung ermächtigte eine andere Stelle hierzu.[451] Während sich die Parteien dabei auf Hausverträge, Privilegien oder Reichsgesetze beriefen und dies nur den Regierungen zustand, basierten *Kompromissangelegenheiten* auf der willentlichen Absprache der Beteiligten, einzelne oder viele potenzielle Streitigkeiten vor ein bestimmtes beliebiges Schiedsgericht zu bringen, und konnten daher auch zwischen den Obrigkeiten und ihren Untertanen auftreten.[452] Da *Austrägalprozesse* zum Ansehen eines Gerichtshofs sehr beitrugen, stimmten die Senate der vier freien Städte ihrer Annahme regelmäßig zu, wogegen sie *Kompromissgegenstände* wegen der häufigen Überlastung ihres gemeinsamen Gerichts mehrfach ablehnten.[453] Insgesamt verhandelte das

---

bevorzugt an die Rechtsfakultäten der Universitäten von Berlin, Leipzig, Jena und Göttingen (Polgar, Das OAG der vier freien Städte, S. 84 f.).

448 Tirtasana, Der gelehrte Gerichtshof, S. 116; §§ 146 f. OAGO.

449 Polgar, Das OAG der vier freien Städte, S. 97.

450 Art. 11 der Deutschen Bundesakte:
„[…] Die Bundesglieder machen sich ebenfalls verbindlich, einander unter keinerley Vorwand zu bekriegen, noch ihre Streitigkeiten mit Gewalt zu verfolgen, sondern sie bey der Bundesversammlung anzubringen. Dieser liegt alsdann ob, die Vermittlung durch einen Ausschuß zu versuchen; falls dieser Versuch fehlschlagen sollte, und demnach eine richterliche Entscheidung nothwendig würde, solche durch eine wohlgeordnete Austrägal Instanz zu bewirken, deren Ausspruch die streitenden Theile sich sofort zu unterwerfen haben. […]"
(Hardtwig/Hinze, Deutsche Geschichte in Quellen und Darstellungen, S. 42).

451 Polgar, Das OAG der vier freien Städte, S. 102 f.

452 Polgar, Das OAG der vier freien Städte, S. 134.

453 Greb, Die Verfassung des OAG, S. 117.

Oberappellationgericht während seines Bestehens von 1820 bis 1879 sieben *Austrägal-*[454] sowie acht *Kompromissverfahren*[455].

3. Aufsicht der vier freien Städte

Das Oberappellationsgericht durfte sich nicht vollkommen frei betätigen, sondern unterlag der Kontrolle der Gründungsstädte. Hierbei kam zunächst dem Direktorialsenat eine zentrale Funktion zu, dessen Rolle im Jahrestakt zwischen den vier Städten wechselte.[456] Er beaufsichtigte das Gericht, dessen öffentliche Verhältnisse – vor allem Dienstanstellungs-, Disziplinar- und Unterhaltssachen – und den Geschäftsgang, also insbesondere den Umfang der liegen gebliebenen Arbeit.[457] Zudem war der Direktorialsenat allein für den Erhalt der gerichtlichen Einrichtungen zuständig und handelte in allen sonstigen Themen nach Rücksprache mit den anderen Senaten als Vertreter der Städte gegenüber dem Oberappellationsgericht, das ihm seinerseits über sämtliche ihn betreffenden Angelegenheiten vollständig zu berichten hatte.[458] Die permanente Beobachtung durch den Direktorialsenat erstreckte sich aber ausschließlich auf die justizielle Verwaltung und die internen Abläufe am Oberappellationsgericht, während sie den materiellen Inhalt seiner Urteile nicht berührte.[459] Daneben erfolgten alle fünf Jahre punktuelle Visitationen durch eine besondere Kommission der vier Stadtsenate.[460] Sie überprüfte die Sitzungsprotokolle, die Vorbereitung und Abfassung der Erkenntnisse und die Anzahl der unerledigten Fälle, darüber hinaus das Kanzlei-, Registratur-, Stempel-, Archiv- und Rechnungswesen sowie die Bibliothek.[461] Nach der Auswertung des Kommissionsberichts nahmen die vier Städte

454 Die *Austrägalsachen* behandelten zum Beispiel Auseinandersetzungen zwischen Preußen und Bayern, Baden und Bayern, Preußen und Sachsen, Hessen und Waldeck oder Hannover und Lippe (Polgar, Das OAG der vier freien Städte, S. 104).

455 Die *Kompromisssachen* bezogen sich etwa auf Meinungsverschiedenheiten zwischen Coburg-Gotha und den Mitgliedern seines Landtags, Mecklenburg und dem Corps der Städte des Mecklenburgischen und Wendischen Kreises oder der Schleswig-Holsteinischen Statthalterschaft Kiel und den Hansestädten Hamburg, Lübeck und Bremen (Polgar, Das OAG der vier freien Städte, S. 133).

456 Das erste Direktorium übte Lübeck aus, bevor es 1822 auf Frankfurt, 1823 auf Bremen und 1824 auf Hamburg überging. Diese Reihenfolge bestand fort bis zur Auflösung des Gerichts 1879 (Polgar, Das OAG der vier freien Städte, S. 70).

457 Tirtasana, Der gelehrte Gerichtshof, S. 55 f.; § 26 OAGO.

458 § 27 OAGO.

459 Tirtasana, Der gelehrte Gerichtshof, S. 56.

460 § 33 OAGO.

461 Tirtasana, Der gelehrte Gerichtshof, S. 56.

dazu Stellung und der jeweilige Direktorialsenat wies das Oberappellationsgericht in einem Reskript auf die beobachteten Beanstandungen hin.[462] Zwar spendeten die Städte dem Oberappellationsgericht in ihren offiziellen Äußerungen über die Visitationsergebnisse immer ausschließlich Lob, um dessen guten Ruf zu bewahren, doch machten sie den Präsidenten in einem weiteren vertraulichen Dokument auf die vorhandenen Mängel im Gerichtsbetrieb aufmerksam.[463]

Während die Aufsicht des Direktorialsenats und die Visitationen allein die Justizverwaltung betrafen und die unabhängige richterliche Arbeit unberührt ließen, durften die Senate auf die *Nichtigkeitsbeschwerde* einer Partei auch in die Urteile des Oberappellationsgerichts eingreifen.[464] Dieses Rechtsmittel konnte – wie bei der Einlegung gegen Entscheidungen der Obergerichte – nur auf wesentliche Verfahrensfehler und nicht auf Mängel im materiellen Inhalt des Richterspruchs gestützt werden.[465] Die Senate der vier Städte mussten zunächst die Stellungnahme einer juristischen Fakultät einholen und dann über die Wirksamkeit des Erkenntnisses befinden.[466] Den Vorgang empfand das Oberappellationsgericht als „unerträgliche Einmischung der Staatsgewalt in Justizsachen",[467] doch diese Empörung erwies sich als unbegründet, denn keiner der insgesamt 29 Fälle endete zu Gunsten des Beschwerdeführers[468].

4. Personelle Besetzung

Das Personal des Oberappellationsgerichts teilte sich in zwei Kategorien. Zu den *Mitgliedern* zählten die stimmberechtigten sieben Berufsrichter, nämlich der Präsident und sechs Räte, die *Angehörigen* bestanden aus dem Sekretär, zwei Kanzlisten sowie zwei Gerichtsboten.[469] Der letzteren Gruppe gehörten auch die zunächst acht und später sechs Prokuratoren an, die aus der Menge der in den

462 Greb, Die Verfassung des OAG, S. 31.

463 Polgar, Das OAG der vier freien Städte, S. 71.

464 Tirtasana, Der gelehrte Gerichtshof, S. 56.

465 Greb, Die Verfassung des OAG, S. 36; §§ 41, 174 OAGO.

466 § 176 OAGO.

467 Tirtasana, Der gelehrte Gerichtshof, S. 57.

468 In 19 Fällen holten die Senate ein Gutachten der Rechtsfakultäten von Göttingen, Berlin oder Leipzig ein und wiesen die *Nichtigkeitsbeschwerde* als unzulässig oder unbegründet ab. Bei 5 Anlässen erfolgte eine direkte Verwerfung des Rechtsmittels wegen offensichtlicher Unbegründetheit ohne Beteiligung einer Universität. Weitere 4 Beschwerden wurden zurückgenommen und 1 Verfahren erledigte sich durch das Ableben des Beschwerdeführers (Greb, Die Verfassung des OAG, S. 36 f.).

469 Polgar, Das OAG der vier freien Städte, S. 63 f.; § 2 OAGO.

vier Städten zugelassenen Advokaten stammten und die Beteiligten vor dem Oberappellationsgericht vertraten.[470] Die Ernennung der Kanzlisten, Gerichtsboten und Prokuratoren vollzog das Oberappellationsgericht selbst, die übrigen Mitarbeiter erhielten ihr Amt nur unter Beteiligung der Städte.[471]

II. Übernahme des Amts als Sekretär

1. Persönliche Anforderungen

Die Position des Sekretärs, auf die sich Carl Wilhelm Pauli bewarb, stand nicht jedem beliebigen Interessenten offen. Vielmehr kamen nur Kandidaten mit einem Mindestalter von 25 Jahren in Frage, die Jura studiert hatten, einer der vier Städte angehörten, dem Christentum folgten und einen respektablen Lebenswandel führten.[472] All diese Bedingungen erfüllte Carl Wilhelm Pauli, wobei seine religiöse Orientierung erst seit jüngster Zeit seine Chance auf die Stelle nicht mehr hinderte. Den Mitgliedern der Reformierten Kirche blieben im evangelisch-lutherischen Lübeck nämlich seit jeher das Bürgerrecht, die Ratsmitgliedschaft und der Zugang zu öffentlichen Ämtern verwehrt, erst die 1811 eingeführten französischen Gesetze sowie Art. 16 der Bundesakte von 1815[473] stellten sie den übrigen Bürgern gleich.[474] Carl Wilhelm Pauli war sich der Verbesserung seiner beruflichen Möglichkeiten im Vergleich zu den vorherigen Generationen seiner Familie durchaus bewusst. So erwähnte er schon im Göttinger Studium in einem Brief an Gustav Schwab den positiven „Umstand, daß ich der Erste bin, der von den neuerdings den Reformirten bewilligten Rechten der Theilnahme an den Stadtämtern Gebrauch macht".[475]

---

470 Die in den vier Städten ansässigen Advokaten durften die Parteien zwar rechtlich beraten, die Vermittlung mit dem Oberappellationsgericht oblag allerdings allein den Prokuratoren (Tirtasana, Der gelehrte Gerichtshof, S. 29, 40; §§ 17 f., 84 OAGO).

471 Tirtasana, Der gelehrte Gerichtshof, S. 29.

472 § 8 OAGO.

473 Art. 16 der Bundesakte:
„Die Verschiedenheit der christlichen Religions-Partheyen kann in den Ländern und Gebiethen des deutschen Bundes keinen Unterschied in dem Genusse der bürgerlichen und politischen Rechte begründen. [...]"
(Huber, Dokumente zur deutschen Verfassungsgeschichte, S. 80).

474 Simon, Reformierte Gemeinde, S. 321.

475 Poel, Carl Wilhelm Pauli. Ein Lebensbild, S. 29.

2. Wahl im Losverfahren

Um den Posten des Sekretärs tatsächlich zu erhalten, benötigte Carl Wilhelm Pauli letztlich ein gewisses Maß an Glück. Zunächst ersuchte er den Lübecker Rat in seiner Bewerbung vom 03. März 1820, „bey Besetzung der Stelle des Secretariats bey dem gemeinsam von den vier freien Städten zu etablierenden Ober-Appellations-Gerichte mich […] in Vorschlag zu bringen".[476] Auch aus dem Bewerbungsschreiben geht deutlich hervor, dass er seit seiner Rückkehr nach Lübeck eigentlich eine Laufbahn im öffentlichen Dienst bevorzugte. Dabei brachte die Errichtung des Oberappellationsgerichts die erste wirklich aussichtsreiche Chance, diesen Wunsch zu realisieren. Er schrieb einleitend:

> „Schon seit dem ersten Augenblicke, daß von den vier freien Städten an den in Folge der Bundesacte gemeinsam zu errichtenden höchsten Gerichtshof ernsthafter gedacht ward, hefteten sich meine Blicke, denen in meiner Vaterstadt keine nahe Aussichten zu einem höhern Amte sich darboten, oder doch die nähern wieder verschwanden, auf jenes Gericht und eine Anstellung bey demselben. Sie weilten mit noch mehr Freude darauf da es verlautete, daß durch Übereinkunft der Städte dasselbe hier seinen Sitz erhalten werde."[477]

Die Wahl des Sekretärs erfolgte wie diejenige des Präsidenten und der Räte in einem von den vier Städten vereinbarten Verfahren.[478] Sie legten fest, dass die Ernennung des ersten Sekretärs wie die Vergabe der Präsidentenstelle ablaufen sollte.[479] Diese wiederum setzte eine einstimmige Entscheidung der Senate für einen der von ihnen zu benennenden Kandidaten voraus, ansonsten wurden vier Lose entsprechend den abgegebenen Voten angefertigt und der Amtsinhaber durch Ziehung ermittelt.[480] Letztgenanntes Prozedere war bei der dreimaligen

---

476 AHL, ASA Interna, Nr. 15966, Bewerbung Paulis vom 03. März 1820.

477 AHL, ASA Interna, Nr. 15966, Bewerbung Paulis vom 03. März 1820.

478 § 3 OAGO.

479 Art. 5 der Übereinkunft vom 30. Juli 1819:
„Der Secretair wird das erstemal von den Senaten gemeinschaftlich ernannt, nach den in Ansehung des Präsidenten (Art. 2.) verabredeten Bestimmungen; künftig alternirend von Einem der Senate, so daß, in der Reihefolge der Städte, der Senat, welcher bey Einsetzung des Gerichtes, das Directorium geführt hat, beginnt."
(AHL, ASA Interna, Nr. 15762).

480 Art. 2 der Übereinkunft vom 30. Juli 1819:
„Den Präsidenten […] wählen die Städte gemeinschaftlich, nach folgenden nähern Bestimmungen. Innerhalb vier Wochen nach Erledigung der Stelle, macht der Senat, welcher alsdann das Directorium führt, […] einige Subjecte für die erledigte Stelle den

Besetzung des Präsidentenpostens[481] aber nicht erforderlich, da die Städte den passendsten Bewerber einvernehmlich ermitteln konnten.[482]

Demgegenüber mündete die Wahl des ersten Sekretärs tatsächlich in einer Auslosung. Während sich der Lübecker Rat sowie die Senate von Bremen und Frankfurt für Carl Wilhelm Pauli aussprachen, gab der Hamburger Senat dem von ihm vorgeschlagenen hamburgischen Juristen Friedrich Wilhelm Busch[483] seine Stimme.[484] Als derzeitigem Direktorialsenat oblag es dem Rat der Stadt Lübeck, die nunmehr erforderliche Losung nach der dort üblichen Weise auszurichten. Dementsprechend fand die lübische Praxis Anwendung, „daß der Jüngste an Alter die Loose macht, der Aeltere zieht".[485] Im Übrigen wurde penibel darauf geachtet, eine „besondere dem Fall angemessene Art" zu wählen, die „zugleich eine gewisse Verlegenheit, selbst die Möglichkeit einer Mißdeutung, erspart".[486] So sollte eine extra

---

andern Senaten namhaft, welche […] über Jene sich erklären, und zugleich die etwa neben denselben ihnen tauglich scheinenden Personen benennen. Nach gegenseitig erfolgten Erklärungen, vereinigen sich die Senate über die Ernennung durch weitere Mittheilungen, […]. Erfolgt aber keine einstimmige Uebereinkunft, so entscheidet unter denjenigen, für welche gestimmt ist […] das Loos dergestalt, daß Jeder derselben so viele Loose mit seinem Namen erhält, als er Stimmen der Städte für sich hat, und hierauf aus den vier Loosen gezogen wird. Diese Entscheidung durch das Loos geschieht an dem Orte des Directorial-Senats und auf die bey Ernennungen durch das Loos dort übliche Weise."
(AHL, ASA Interna, Nr. 15762).

481 Zu den Biographien der drei Präsidenten unten E. IV. 2. a) und F. II. 3.

482 Greb, Die Verfassung des OAG, S. 33.

483 Friedrich Wilhelm Busch lebte vom 17. Januar 1792 bis zum 08. April 1855 (Angaben nach einem digitalisierten Bildnis unter: http://digitalisate.sub.uni-hamburg.de/de/nc/detail.html?tx_dlf%5Bid%5D=4500&tx_dlf%5Bpage%5D=1&tx_dlf%5Bpointer%5D=0, zuletzt am 26.11.2018). Zum Zeitpunkt der Bewerbung um die Stelle als Sekretär am Oberappellationsgericht der vier freien Städte führt ihn das Hamburger Adressbuch als Doktor der Rechte im Catharinen Kirchhof Nr. 33 auf (Hamburgisches Addressbuch für das Jahr 1820, Personen- und Firmenverzeichnis, S. 57, digitalisiert unter: http://agora.sub.uni-hamburg.de/subhh-adress/digbib/view?did=c1:14099&sdid=c1:14145&hit=3, zuletzt am 26.11.2018).

484 AHL, ASA Interna, Nr. 15966, Gutachten der Kommission in Bundestagssachen betreffend die Sekretariats-Wahl vom 04. Juli 1820.

485 AHL, ASA Interna, Nr. 15966, Gutachten der Kommission in Bundestagssachen betreffend die Sekretariats-Wahl vom 04. Juli 1820.

486 AHL, ASA Interna, Nr. 15966, Gutachten der Kommission in Bundestagssachen betreffend die Sekretariats-Wahl vom 04. Juli 1820.

einzusetzende Kommission die Losziehung in Anwesenheit beider Bewerber oder ihrer Bevollmächtigten vornehmen und hierüber ein genaues Protokoll für die vier Städte erstellen.[487] Am dafür bestimmten Termin, dem 28. Juli 1820, erschienen weder Friedrich Wilhelm Busch noch Carl Wilhelm Pauli, der sich durch Friedrich Matthias Jacobus Claudius[488] vertreten ließ,[489] mit dem er seit seiner Rückkehr nach Lübeck sehr eng befreundet war und gerne lange Wanderungen unternahm[490]. Entsprechend der für sie abgegebenen Stimmen traten die Kandidaten mit unterschiedlichen Erfolgswahrscheinlichkeiten an. Friedrich Wilhelm Busch hatte auf Grund des Hamburger Votums eine Chance von 25 %, wohingegen Carl Wilhelm Pauli durch die Unterstützung der drei anderen Städte zu 75 % mit einem günstigen Ergebnis rechnen durfte. Glücklicherweise realisierten sich seine deutlich besseren Aussichten letztlich auch bei der Auslosung, die sehr sorgfältig unter genauer Beachtung des anzuwendenden Modus erfolgte:

> „Nachdem nun beide Comparenten mit dem Zwecke der gegenwärtigen Zusammenkunft, so wie mit dem zu beobachtenden Verfahren bekannt gemacht worden waren, auch die Einsicht der beigebrachten Taufscheine ergeben hatte, daß der Dr. Pauli am 18. Dec. 1792 hieselbst und der Dr. Busch am 17ten Januar 1792 zu Hamburg geboren, mithin jener der jüngere von beiden Competenten sey, ward zur Loosung selbst geschritten. Der Mandatarius des Dr. Pauli wickelte die vier gleich großen Zettel, von denen drey mit dem Namen Pauli, der vierte aber mit dem Namen Busch versehen war, zusammen, verschloß jeden in eine der vier gleichgeformten Kapseln, und schüttete sie sodann in eine Urne. Diese ward mit einem Buche bedeckt, und es wurden die Loose unter einander gemischt. Nun zog der Mandatarius des Dr. Busch aus der bedeckten Urne eine der Kapseln hervor. Sie ward von dem Herrn Praeside Commissionis geöffnet, und der entwickelte Zettel ergab den Namen des Dr. Pauli. Nachdem nun auch die

487 AHL, ASA Interna, Nr. 15966, Gutachten der Kommission in Bundestagssachen betreffend die Sekretariats-Wahl vom 04. Juli 1820.

488 Friedrich Matthias Jacobus Claudius, geboren am 17. Mai 1789 in Wandsbek, studierte Jura in Heidelberg und Kiel. Nach dem Abschluss 1812 arbeitete er als Sekretär des Holsteinischen Amts Reinbek, bevor er 1814 die Stelle eines Prokurators am Landgericht Lübeck antrat. Er nahm 1815 an den Befreiungskriegen teil. Am 20. November 1833 erhielt er das Amt eines Lübecker Ratsherrn. Ab 1834 gehörte er dem Finanzdepartement und ab 1853 der Kommission für Justizangelegenheiten an. Er starb am 27. Oktober 1862 (Fehling, Zur Lübeckischen Ratslinie, S. 21).

489 AHL, ASA Interna, Nr. 15966, Protokoll der zur Losung über das Sekretariat des Ober-Appellationsgerichts verordneten Kommission vom 28. Juli 1820.

490 Poel, Carl Wilhelm Pauli. Ein Lebensbild, S. 45 f., 55.

übrigen Loose wiederum geöffnet und richtig befunden waren, beschloss Commissio dieses Protokoll ad Ampl. Curiam gelangen zu lassen."[491]

Bereits am nächsten Tag, dem 29. Juli 1820, veranlasste der Lübecker Rat per Dekret die Mitteilung seiner Ernennung gegenüber Carl Wilhelm Pauli[492] und die Zustellung des Losungsprotokolls an die anderen Senate.[493] Gemeinsam mit weiteren Mitarbeitern des Oberappellationsgerichts leistete Carl Wilhelm Pauli schließlich bei der feierlichen Eröffnung am 13. November 1820 im Gerichtsgebäude den Treueeid zu Gunsten der vier Städte und ihrer Senate.[494] Als Sekretär musste er außerdem eine angemessene Kaution beibringen,[495] die auf 6.000 Courant Mark festgelegt und von zwei Bürgen, nämlich seinem Cousin Conrad Platzmann und Röttger Ganslandt[496], gestellt wurde.[497] Die Unterstützung dieser beiden Personen verdeutlicht den gesellschaftlichen Zusammenhalt in der Reformierten Gemeinde, denn die Familien Ganslandt und Platzmann stellten neben den Paulis ihre angesehensten Mitglieder dar[498].

3. Aufgabenfeld

Neben dem für das ganze Gerichtspersonal identischen Treueeid leistete Carl Wilhelm Pauli noch den Amtseid des Sekretärs, der seine Dienstpflichten im Einzelnen und den Charakter seiner Arbeit im Allgemeinen veranschaulicht:

„Ich gelobe und schwöre zu Gott daß ich das mir anvertraute Amt eines Secretairs bey dem gemeinschaftlichen Ober-Appellationsgerichte der vier freien Städte Deutschlands mit treuem Fleiße und mit der strengsten Gewissenhaftigkeit verwalten, die Protokolle

491 AHL, ASA Interna, Nr. 15966, Protokoll der zur Losung über das Sekretariat des Ober-Appellationsgerichts verordneten Kommission vom 28. Juli 1820.

492 Die nach § 8 OAGO optionale Prüfung des Sekretärs verlangten die Senate nicht.

493 AHL, ASA Interna, Nr. 15966, Dekret des Lübecker Rats vom 29. Juli 1820.

494 Polgar, Das OAG der vier freien Städte, S. 56; § 10 OAGO.

495 Vgl.: § 8 OAGO.

496 Röttger Ganslandt, geboren am 26. Dezember 1772, arbeitete als Kaufmann und Major der Bürgergarde. Im Jahre 1814 wirkte er in einer Hilfskommission für die in den Befreiungskriegen geflüchteten Hamburger. Am 13. Februar 1815 zog er als erster Angehöriger der Reformierten Gemeinde in den Lübecker Rat ein. Bis 1830 saß er der Armenanstalt vor. Zudem engagierte er sich intensiv um die musikalische Kultur der Stadt, gründete beispielsweise einen Gesangsverein und leitete Konzerte. Er verstarb am 11. April 1834 (Fehling, Zur Lübeckischen Ratslinie, S. 11 f.).

497 AHL, OAG, A 130, Dokument Nr. 8, Schreiben des Oberappellationsgerichts an den Lübecker Rat als derzeitigen Direktorialsenat vom 12. Dezember 1820.

498 Bode, Geschichte der evangelisch-reformierten Gemeinde zu Lübeck, S. 5.

> mit größter Genauigkeit führen, über Kanzlisten und Boten sorgfältig Aufsicht halten, die Register über das von mir beglaubigte Stempelpapier sorgfältig führen, die Stempel- und Sportel-Ordnung genau beobachten, alle in Beziehung auf dieselbe von mir bemerkte Misbrauche unverzüglich, und ohne einige Rücksicht oder Schonung dem Herrn Präsidenten anzeigen, die mir zu Händen kommenden zur Sustentations-Casse gehörenden Gelder getreulich berechnen, verwalten und abliefern, was mir zu verschweigen obliegt, Niemandem offenbaren, die mir anvertraueten Gerichtssiegel sorgfältig verwahren und gewissenhaft brauchen und mich überhaupt so verhalten will, wie es dem Wesen des mir anvertrauten Amtes […] gemäß ist."[499]

Die Gerichtsordnung regelte einige Aufgaben des Sekretärs explizit, wie die Ausfertigung und Zustellung von Dokumenten, und erlegte ihm ansonsten pauschal die aus der Natur seines Amts entspringenden Geschäfte auf.[500] Von Carl Wilhelm Paulis einzelnen Tätigkeiten am Oberappellationsgericht zeugen die Prozessakten, die in seine Amtszeit von 1820 bis 1843 fallen.[501] So weisen die Urteilsausfertigungen nach den Unterschriften des Präsidenten und der Räte auch Carl Wilhelm Paulis Namen mit dem Zusatz „Secretarius" auf.[502] Weiterhin beglaubigte er gerichtliche Bescheide an die Parteien, die damit etwa aufgefordert wurden, sich fristgerecht auf die Appellationsschrift vernehmen zu lassen[503], einen Prokurator zu bestellen, eine ordnungsgemäße Vollmacht einzureichen oder zu einem bestimmten Umstand vorzutragen.[504] Außerdem unterschrieb er Kanzlei-Atteste, welche die *Insinuation*[505] dieser Verfügungen des Gerichts an

499 AHL, OAG, A 130, Dokument Nr. 3, Eid des Herrn Sekretärs; § 10 OAGO.

500 §§ 80 f., 93 OAGO.

501 Gegenstand der Auswertung sind allein die Fälle aus der freien Stadt Lübeck.

502 In Zivilsachen: AHL, OAG, L I 1, 3–6, 8–12, 14–22a, 24–26, 28–32, 35–37, 40–47, 49–53, 55–58, 60, 62, 64, 66, 67, 69–80, 82, 83, 85, 86, 88–94, 97–104, 106, 108–122, 124–131, 133, 135–137, 140, 141, 143–151, 154–157, 159–165, 167–175, 177, 179–188, 190, 191, 193–201, 204–211, 213, 215–222, 225–233, 235–239, 242–245, 247, 248, 251–256.
In Strafsachen: AHL, OAG, L II 1–16.

503 Die Vernehmlassung meinte die schriftliche Verteidigung des Beklagten, sie sicherte ihm das rechtliche Gehör (Tirtasana, Der gelehrte Gerichtshof, S. 115).

504 AHL, OAG, L I 4, 9, 16, 17, 23–25, 30, 31, 37, 40, 41, 43, 46, 48, 51, 52, 54, 59, 60, 63, 66, 69, 71, 72, 75–77, 80, 81, 84, 87, 90, 92, 94, 99, 100, 105, 107, 108, 111, 116, 121, 126, 127, 129–131, 133, 134, 136, 140, 142, 143, 146, 150, 151, 155, 156, 162, 165, 168, 169, 172, 175, 180, 182, 188, 190, 191, 201, 214, 219, 223, 238, 240, 243, 245, 247, 251, 254, 258.

505 Insinuation bedeutet Vorlage, Zustellung oder Bekanntgabe (Köbler, Juristisches Wörterbuch, S. 225).

die Beteiligten bestätigten.[506] In seiner Funktion als Kanzleivorstand verfasste er auch verfahrenstechnische Schreiben an die Rechtsuchenden, mit denen er sie zum Beispiel auf die Unzuständigkeit des Oberappellationsgerichts für ihren Fall oder das Erfordernis der Vertretung durch einen Prokurator hinwies.[507] Zudem protokollierte er die gelegentlichen Vergleichsverhandlungen.[508] Hin und wieder finden sich kurze Notizen, in denen er die Übereinstimmung einer Abschrift mit dem Original bestätigte.[509] Auch hinsichtlich der Aktenversendung tritt Carl Wilhelm Paulis Mitwirkung hervor. Die darauf antragende Partei musste die Kosten dieses Verfahrens im Voraus zahlen, danach erfolgte die *Inrotulation* der Akten[510] in Anwesenheit der jeweiligen Prokuratoren an der Kanzlei des Oberappellationsgerichts.[511] Per Gerichtsbeschluss wurde die anzurufende Universität festgelegt, die das Urteil nebst Entscheidungsgründen fertigte und mit den Prozessakten zurück schickte.[512] Carl Wilhelm Pauli protokollierte die Inrotulationstermine und die Wahl der Fakultät, der er später ebenfalls den Eingang ihres Erkenntnisses und die Begleichung der dafür angefallenen Aufwendungen bestätigte.[513] Wie sämtliche andere Mitarbeiter des Oberappellationsgerichts unterstand Carl Wilhelm Pauli in seiner Tätigkeit als Sekretär der Aufsicht des Präsidenten.[514]

Bemerkenswerter Weise betrafen zwei Streitigkeiten während Carl Wilhelm Paulis Dienstzeit seine Angehörigen in Lübeck. So nahm ein französisches Unternehmen 1821 erfolglos die Firma seines Onkels *Franz Hinrich Pauli & Sohn* auf Begleichung einer Schuldforderung aus einem Handelsgeschäft in Anspruch.[515] Zudem verlangte sein Cousin Franz Hinrich

506 AHL, OAG, L I 11, 12, 16, 17, 24, 25, 31, 41, 43, 51, 54, 60, 71, 72, 76, 78, 80, 81, 108, 111, 126, 127, 129–131, 133, 134, 136, 140, 143, 146, 150, 151, 155, 156, 162, 168, 169, 175, 180, 182, 190, 191, 201, 214, 219, 223, 238, 243, 245, 251, 254, 258.

507 AHL, OAG, L I 177, 216.

508 AHL, OAG, L I 54, 204.

509 AHL, OAG, L I 167, 207.

510 Wie die Protokolle der *Inrotulationen* zeigen, durften sich die Prokuratoren dabei von der Vollständigkeit der Akten überzeugen und gegebenenfalls Einwendungen vorbringen, bevor diese an eine Rechtsfakultät versandt wurden. Zudem konnten sie dem Oberappellationsgericht unverbindlich geeignete Universitäten vorschlagen.

511 §§ 142–144 OAGO.

512 §§ 146 f. OAGO.

513 AHL, OAG, L I 20, 21, 22 a, 33, 34, 37, 105, 121, 152, 202, 220, 240.

514 Vgl.: § 49 OAGO.

515 Das Oberappellationsgericht bestätigte die Klageabweisung des Obergerichts (AHL, OAG, L I 14; Lorenzen-Schmidt, Gesamtinventar OAG, S. 487).

Pauli[516] von seiner in Trennung lebenden Gattin Catharina Pauli die Fortsetzung der Ehe, zog die Klage jedoch 1826 zurück.[517] In beiden Fällen durfte Carl Wilhelm Pauli trotz der familiären Betroffenheit sein Amt ausüben, da er als Sekretär nur in eigener Sache und bei naher Verwandtschaft mit den Beteiligten – in gerader Linie oder in der Seitenlinie bis zum zweiten Grad – ausgeschlossen war.[518]

Insgesamt gibt Carl Wilhelm Paulis Aufgabenfeld als Sekretär das Bild einer zwar verantwortungsvollen, aber rein verwaltenden Arbeit ab. Ihm oblagen organisatorische und administrative Bereiche, deren reibungsloser Ablauf für die funktionierende Tätigkeit eines Gerichts unerlässlich sind. Im Gegensatz zu den rechtsprechenden Mitgliedern konnte er allerdings keinen Einfluss auf die Urteile nehmen. Immerhin war er bei ihren regelmäßig dreimal pro Woche stattfindenden Sitzungen anwesend[519] und konnte dadurch sehr umfassende Eindrücke von der praktischen Rechtsanwendung sammeln. Carl Wilhelm Pauli empfand diese Möglichkeit, die Lösung der Fälle zu beobachten und innerlich nachzuvollziehen, als großen Gewinn, da seine sonstigen Geschäfte wenig geistige Herausforderung mit sich brachten. Im Ganzen zeigte er sich mit der Stelle zufriedener als mit dem vorherigen, ihm widerstrebenden Beruf als Advokat und Notar, wenngleich ihn auch der neue Dienst nicht mit echter Begeisterung erfüllte. Nach Antritt der Position beschrieb er Ende 1820 deren Vor- und Nachteile in einem Brief an seine Mutter Magdalena Pauli wie folgt:

> „Frägst Du, wie gefällt Dir das neue Amt? So muß ich Dir gestehen, ich kann nichts weiter antworten, als: es ist ein Amt, das mir, so lange ich allein stehe, mehr einträgt, als ich verzehren kann, und, wenn ich einmal nicht mehr allein stehen sollte, ein, wenn auch nicht reichliches, doch auch nicht grade knappes Auskommen geben wird, ein Amt, das außerdem wenige, wenn auch nicht grade sehr angenehme, doch auch nicht unangenehme Geschäfte giebt; das: nicht unangenehm, liegt darin, daß sie, wenn auch nicht sehr viel geistige Thätigkeit erheischen, doch Stoff dazu geben; denn, habe ich gleich

516 Franz Hinrich Pauli kam am 03. Juli 1778 als viertes Kind und erster Sohn von Franz Hinrich und Christina Louise Pauli, geborene Platzmann, in Lübeck zur Welt. Wie sein Vater übte er den Kaufmannsberuf aus. Am 10. April 1804 heiratete er Johanna Weltner, die ihm ein Mädchen gebar. Nach ihrem Tod am 24. Februar 1812 schloss er am 20. Juli 1816 eine weitere Ehe mit Catharina Gülcher aus Amsterdam. Sie kehrte allerdings bereits 1817 mit der gemeinsamen Tochter nach Holland zurück. Franz Hinrich Pauli verstarb am 27. Oktober 1827 in Lübeck (AHL, Lübeckische Geschlechter, S. 1327, Pauli; AHL, Personenkartei, Nr. 238, Pauli).

517 AHL, OAG, L I 61; Lorenzen-Schmidt, Gesamtinventar OAG, S. 496.

518 Vgl.: § 61 OAGO.

519 Vgl.: §§ 52, 54 OAGO.

selbst nicht viel zu produciren und zu erforschen, so habe ich um so viel mehr Veranlassung, manchem juristisch interessanten, von Andern Erforschten nachzudenken, - wie viele meiner Bekannten beneiden mir nicht das Glück, an allen Discussionen der Gerichtsmitglieder Theil nehmen zu können - das: nicht unangenehm liegt ferner auch darin, daß meine Geschäfte weder zu den mechanischen, noch zu den innerlich zerreißenden gehören, deren ich als Advokat bis zum Ekel hatte. Das nicht sehr angenehme derselben ist nun aber, daß sie meinen Geist nicht sehr beschäftigen."[520]

III. Heirat und Familiengründung

Mit dem Amt als Sekretär am Oberappellationsgericht verfügte Carl Wilhelm Pauli endgültig über eine feste Stellung in der bürgerlichen Gesellschaft von Lübeck.[521] Seine Position konnte ihm, genauso wie dem Präsidenten und den Räten, entgegen seinem Willen nur durch gerichtliche Entscheidung und aus gesetzlich normierten Gründen entzogen werden.[522] Folglich wurden diese verantwortungsvollsten Gerichtsmitarbeiter generell auf Lebenszeit ernannt, um die unabhängige Ausübung ihres Berufs zu sichern.[523] Die grundsätzliche Unabsetzbarkeit vermittelte Carl Wilhelm Pauli die existenzielle Sicherheit, um eine eigene Familie zu gründen. Am 20. Januar 1822 heiratete er Emmy Meyer, die am 18. Februar 1801 in Hamburg geborene Tochter des Londoner Kaufmanns Friedrich Meyer,[524] nachdem er sie im Hause seines Cousins Conrad Platzmann und dessen Gattin Marianne Friderika Platzmann kennen gelernt hatte[525]. Im selben Jahr übernahm er – wie schon sein Großvater Franz Hinrich Pauli – das Amt des Vorstehers der Reformierten Gemeinde[526], das er äußerst engagiert ausübte.[527] Außerdem erwarb er ein Haus in der Hüxstraße Nr. 302,[528] das die wachsende Familie fünf Jahre bewohnte[529]. Carl Wilhelm Pauli war in seiner Ehe sehr glücklich, so schrieb er einer seiner Schwestern gegen Ende 1822 von der Dankbarkeit, „zur Gefährtin ein Wesen" zu haben, „mit der ich mich jeden

520 Poel, Carl Wilhelm Pauli. Ein Lebensbild, S. 62.
521 Poel, Carl Wilhelm Pauli. Ein Lebensbild, S. 63.
522 Vgl.: § 15 OAGO.
523 Greb, Die Verfassung des OAG, S. 64 f., 77.
524 Ahrens, Carl Wilhelm Pauli, S. 329.
525 Poel, Carl Wilhelm Pauli. Ein Lebensbild, S. 63.
526 Der Reformierten Gemeinde standen zwei sogenannte Älteste parallel vor (Bode, Geschichte der evangelisch-reformierten Gemeinde zu Lübeck, S. 2).
527 Frensdorff, Carl Wilhelm Pauli, S. 265.
528 AHL, Personenkartei, Nr. 238, Pauli.
529 Die Adressbücher von 1824 und 1826 führen Carl Wilhelm Pauli in der Hüxstraße Nr. 302 auf (Adressbuch HL/1824, S. 222; Adressbuch HL/1826, S. 239).

Tag inniger verbunden fühle durch diejenige Liebe, die das Beste ist, was wir hier unten haben".[530] Bereits am 22. Dezember 1822 bekam das Ehepaar sein erstes Kind, einen Jungen namens Carl Theodor.[531] Am 23. Juli 1824 folgte sein jüngerer Bruder Gustav Friedrich.[532] Die Geburt der beiden Söhne vollendete Carl Wilhelm Paulis privates Glück, gegenüber Gustav Schwab bezeichnete er sich „überselig in ihrem Besitze"[533]. Es wurde jedoch bald von dem Tod seiner Mutter Magdalena Pauli getrübt, die kein halbes Jahr später am 04. Januar 1825 in Bückeburg starb[534]. Carl Wilhelm Pauli brachte ihr auch nach seinem Wegzug aus Bückeburg stets sehr tiefe Dankbarkeit für ihr Einfühlungsvermögen und die aufgeklärte Erziehung entgegen, die er in seiner Kindheit und Jugend unter ihrem Einfluss genossen hatte. Er schrieb ihr etwa in einem Brief anlässlich ihres

530 Poel, Carl Wilhelm Pauli. Ein Lebensbild, S. 64.

531 Carl Theodor Pauli studierte Jura, wobei er von 1841 bis 1844 vom Paulischen Familienstipendium gefördert wurde. Ab 1847 wirkte er in Lübeck als Advokat und Notar, später stieg er zum Obergerichtsprokurator und zum Richter am Landgericht auf. Er blieb unverheiratet und verstarb am 28. September 1882 in Bad Cannstatt (AHL, Genealogisches Register Bd. 11, S. 115, Pauli; AHL, Personenkartei, Nr. 238, Pauli; Kulenkampff, Das Paulische Familienstipendium, S. 232).

532 Gustav Friedrich Pauli verbrachte einige Lehrjahre auf Gutshöfen in Pommern und Holstein, bevor er 1846 ein Studium der Landwirtschaft in Jena aufnahm. Ab 1848 arbeitete er als Gutsverwalter in Böhmen und Kroatien. Er heiratete 1855 die Lübecker Senatorentochter Charlotte Behrens, die bereits ein Jahr später an den Folgen einer Fehlgeburt starb. Er ging keine weitere Ehe ein und widmete sich fortan seinem Interesse an ausgedehnten Reisen, die er aus dem gewinnbringenden Verkauf eines sanierten Landwirtschaftsbetriebs in Posen finanzierte. Ab 1866 erkundete er die Regionen um das Mittelmeer sowie das Schwarze Meer, wie etwa die Balearen, Griechenland, die Krim, den Balkan und den Kaukasus. Er begab sich ebenfalls in nördliche Gebiete, bereiste Skandinavien und drang bis ans Nordkap vor. Es zog ihn außerdem nach Asien, wo er sich in Nordindien, Pakistan, Japan und Taiwan aufhielt und monatelang im Himalaya wanderte. Eine weitere Unternehmung, bei der er den ganzen Erdball umrundete, führte ihn nach Amerika, Ostafrika und Australien. Seine umfangreichen Reiseberichte fanden große Anerkennung, darüber hinaus brachte er seiner Heimatstadt Lübeck Insekten, botanische Proben und kulturelle Gegenstände mit, sodass die dortige *Geographische Gesellschaft* ihn zu ihrem Mitglied ernannte. Seinen deutschen Wohnsitz unterhielt er zuerst in Lübeck, ab 1884 in Dresden und später in Berlin, wo er ab 1892 seinen Ruhestand verlebte und 1911 verstarb (AHL, Genealogisches Register Bd. 11, S. 115, Pauli; Fürsorge, Gustav Pauli, S. 222 f.).

533 Poel, Carl Wilhelm Pauli. Ein Lebensbild, S. 66.

534 AHL, Lübeckische Geschlechter, S. 1327, Pauli.

56. Geburtstags am 23. Februar 1813 über die ersten beiden Jahre seiner Göttinger Studienzeit:

> „Zwei Jahre bin ich schon Deiner äußeren Sorge entzogen, theure Mutter, und den Verhältnissen, in denen mir die herrlichste Zeit meines Lebens dahin schwand. Zwei Jahre aber genoß ich auch schon, selbstthätig mein Leben bestimmend, der schönen Saat, die Du in mein innerstes Leben hineinstreutest. Dir, meine geliebte Mutter, danke ich alles, danke ich auch diese schönsten Jahre meines Lebens, nicht sowohl, weil Du mich leitest, als weil Du mir jenes Gemüth eingabst, ohne welches sie mir gehaltlos verstrichen wären, ohne welches jeder das Leben nur wie auf einer flüchtigen Geschäftsreise oder sinnlosen Lustreise durchfliegt."[535]

Entsprechend schwer traf ihn der Verlust seiner Mutter, die er in einem Brief an Gustav Schwab neben seiner Gattin und den Kindern als das „Theuerste, was ich sonst auf Erden hatte" bezeichnete, denn er „verdanke ihr mehr, als wir Menschen belohnen können".[536] Doch gut zweieinhalb Jahre nach ihrem Tod erlebte Carl Wilhelm Pauli am 07. August 1827 mit der Geburt seines dritten Sohnes Alfred Dominicus[537] wieder einen freudigen Anlass. Im selben Jahr verkaufte er das Domizil in der Hüxtraße[538] und erwarb stattdessen von seinem Cousin Conrad Platzmann ein Haus vor dem Mühlentor[539], wo die Familie über vier Jahrzehnte lang lebte[540]. Am 06. Januar 1830 erhielt sie weiteren Zuwachs, als

535 Poel, Carl Wilhelm Pauli. Ein Lebensbild, S. 19.

536 Vgl.: Poel, Carl Wilhelm Pauli. Ein Lebensbild, S. 66.

537 Alfred Dominicus Pauli studierte ab 1846 erst Jura in Jena, wechselte 1847 nach Berlin und 1849 nach Göttingen. Während dieses Zeitraums bezog er das Paulische Familienstipendium. Nach dem Abschluss 1852 war er als Rechtsanwalt in Bremen tätig, wo er ab 1854 der Bürgerschaft angehörte und in vielen Deputationen arbeitete. Er trat 1855 eine Stelle als Gerichtssekretär am Kriminalgericht an. Im Jahre 1857 heiratete er die Bremer Senatorentochter Emilie Albers, mit der er fünf Kinder hatte. Zur Schaffung einer bremischen *Strafprozessordnung* 1863 trug er maßgeblich bei. Er wirkte ab 1864 als Staatsanwalt und ab 1868 als Richter. Nach der Wahl in den Senat 1872 saß er unter anderem in der Justizkommission, dem Gewerbegericht und den Disziplinarbehörden. Er betrieb wesentlich die grundlegende Reorganisation des städtischen Justizwesens, welche die Reichsgesetze 1879 erforderten. Er übernahm 1890 das Bürgermeisteramt, leitete die Kommission für auswärtige Angelegenheiten und vertrat Bremen im Bundesrat. Er ging 1910 unter großen Ehrungen in Pension, bevor er am 25. November 1915 in Bremen starb (Lührs, Alfred Dominicus Pauli, S. 369 f.; Kulenkampff, Das Paulische Familienstipendium, S. 235).

538 AHL, Personenkartei, Nr. 238, Pauli.

539 Pauli, Erinnerungen, S. 12 f.

540 Die Adressbücher führen Carl Wilhelm Pauli ab 1828 als wohnhaft vor dem Mühlentor (Adressbuch HL/1828, S. 244; Adressbuch HL/1838, S. 247; Adressbuch HL/1848,

Emmy Pauli das erste Mädchen namens Ida Johanna zur Welt brachte.[541] Carl Wilhelm Pauli, der bisher drei Söhne hatte, empfand dieses Ereignis als eine erhebliche Veränderung. So berichtete er zwei Tage später einer seiner Schwestern, ihm sei „das Gefühl, eine Tochter zu haben, so neu und eigen, daß mir oft ist, als wäre ich zum ersten Mal Vater".[542] Allerdings starb die fast zweijährige Ida Johanna am 20. Dezember 1831[543] und ihr früher Tod traf die Eltern schwer. Sie erlag, wie der erschütterte Carl Wilhelm Pauli seinem Freund Gustav Schwab schrieb, plötzlich einsetzenden Krampfanfällen.[544] Auch Emmy Pauli, die angesichts ihres Schocks über den unerwarteten Verlust in Ohnmacht fiel, zeigte sich tief traurig.[545] Doch bereits im nächsten Jahr, am 19. September 1832, bekam das Paar die zweite Tochter Bertha Johanna.[546] Ihr folgten noch zwei Brüder, nämlich am 04. April 1835 Clemens Johannes[547] und am 04. Juli 1838 Siegfried Johannes[548]. Die Kinder wuchsen in harmonischen Verhältnissen auf, so urteilte

---

S. 198). Von 1850 bis 1872 ist unter seinem Namen nur die Vorstadt St. Jürgen, teils mit dem Zusatz „am grünen Brink" oder „links am Brink" angegeben (Adressbuch HL/1850, S. 178; Adressbuch HL/1856, S. 156, Adressbuch HL/1860, S. 152; Adressbuch HL/1872, S. 161). Hierbei muss es sich um denselben Wohnsitz gehandelt haben. Laut Alfred Dominicus Pauli befand sich sein Elternhaus vor dem Mühlentor nämlich an einer Wiese, dem sogenannten „Brink" (Pauli, Erinnerungen, S. 13). Ab 1873 listen die Adressbücher Carl Wilhelm Pauli in der Bäckerstraße Nr. 5 in St. Jürgen (Adressbuch HL/1873, S. 161; Adressbuch HL/1879, S. 211).

541 AHL, Genealogisches Register Bd. 11, S. 115, Pauli.

542 Poel, Carl Wilhelm Pauli. Ein Lebensbild, S. 76.

543 AHL, Genealogisches Register Bd. 11, S. 115, Pauli.

544 Poel, Carl Wilhelm Pauli. Ein Lebensbild, S. 76 f.

545 Pauli, Erinnerungen, S. 18.

546 Bertha Johanna Pauli heiratete 1856 Thomas Watson aus Dublin und verstarb am 17. März 1866 (AHL, Genealogisches Register Bd. 11, S. 115, Pauli). Laut den Angaben ihres nächstälteren Bruders Alfred Dominicius Pauli gab sie als 19-Jährige „eine liebliche Erscheinung, von reinstem Charakter, mit Verstand, frommem edlen Sinn und feinstem Takte ausgestattet" ab (Pauli, Erinnerungen, S. 91).

547 Clemens Johannes Pauli siedelte nach Nordamerika über, er starb in Milwaukee am 07. Dezember 1896 (AHL, Genealogisches Register Bd. 11, S. 115, Pauli).

548 Siegfried Johannes Pauli wanderte ebenfalls aus und fiel am 08. Juni 1862 in der Schlacht von Cross Keys (AHL, Genealogisches Register Bd. 11, S. 115, Pauli), die im Amerikanischen Bürgerkrieg 1861 bis 1865 stattfand (McPherson, Geschichte des amerikanischen Bürgerkrieges, S. 451). Zu ihm passen die Daten des Soldaten „John Pauli", die im Verzeichnis des 8. Infanterieregiments der Nordstaaten stehen:
PAULI, JOHN – Age, 23 years. Enlisted, April 23,1861, at New York city; mustered in as private, Co. B, April 23,1861, to serve two years; wounded, June 8, 1862, at Cross Keys, Va.; died of wounds, June 8, 1862.

Alfred Dominicus Pauli als Erwachsener, er habe im Haus vor dem Mühlentor eine „glückliche Kindheit“ verbracht.[549] Das Gebäude und der Garten boten den Geschwistern viel Raum zum Spielen, sie genossen im Sommer und Herbst die Ernte der eigenen Obstbäume und liefen im Winter Schlittschuh auf der Wakenitz.[550] Die Familie lebte abgesehen vom engen Kontakt zu ihrer Verwandtschaft – den Paulis und Platzmanns – eher zurückgezogen, da sowohl die Lage ihres Domizils in der Vorstadt als auch der Umstand, dass beide Elternteile nicht in Lübeck aufgewachsen und der Gesellschaft daher letztlich doch in gewisser Weise fremd waren, eine Integration in die sozialen Strukturen erschwerte.[551]

IV. Rechtsgeschichtliche Veröffentlichungen

1. Die Historische Rechtsschule des 19. Jahrhunderts

Wenngleich Carl Wilhelm Pauli mit der Position am Oberappellationsgericht seinen Wunsch nach einer Laufbahn im öffentlichen Dienst realisieren und sich der Familiengründung zuwenden konnte, füllte ihn die neue Arbeit von Beginn an intellektuell nicht ganz aus. Angesichts seiner eher verwaltenden Aufgaben als Sekretär fühlte er sich ständig geistig unterfordert, wovon eine briefliche Aussage gegenüber einer seiner Schwestern im Jahre 1835 zeugt:

> „Ich habe immer, besonders seit ich vor 15 Jahren meine gegenwärtige Stelle erhalten, die Unmöglichkeit gefühlt, mich auf meine Amtsthätigkeit zu beschränken.“[552]

Daher führte er nebenher die rechtsgeschichtlichen Forschungen fort, die er während der Zeit als Advokat und Notar aufgenommen hatte. Dieses Interesse entsprach dem Ansatz der Historischen Rechtsschule, die in der ersten Hälfte des 19. Jahrhunderts die Rechtswissenschaften prägte. Sie wurde auf den Weg gebracht von Gustav Hugo, dem Professor Carl Wilhelm Paulis in Göttingen, der die beiden vorherigen Strömungen des *usus modernus pandectarum* und des Naturrechts mit der Kodifikationsidee ablehnte.[553] Der *usus modernus pandectarum*, der ab dem 17. Jahrhundert in den deutschen Staaten herrschte, etablierte eine sehr praktisch

---

(Angaben nach S. 553 einer digitalisierten Version der Soldatenliste unter: https://dmna.ny.gov/historic/reghist/civil/rosters/Infantry/8th_Infantry_CW_Roster.pdf, zuletzt am 30.11.2018).

549 Vgl.: Pauli, Erinnerungen, S. 17.

550 Pauli, Erinnerungen, S. 13, 16 f.

551 Pauli, Erinnerungen, S. 26.

552 Poel, Carl Wilhelm Pauli. Ein Lebensbild, S. 68.

553 Hugo, Zivilistischer Cursus, S. 38 f.; Meder, Rechtsgeschichte, S. 302 f.

orientierte Doktrin, die zur möglichst effizienten Bearbeitung verschiedener Thematiken römisch- und germanisch-rechtliche Elemente vermischte, aber uneinheitlich blieb und keine feste Systematik aufwies.[554] Das Natur- oder Vernunftrecht, das sich zeitgleich vor dem Hintergrund der Aufklärung bildete, verfolgte die Schaffung eines für alle Menschen gleichen und verständlichen Rechts, das die Herrscher im Sinne der allgemeinen Sicherheit umfassend in Gesetzbüchern fixieren sollten.[555] Der Gedanke mündete in die Kodifikationen des 18. und 19. Jahrhunderts, wie das *Allgemeine Landrecht für Preußische Staaten*, das österreichische *Allgemeine Bürgerliche Gesetzbuch* sowie die französischen *cinq Codes*. Gustav Hugo trat den naturrechtlichen Kodifikationen ablehnend entgegen, weil er das Recht als Werk des Juristenstandes und nicht eines Gesetzgebers sah, und betrachtete den auf leichte Anwendbarkeit zugeschnittenen *usus modernus pandectarum* als wahllose Mischung römischer und germanischer Institute.[556] Überhaupt distanzierte er sich deutlich von der Praxisorientierung der juristischen Ausbildung und strich als einziger Juraprofessor seiner Zeit das Fach „praktische Jurisprudenz" aus seinem Lehrplan.[557] Ebenso negativ beurteilte er die Tätigkeit der Professoren in universitären Spruchkollegien, da die Bearbeitung von Fallakten sie nach seiner eigenen Erfahrung erheblich von der Wissenschaft ablenkte, sodass er 1797 aus dem Spruchkollegium der Göttinger Fakultät austrat.[558] Gustav Hugo wollte den Studenten nicht bloßes Wissen über die Nutzung des Rechts, sondern methodische Kompetenzen und die Fähigkeit zu wissenschaftlicher Kritik vermitteln.[559] Diese Fertigkeiten, also eigenständiges, rationales und systematisches Denken, gedachte er durch das historische Studium des römischen Rechts zu schulen.[560] Gustav Hugos geschichtlichen Ansatz formte Friedrich Carl von Savigny weiter aus und begründete damit die eigentliche Historische Rechtsschule.[561] Er vertrat eine grundlegende Verbindung zwischen nationaler Historie und dem Recht, das im Einklang mit dem sogenannten „Volksgeist" – dem Wesen, der Kultur und der Geschichte einer Nation – organisch wachse.[562] Diesen Prozess sollten die Juristen als Repräsentanten des Volkes, das seine Rechtsordnung aus

554 Gmür/Roth, Grundriss der deutschen Rechtsgeschichte, Rn. 306.
555 Köbler, Deutsche Rechtsgeschichte, S. 142.
556 Hugo, Naturrecht, S. 196–200; Hugo, Zivilistischer Cursus, S. 38 f.
557 Hugo, Bücherkenntnis, S. 46–48; Haferkamp, Historische Rechtsschule, S. 35.
558 Hugo, Praktische Laufbahn, S. 168 f.; Hugo, Über Fakultätsarbeiten, S. 106–110.
559 Hugo, Zivilistischer Cursus, S. 12; Haferkamp, Historische Rechtsschule, S. 36.
560 Hugo, Naturrecht, S. 40 f.; Haferkamp, Historische Rechtsschule, S. 37 f.
561 Schröder, Friedrich Carl von Savigny, S. 382.
562 v. Savigny, Römisches Recht, S. 14; v. Savigny, Vom Beruf unserer Zeit, S. 11.

eigener Kraft durch Weiterbildung seiner Gewohnheiten erzeuge, nachvollziehen und damit die aktuell dem „Volksgeist" entsprechenden Regelungen ermitteln.[563] Im Gegensatz zu Gustav Hugo, der das römische Recht als Studiengegenstand begriff, um eine allgemeine Methode im Umgang mit rechtlichen Themen zu bilden, bewertete es Friedrich Carl von Savigny als Ausgangspunkt einer bis in die Gegenwart andauernden Entwicklung und verlieh ihm auf diese Weise maßgebliche Bedeutung für das Verständnis der gegenwärtigen Zustände.[564] Friedrich Carl von Savigny vertrat die Ansicht, das ursprüngliche, mit dem „Volksgeist" der Deutschen korrespondierende Recht sei das römische, da das germanische nie einen wirklichen Bestandteil der Kultur gebildet habe.[565] Dennoch einte die Historische Rechtsschule zuerst sowohl die mit römischem Recht befassten Romanisten als auch die Germanisten, die deutsches Recht bearbeiteten, so gründeten Friedrich Carl von Savigny und der als „Vater der deutschen Rechtsgeschichte" bezeichnete Karl Friedrich Eichhorn[566] 1815 zusammen die *Zeitschrift für geschichtliche Rechtswissenschaft*.[567] Die gemeinsame Idee ging dahin, römisches und germanisches Recht getrennt voneinander geschichtlich zu ergründen und daraus eine geltende Ordnung mit fester Systematik und klaren Begriffen abzuleiten.[568] Doch ab den 1820er Jahren machte sich in der germanistischen Bewegung Kritik breit, die Georg Beseler[569] 1843 im Werk *Volksrecht und Juristenrecht* offen

563 v. Savigny, Römisches Recht, S. 46; v. Savigny, Vom Beruf unserer Zeit, S. 12–14.

564 v. Savigny, Römisches Recht, Vorrede, S. XV, XVIII.

565 v. Savigny, Römisches Recht, S. 4 f.; v. Savigny, Vom Beruf unserer Zeit, S. 38 f.

566 Karl Friedrich Eichhorn wurde am 20. November 1781 in Jena geboren. Ab 1797 studierte er Rechtswissenschaften in Göttingen. Dort wirkte er zunächst ab 1803 als Privatdozent, bevor er 1805 eine Professur in Frankfurt an der Oder übernahm. Ab 1808 erschien sein vierbändiges Werk *Deutsche Staats- und Rechtsgeschichte,* die erste aus den Quellen erforschte Gesamtdarstellung der deutschen Rechtsgeschichte. Er folgte 1811 einem Ruf als Professor für deutsches Recht nach Berlin, wo Friedrich Carl von Savigny lehrte. Er ging 1817 wieder an die juristische Fakultät Göttingen, die dank seiner Beliebtheit zu einer der größten im Deutschen Bund anwuchs. Aus gesundheitlichen Gründen zog er sich 1829 zurück, arbeitete auf Bitten Friedrich Carl von Savignys zwischen 1832 und 1834 aber erneut an der Universität Berlin. Danach betätigte er sich noch im Preußischen Obertribunal, im Staatsrat und in der Gesetzgebungskommission. Nach seiner Pensionierung 1847 verstarb er am 04. Juli 1854 in Köln (Schröder, Karl Friedrich Eichhorn, S. 126 f., 129 m.w.N.).

567 Meder, Rechtsgeschichte, S. 311.

568 Gmür/Roth, Grundriss der deutschen Rechtsgeschichte, Rn. 403.

569 Georg Beseler kam am 02. November 1809 in Rödemis bei Husum zur Welt. Von 1827 bis 1834 absolvierte er ein Jurastudium an den Universitäten von München,

aussprach.[570] Darin griff er das Selbstbild der Romanisten an, die Rechtsschöpfung des Volkes als dessen Repräsentanten allein vermitteln zu können, und bewertete die Rezeption des römischen Rechts als ein „Nationalunglück“, da es im Gegensatz zum deutschen Recht nicht volkstümlich und aufgezwungen sei.[571]

In Folge der Differenzen spaltete sich die Historische Rechtsschule in zwei Lager.[572] Gegen die Einwände der Germanisten wehrte sich vor allem der Romanist Georg Friedrich Puchta[573], der Nachfolger Friedrich Carl von Savignys auf seinem Berliner Lehrstuhl. Er übernahm dessen Methode, das historisch aufgearbeitete römische Recht mittels genereller Bezeichnungen komplett zu erfassen und sie gemäß ihrem Zusammenhang in verschiedenen Stufen systematisch zu ordnen.[574] Dabei weichte Georg Friedrich Puchta den geschichtlichen Ansatz insofern auf, als er die Legitimation einer rechtlichen Regel nicht mehr in deren herkömmlicher Geltung, sondern ihrer logischen Ableitung aus anderen Rechtssätzen sah.[575] Auf diese Weise vollendete er die sogenannte Begriffsjurisprudenz, nach der jedes beliebige Rechtsproblem mittels eines Gerüsts allgemeiner Begriffe lösbar sein sollte.[576] Die Technik, die wegen ihrer Beschäftigung mit

---

Kiel und Göttingen. Er habilitierte sich in Heidelberg, wo er ab 1835 lehrte. Im Jahre 1837 wechselte er nach Rostock und 1842 nach Greifswald. Ab 1847 veröffentlichte er das dreibändige *System des gemeinen deutschen Privatrechts*, das zum führenden deutschrechtlichen Lehrbuch wurde. Er trat 1859 eine Professur in Berlin an, von 1874 bis 1881 saß er als nationalliberaler Abgeordneter im Reichstag. Er starb am 28. August 1888 in Bad Harzburg (Schröder, Georg Beseler, S. 55–59 m.w.N.).

570 Haferkamp, Historische Rechtsschule, S. 313.

571 Beseler, Volksrecht und Juristenrecht, S. 42, 64 f., 364.

572 Meder, Rechtsgeschichte, S. 313.

573 Georg Friedrich Puchta wurde am 31. August 1798 in Cadolzburg bei Nürnberg geboren. Von 1816 bis 1820 studierte er Jura in Erlangen, wo er nach einigen Reisen 1823 die erste Professur erhielt. Ab 1828 hatte er den Lehrstuhl für römisches Recht in München inne. Er gab 1829 sein *Lehrbuch der Institutionenvorlesung* und 1832 das *System des gemeinen Zivilrechts zum Gebrauche bei Pandectenvorlesungen* heraus. Von 1835 bis 1837 las er Kirchenrecht und römisches Recht in Marburg, danach lehrte er römisches Recht in Leipzig. Ab 1841 erschien sein Werk *Cursus der Institutionen* in zwei Bänden. Auf Wunsch Friedrich Carl von Savignys, neben dem er einen der bekanntesten Vertreter der Historischen Rechtsschule verkörperte, trat er 1842 dessen Nachfolge an der Berliner Universität an. Ab 1844 nahm er auch am Preußischen Staatsrat und der Gesetzgebungskommission teil. Er verstarb am 08. Januar 1846 in Berlin (Schröder, Georg Friedrich Puchta, S. 354–357 m.w.N.).

574 Puchta, Cursus der Institutionen, S. 100 f.

575 Vgl.: Puchta, Cursus der Institutionen, S. 99–104.

576 Köbler, Deutsche Rechtsgeschichte, S. 195.

dem römischen Recht auch Pandektistik genannt wird, genoss auf Grund ihrer Abstraktheit und der daraus folgenden Anwendbarkeit auf verschiedene Privatrechtsordnungen weltweites Ansehen und schuf die nötigen geistigen Fähigkeiten zur Erarbeitung des dogmatisch ausgefeilten *Bürgerlichen Gesetzbuchs* von 1900.[577] Sie geriet jedoch auch in die Kritik, weil sie die rein wissenschaftliche Erstellung einer abschließenden Ordnung aus rationalen Prinzipien verfolgte und dabei die Bedürfnisse der aktuellen Rechtsanwendung nicht berücksichtigte. So galten die Gelehrten als weltfremde Theoretiker, deren Arbeit die gegenwärtigen Verhältnisse außer Acht ließ und nichts zur Lösung wirklicher praktischer Probleme beitrug.[578]

Carl Wilhelm Pauli, der sich seit seiner Rückkehr nach Lübeck intensiv mit der Rechtsgeschichte seiner Heimatstadt befasste und von deren Erforschung einen großen Gewinn für die Verbesserung der gegenwärtigen Verhältnisse erwartete, kann angesichts dieser Einstellung sehr passend der Historischen Rechtsschule zugeordnet werden. Da er sich hierbei auf das lübische und nicht auf das römische Recht fokussierte, ist er als Germanist zu qualifizieren.

2. Beitrag in den *Juristischen Abhandlungen* von Heise und Cropp

a) Herausgeber: Georg Arnold Heise und Friedrich Cropp

Bevor Carl Wilhelm Pauli eigene wissenschaftliche Werke veröffentlichte, erschien zuerst ein von ihm verfasster Aufsatz in einer Sammlung juristischer Artikel, die zwei rechtsprechende Mitglieder des Oberappellationsgerichts auf der Grundlage ihrer richterlichen Arbeit publizierten. Einer von beiden war Georg Arnold Heise, Carl Wilhelm Paulis ehemaliger Professor an der Universität Göttingen und nun erster Präsident des Oberappellationsgerichts der vier freien Städte. Er wurde am 02. August 1778 als Sohn eines zunächst wohlhabenden, später allerdings bankrotten Kaufmanns in Hamburg geboren und studierte ab 1798 Rechtswissenschaften in Jena, wo er Friedrich Carl von Savigny kennen lernte, mit dem er fortan ständigen Kontakt hielt.[579] An der Rechtsfakultät der Universität Göttingen, der Wirkungsstätte seines Lehrers Gustav Hugo, beendete er 1802 das Studium und las ab 1803 – neben seiner Betätigung im Spruchkollegium – deutsches Privatrecht, Lehenrecht und Reichsprozessrecht.[580]

577 Gmür/Roth, Grundriss der deutschen Rechtsgeschichte, Rn. 407.
578 Haferkamp, Historische Rechtsschule, S. 142 f.
579 Frensdorff, Georg Arnold Heise, S. 666.
580 Schultze-v. Lasaulx, Georg Arnold Heise, S. 454.

Im Jahre 1804 folgte er einem Ruf nach Heidelberg und unterrichtete dort mit viel Engagement vornehmlich römisches Recht, aber auch andere Fächer wie Kirchenrecht und Handelsrecht.[581] Georg Arnold Heise verkörperte einen wichtigen Vertreter der Historischen Rechtsschule, so entwickelte er in seinem bedeutsamsten Werk *Grundriss eines Systems des gemeinen Zivilrechts* von 1807 eine ganz maßgebliche Errungenschaft der romanistischen Strömung, nämlich das sogenannte Pandektensystem.[582] Diese Ordnung, nach der die Romanisten nunmehr ihre Werke gestalteten, gliederte den Rechtsstoff erstmals in fünf Abschnitte – Allgemeiner Teil, Schuldrecht, Sachenrecht, Familienrecht, Erbrecht – und löste sich damit vom bisher bekannten Institutionensystem und Naturrechtssystem.[583] Somit schuf Georg Arnold Heise ein wegweisendes Schema, das sich über Jahrzehnte in der Rechtswissenschaft hielt und letztlich in den Büchern des *Bürgerlichen Gesetzbuchs* von 1900 übernommen wurde. Nach dieser außerordentlichen Leistung lehrte Georg Arnold Heise noch sieben Jahre in Heidelberg, danach wechselte er 1814 wieder an die Universität Göttingen, wo er sich weiterhin besonderer Beliebtheit bei den Studenten erfreute.[584] Da er langfristig jedoch eine praktische Tätigkeit anstrebte, trat er 1818 eine Stelle als vortragender Rat im Hannoverschen Justizdepartement an, bevor ihn die vier freien Städte des Deutschen Bundes 1820 einstimmig zum Präsidenten ihres gemeinsamen Oberappellationsgerichts wählten.[585] Fortan widmete er seine ganze Energie der neuen Position und trug durch extremen Fleiß, umfassende Sachkenntnis, strukturiertes Lösen schwieriger Fälle und sprachliche Präzision maßgeblich dazu bei, dass sowohl Praktiker als auch Wissenschaftler die Rechtsprechung des Oberappellationsgerichts ganz besonders anerkannten.[586] Diese Qualität sicherte Georg Arnold Heise nicht nur durch den eigenen Einsatz, sondern indem er wesentlichen Einfluss auf die Vergabe der Ratsstellen nahm, die

---

581 Frensdorff, Georg Arnold Heise, S. 666 f.

582 Zwar konzipierte Gustav Hugo in seinem *Institutionenlehrbuch* 1789 erstmals das Pandektensystem. Er wandte sich davon jedoch wieder ab, daher gilt Georg Arnold Heise als eigentlicher Begründer (Haferkamp, Historische Rechtsschule, S. 81).

583 Das Institutionensystem nach den Institutionen des Gaius aus dem 2. Jahrhundert umfasste die Teile „personae – res – actiones", also Personen, Sachen und Klagen. Das Naturrechtssystem orientierte sich an den Pflichten des Menschen, nämlich denen gegen sich selbst, gegenüber einem anderen Individuum und innerhalb der Gemeinschaft (Gmür/Roth, Grundriss der deutschen Rechtsgeschichte, Rn. 405).

584 Ahrens, Georg Arnold Heise, S. 179.

585 Schultze-v. Lasaulx, Georg Arnold Heise, S. 454.

586 Polgar, Das OAG der vier freien Städte, S. 174 f.

er vorzugsweise mit den kompetentesten seiner früheren Schüler besetzt sehen wollte.[587] Neben den intensiven Bemühungen um das fachliche Niveau sorgte er genauso für ein menschlich harmonisches Miteinander unter den Kollegen. Er pflegte freundschaftliche Beziehungen zu den anderen Räten und erzeugte eine äußerst angenehme, von Toleranz und engem Zusammenhalt geprägte Arbeitsatmosphäre, die eine wichtige Grundlage für den hohen Standard der Urteile und somit für die Reputation des Oberappellationsgerichts bildete.[588]

Zum Kreis der Räte gehörte Friedrich Cropp. Er wurde am 05. Juli 1790 in Moorburg bei Hamburg geboren, sein Vater war Dorfpastor und unterrichtete Georg Arnold Heise samt seiner Geschwister als Hauslehrer.[589] Er nahm 1810 in Göttingen ein Jurastudium auf, das er ab 1811 in Heidelberg fortsetzte.[590] Dort freundete er sich mit seinem Professor Georg Arnold Heise an, mit dem ihn die Hamburger Herkunft und die familiäre Bekanntschaft verband.[591] Nach dem Abschluss 1812 lehrte er ab 1813 an der Heidelberger juristischen Fakultät, die ihn 1814 zum Professor ernannte.[592] Von seinen Fächern, zu denen römisches Recht, Kriminalrecht, Lehenrecht und deutsches Privatrecht zählten, zog er letzteres immer stärker den anderen vor.[593] Friedrich Cropp erhielt wegen seines zunehmenden Ansehens Rufe von den Universitäten Königsberg, Tübingen und Jena, die er jedoch alle ablehnte.[594] Am 28. Juni 1820 wurde er fast einstimmig zu einem der Räte am Oberappellationsgericht der vier freien Städte gewählt, wobei er zehn Mitbewerber ausstach.[595] Das hierfür eigentlich erforderliche Mindestalter von 30 Jahren[596] erreichte er erst eine Woche später. Er erledigte die richterliche Arbeit sehr gewissenhaft und auf hohem Fachniveau, weshalb Georg Arnold Heise ihn unter den Kollegen am meisten wertschätzte.[597] Ihre Verbundenheit verdeutlicht die gemeinsame Herausgabe des Werks *Juristische Abhandlungen mit Entscheidungen des Oberappellationsgerichts der vier freien Städte Deutschlands.* Es umfasste eine Sammlung wissenschaftlicher Aufsätze

587 Tirtasana, Der gelehrte Gerichtshof, S. 30.
588 Polgar, Das OAG der vier freien Städte, S. 176, 179.
589 Frensdorff, Friedrich Cropp, S. 610.
590 Frensdorff, Friedrich Cropp, S. 610.
591 Polgar, Das OAG der vier freien Städte, S. 216.
592 Frensdorff, Friedrich Cropp, S. 610.
593 Frensdorff, Friedrich Cropp, S. 610.
594 Polgar, Das OAG der vier freien Städte, S. 217.
595 Frensdorff, Friedrich Cropp, S. 611.
596 § 4 OAGO.
597 Polgar, Das OAG der vier freien Städte, S. 218.

zu Rechtsfragen, die das Gericht im Rahmen der von ihm entschiedenen Fälle beschäftigte.[598] Die Beiträge gaben nicht einfach das Urteil wieder, sondern lösten sich weitestgehend vom zu Grunde liegenden Sachverhalt und nahmen eine kritische theoretische Betrachtung der praktisch relevanten Themen vor.[599] Diese neue Methode, gerichtliche Erkenntnisse aufzuarbeiten, erfuhr allgemeine Anerkennung.[600] Der Erfolg der *Juristischen Abhandlungen* stellte allerdings vornehmlich ein Verdienst des Friedrich Cropp dar. Von den insgesamt 46 Beiträgen, die in zwei Bänden 1827 und 1830 erschienen, verfasste er 42, während Georg Arnold Heise nur drei Artikel schrieb und ein Aufsatz von Carl Wilhelm Pauli stammte.[601] Die Reihe sollte mit einem dritten Werk fortgesetzt werden, doch der Realisierung dieses Plans kam der frühe Tod Friedrich Cropps zuvor, der am 08. August 1832 in Lübeck binnen weniger Stunden der Cholera erlag.[602]

b) Aufsatz: Das Prinzip der *duae sententiae conformes*

Carl Wilhelm Pauli fertigte die siebte Darstellung im zweiten Band von 1830. Sie behandelte über insgesamt 80 Seiten eine prozessuale Thematik unter dem Titel *Ueber das in Hamburg geltende Princip, wonach zwei gleichförmige Entscheidungen Rechtskraft bilden.* Hierin arbeitete Carl Wilhelm Pauli auf, unter welchen Umständen einer Partei, die zwei Instanzen beansprucht hatte, eine dritte versagt war. Zwar bildete das hamburgische Recht den Anlass der Untersuchung, sie beinhaltete allerdings viel weitreichendere historische und wissenschaftliche Ausführungen. So befasste sich Carl Wilhelm Pauli zuerst damit, wie das römische Recht, das ostgotische Recht, die mittelalterlichen italienischen Stadtrechte und die neuzeitlichen deutschen Gerichtsordnungen – etwa in Preußen, Baden und Österreich – mit der Problematik umgingen, bevor er zur aktuellen Rechtslage in Hamburg kam, die nach zwei identischen Urteilen keinen weitergehenden Rechtsweg zuließ.[603] Danach setzte er sich mit der teilweise vertretenen Unvereinbarkeit dieses Grundsatzes mit Art. 12 der Bundesakte auseinander[604] und grenzte die Geltung der Regelung bezüglich der betroffenen

598 Tirtasana, Der gelehrte Gerichtshof, S. 91.
599 Tirtasana, Der gelehrte Gerichtshof, S. 91.
600 Tirtasana, Der gelehrte Gerichtshof, S. 91.
601 Polgar, Das OAG der vier freien Städte, S. 219.
602 Frensdorff, Friedrich Cropp, S. 612.
603 Pauli, Das Prinzip der *duae sententiae conformes*, S. 183–204.
604 Art. 12 der Bundesakte sah einen dreistufigen Rechtszug für alle Bundesstaaten vor (dazu oben E. I. 1.). Es entstand die Ansicht, dass die Versagung einer dritten Instanz dieser Norm widerspreche. Carl Wilhelm Pauli stellte sich dem jedoch mit dem

Parteien, Gerichte und Rechtsmittel genauer ein[605]. Dann wandte sich Carl Wilhelm Pauli dem Zweck der Regelung zu – nämlich dem ausreichend gewährleisteten Rechtsschutz bei gleichzeitiger Entlastung der Gerichte dritter Instanz – und präzisierte ihre genauen Voraussetzungen, also die Identität zweier Richtersprüche über denselben Gegenstand.[606] Zum Abschluss behandelte er die Frage, wie bei Entscheidungen vorzugehen war, die nicht komplett, sondern nur in einzelnen Punkten übereinstimmten.[607] Vor allem in den drei zuletzt genannten Teilen über den Sinn des Rechtsinstituts, seine Bedingungen und das Verfahren bei nur teilweiser Einheitlichkeit der Erkenntnisse bezog Carl Wilhelm Pauli seine Ausführungen durch Fußnoten auf siebenunddreißig verschiedene Urteile des Oberappellationsgerichts aus den Jahren 1821 bis 1829.[608] Dieser Umstand verdeutlicht die Relevanz des Themas für die Rechtsprechung und zeigt somit, dass auch Carl Wilhelm Paulis Beitrag dem allgemeinen Charakter der *Juristischen Abhandlungen* als wissenschaftliche Darstellung praktisch wichtiger Probleme entsprach. Die Qualität des Artikels lobte Georg Wilhelm Wetzell[609], der ihn in der dritten Auflage seines Lehrbuchs *System des ordentlichen Civilprozesses* von 1878 als „in jeder Beziehung mustergültig" bezeichnete[610]. Ferdinand Frensdorff[611] sah außerdem in der Tatsache, dass Georg Arnold Heise und Friedrich

---

Argument entgegen, dass Art. 12 der Bundesakte generell einen dreiteiligen Aufbau der Gerichtsbarkeit vorgebe, aber damit nicht zugleich garantiere, dass jeder Prozess bis zur höchsten Institution geführt werden könne. Um seine Meinung zu stützen, verwies er auf die allgemein als zulässig geltenden Appellationssummen, die Fälle mit geringem Streitwert ebenfalls vor den obersten Gerichten ausschlossen (Pauli, Das Prinzip der *duae sententiae conformes*, S. 204–208).

605 Pauli, Das Prinzip der *duae sententiae conformes*, S. 208–216.

606 Pauli, Das Prinzip der *duae sententiae conformes*, S. 216–245.

607 Pauli, Das Prinzip der *duae sententiae conformes*, S. 245–263.

608 Pauli, Das Prinzip der *duae sententiae conformes*, S. 216, 218–221, 223 f., 226, 228–232, 236, 246, 248–251, 254–259, 261, 263.

609 Georg Wilhelm Wetzell wurde am 23. Januar 1815 im hessischen Hofgeismar geboren. Ab 1833 absolvierte er ein Jurastudium in Marburg und Berlin. Von 1840 bis 1851 las er römisches Recht und Zivilprozessrecht in Marburg, danach wechselte er nach Rostock. Dort gab er 1854 die Erstauflage seines bald verbreiteten Lehrbuchs *System des ordentlichen Civilprozesses* heraus, das den gesamten zivilprozessualen Stoff historisch-systematisch darstellte. Er folgte 1863 einem Ruf nach Tübingen, ging 1866 aber ins Schweriner Innenministerium, das er bis 1868 führte. Er verstarb am 22. Oktober 1890 in Rostock (Oetker, Georg Wilhelm Wetzell, S. 61–63).

610 Wetzell, System des ordentlichen Zivilprozesses, S. 707.

611 Ferdinand Frensdorff kam am 17. Juni 1833 in Hannover zur Welt. Er studierte Rechtswissenschaften in Heidelberg, Berlin, Leipzig und zuletzt in Göttingen, wo er

Cropp den Aufsatz in ihr hochklassiges Werk aufnahmen, ein klares Zeichen ihrer Anerkennung für Carl Wilhelm Paulis erhebliche fachliche Fähigkeiten.[612]

3. Eigene *Abhandlungen aus dem Lübischen Recht*

a) Die Wiederentdeckung der Stadtbücher

Den Anstoß für die selbständige Herausgabe einer wissenschaftlichen Arbeit erhielt Carl Wilhelm Pauli im Jahre 1834, als er die zuvor verschwundenen lübischen Nieder- und Oberstadtbücher wiederfand.[613] Das ab 1277 geführte Niederstadtbuch, das im Untergeschoss der Stadtkanzlei lagerte, verzeichnete Schuldverhältnisse und Beilegungen von Streitigkeiten unter Privatpersonen, Firmengründungen und -auflösungen, Abstammungen, Vormundschaften, Erbenabscheidungen, Akte der freiwilligen Gerichtsbarkeit sowie Urteile des Nieder- und Obergerichts.[614] Das im oberen Stockwerk der Kanzlei verwahrte Oberstadtbuch hielt ab 1284 sämtliche Grundstücksgeschäfte fest.[615] Von nun an widmete Carl Wilhelm Pauli die Freizeit, die ihm sein Amt als Sekretär am Oberappellationsgericht ließ,[616] der Beschäftigung mit den neu entdeckten Quellen.[617] Diese zielte nach seiner Aussage zuerst nur auf eine rein private Fortbildung und

---

1860 eine zeitlebens dauernde Lehrtätigkeit aufnahm. Sein Schwerpunkt lag auf dem Gebiet der deutschen Rechtsgeschichte, vor allem dem lübischen Recht. So erschien 1861 *Die Stadt- und Gerichtsverfassung Lübecks im 12. und 13. Jahrhundert* und 1872 sein wichtigstes Werk *Das Lübische Recht nach seinen ältesten Formen.* Er starb am 31. Mai 1932 in Göttingen (Kretzschmar, Ferdinand Frensdorff, S. 193).

612 Frensdorff, Paulis juristisch-literarische Tätigkeit, S. 102.

613 Die genauen Umstände des Fundes schildern seine Zeitgenossen Gustav Paul Poel und Ferdinand Frensdorff in ihren Beiträgen über Carl Wilhelm Pauli nicht. Er selbst schrieb lediglich im dritten Teil seines späteren Werks *Lübeckische Zustände im Mittelalter* von 1878: „Es war im Jahre 1834, als ich das Glück hatte, in den Ober- und Nieder-Stadtbüchern Lübecks die Fülle der, bisher von Niemandem geahnten, Schätze zu entdecken." (Pauli, Lübeckische Zustände Bd. 3, Vorwort, S. V).

614 Simon, Niederstadtbuch, S. 291.

615 Simon, Oberstadtbuch, S. 296.

616 Carl Wilhelm Paulis Beruf gab ihm genug Raum, zeitintensive andere Projekte zu verfolgen. So schrieb er am 13. Januar 1831 an Gustav Schwab: „Ein dringendes Bedürfniß unserer Gemeinde, […] hat mich veranlaßt, meine Mußestunden der Bearbeitung eines neuen Gesangbuches zu widmen" (Poel, Carl Wilhelm Pauli. Ein Lebensbild, S. 69). Dieses neue Gesangbuch der Lübecker Reformierten Gemeinde wurde 1832 in Gebrauch genommen und war „für damalige Zeit eine Tat" (Bode, Geschichte der evangelisch-reformierten Gemeinde zu Lübeck, S. 12).

617 Poel, Carl Wilhelm Pauli. Ein Lebensbild, S. 72.

keine Veröffentlichung ab. Doch als er den „überraschenden Reichthum neuer [...] Aufschlüsse" wahrnahm, hielt er es „für ein Unrecht an der Wissenschaft [...] das Ergebniß der zunächst nur eigne Belehrung bezweckenden Forschungen für mich zu behalten".[618] Daher publizierte er die Resultate seiner Studien unter dem Titel *Abhandlungen aus dem Lübischen Recht* in insgesamt vier Bänden, von denen die ersten drei Teile 1837, 1840 und 1841 in seine Amtszeit als Sekretär am Oberappellationsgericht fielen.[619]

b) Inhalt, Methode und Zielsetzung

Die ersten drei Bände betrafen das lübische Erbrecht und Ehegüterrecht, das Carl Wilhelm Pauli mittels diverser Materialien erarbeitete. Dazu zählten die Statuten, also das schriftlich abgefasste Stadtrecht, die erhaltenen Testamente der Bürger und die Stadtbücher, die laut Carl Wilhelm Pauli als „reichste Sammlung an Original-Urkunden über alle und jede Rechtsgeschäfte [...] nicht wenig zur Erhellung des Rechts der Zeit beitragen müssen, in der sie geschrieben sind".[620] Er verfolgte das Ziel, aus den darin aufgezeichneten konkreten Vorgängen die jeweils zu Grunde liegenden rechtlichen Regeln zu ermitteln. Diese konnte er aber nicht alle mit Hilfe der Statuten nachschlagen, weil viele historische Rechtssätze auf bloßer Gewohnheit basierten und gar nicht oder erst nach längerer Anwendung aufgeschrieben wurden.[621] In solchen Fällen musste Carl Wilhelm Pauli an Hand einer Gesamtschau der dokumentierten Praxis das gewohnheitsrechtliche Institut möglichst genau rekonstruieren, was ein sehr präzises und gründliches Vorgehen erforderte.[622] Er gestand seiner Technik selbst die Schwierigkeit zu, „hier nicht auf Irrwege zu gerathen", vor allem da er mit einem „Meere von Urkunden" konfrontiert war, und behielt sich grundsätzlich vor, gegebenenfalls „zur Berichtigung der von mir gezogenen Resultate geleitet zu werden".[623] Auf Grund dieses hohen Aufwands, welche schon alleine die Darstellung der früheren Verhältnisse hervorrief, gab Carl Wilhelm Pauli für den ersten Band *Darstellung des Rechts der Erbgüter nach älterm Lübischen Rechte* von 1837 den eigentlichen Plan auf, auch einen detaillierten Bezug zur aktuellen Rechtslage zu zeichnen, und fügte „nur in einem Anhange eine Skizze des heutigen Rechts

618 Pauli, Abhandlungen aus dem Lübischen Recht Bd. 1, Vorrede, S. V.
619 Zum letzten Band, der 1865 in der Phase als Rat erschien, unten F. III. 1. c).
620 Pauli, Abhandlungen aus dem Lübischen Recht Bd. 1, S. 3–9.
621 Pauli, Abhandlungen aus dem Lübischen Recht Bd. 1, Vorrede, S. VI.
622 Frensdorff, Paulis juristisch-literarische Tätigkeit, S. 104.
623 Pauli, Abhandlungen aus dem Lübischen Recht Bd. 1, Vorrede, S. VI, VII.

und einige Andeutungen über den Gang der eingetretenen Entwicklung" bei.[624] Dieses letzte, auf die Gegenwart bezogene Kapitel nahm nur ungefähr ein Zehntel der 200-seitigen Arbeit ein, zuvor behandelte Carl Wilhelm Pauli in vier Abschnitten das Erbrecht nach den überkommenen Zuständen. Dabei machte er etwa Ausführungen über die zur Erbmasse gehörenden Güter, die einzelnen Wirkungen der Erbenstellung sowie die Beziehungen unter mehreren Erben. Im nächsten Band *Die ehelichen Erbrechte nach Lübischem Rechte* von 1840 wandte er sich auf 236 Seiten dem ehelichen Güter- und Erbrecht zu, hierbei beleuchtete er in zwei Kapiteln das Ehevermögen und dessen Verteilung beim Tod eines Gatten. Der dritte, 464-seitige Teil *Das Erbrecht der Blutsfreunde und die Testamente nach Lübischem Rechte* von 1841 geriet am längsten. Er betraf im ersten Block das gesetzliche Erbrecht der Blutsverwandten, etwa dessen Bedingungen und die Beziehungen erbberechtigter Angehöriger untereinander, bevor er im folgenden Abschnitt umfassend die Testamente allgemein – wie die Form, die inhaltliche Gestaltung und die Vollstreckung – und im letzten Part besonders die Errichtung durch Frauen behandelte. In den beiden Werken von 1840 und 1841, die sich schon ihrem Titel nach nicht auf das „ältere" lübische Recht beschränkten, versuchte Carl Wilhelm Pauli nach seinem ursprünglichen Vorsatz, die Darstellung früherer Verhältnisse direkt mit der gegenwärtigen Lage zu verbinden. Er ließ etwa bei den Abhandlungen über die Testamente auf § 16 „Von den Testaments-Exekutoren (Aelteres Recht)" direkt § 17 „Von den Testaments-Exekutoren (Neueres Recht)" folgen.[625] Im zweiten Buch wies er zudem einleitend den „Vorwurf, bloß Antiquitäten des ehelichen Güterrechts geschrieben zu haben" zurück.[626] Zwar gestand er, ihm sei „Manches mit untergelaufen, was keinen unmittelbar praktischen Werth hat", aber insgesamt „drängt doch in den meisten Partien die Untersuchung, wenn auch zuweilen verborgen, dem geltenden Rechte zu, das ich stets vor Augen hatte, und das auf dem allein möglichen Wege zur lebendigen Erkenntiß zu bringen ich nach besten Kräften bemüht gewesen bin".[627] Diese Aussage zeugt deutlich vom großen Einfluss der Historischen Rechtsschule auf Carl Wilhelm Paulis wissenschaftliche Tätigkeit. Indem er die Aufbereitung der Geschichte als „allein möglichen Weg" qualifizierte, um die aktuellen rechtlichen Regeln zu verstehen und fortzubilden, entsprach er genau der seine Zeit dominierenden Lehre. Er wollte die überkommenen Zustände

624 Pauli, Abhandlungen aus dem Lübischen Recht Bd. 1, Vorrede, S. VII.
625 Pauli, Abhandlungen aus dem Lübischen Recht Bd. 3, S. VII, S. 306, 337.
626 Pauli, Abhandlungen aus dem Lübischen Recht Bd. 2, Vorwort, S. VI.
627 Pauli, Abhandlungen aus dem Lübischen Recht Bd. 2, Vorwort, S. VI.

nicht lediglich erforschen, sondern auch deren weitere Entwicklung nachvollziehen und seine Erkenntnisse für die derzeitige Praxis nutzen.[628]

c) Erwartungen und Kritik

Carl Wilhelm Pauli selbst sah diesen Anspruch an die ersten drei Bände der *Abhandlungen aus dem Lübischen Recht* erfüllt. Nach seiner Ansicht hatte er mittels „mühevoller Forschungen auf dem Gebiete des vaterstädtischen Rechts [...] die vielfach getrübten Grundsätze der wichtigsten Theile unseres bürgerlichen Rechts wieder in ihrer Reinheit" dargelegt und hegte somit die „Hoffnung, dadurch eine neue Revision unseres [...] Statuts zu veranlassen und anzubahnen".[629] Sein Werk fand auch in der Wissenschaft Anerkennung, so äußerte sich der Kieler Professor Paul Detlev Christian Paulsen[630], der jeden Teil rezensierte, sehr positiv. Das erste Buch bewertete er 1838 als „von ganz besonderem Gewinne", denn es könne „aus Urkunden nachweisen, wie die uns bekannten Rechtssätze in der Anwendung erschienen, wodurch dem todten Buchstaben gleichsam Leben eingehaucht wird, und wir einigermaßen in den Stand gesetzt werden, das Recht längst verschwundener Zeiten noch als lebend anzusehen".[631] Im Hinblick auf den zweiten Band lobte er 1844 das „höchst wichtige und dankenswerte Hülfsmittel für die Einsicht in das Lübische Recht".[632] Zuletzt schrieb er 1845 über die dritte Arbeit, dass sie „an Interesse den früheren nicht nachsteht".[633] Zu dem Erfolg trug wesentlich die Tatsache bei, dass Carl Wilhelm Pauli vor dem Fund der Stadtbücher 1834 über fast zwei Jahrzehnte, nämlich seit seiner Rückkehr nach Lübeck 1816, lübische Rechtsgeschichte studiert hatte und damit ideale Voraussetzungen für die Auswertung mitbrachte.[634] Insgesamt

---

628 Frensdorff, Paulis juristisch-literarische Tätigkeit, S. 105.

629 Pauli, Abhandlungen aus dem Lübischen Recht Bd. 4, Vorwort.

630 Paul Detlev Christian Paulsen, geboren am 10. Januar 1798 in Flensburg, studierte ab 1821 Jura in Göttingen, Berlin, Heidelberg und Kiel. Nach der Promotion 1824 in Kopenhagen las er ab 1825 dänisches Recht an der Kieler Universität. Er gab 1834 sein Hauptwerk *Lehrbuch des Privat-Rechts in den Herzogtümern Schleswig und Holstein* heraus. Er ging 1848 erneut nach Kopenhagen und arbeitete als Staatsrat in der Schleswig-Holstein-Lauenburgischen Kanzlei. Danach nahm er 1850/51 an der Oberjustizkommission und an der Notabelnversammlung in Flensburg teil, wo er am 28. Dezember 1854 starb (Steffenhagen, Paul Detlev Christian Paulsen, S. 286 f.).

631 Paulsen, Rezension zu Paulis *Abhandlungen* Bd. 1, S. 735.

632 Paulsen, Rezension zu Paulis *Abhandlungen* Bd. 2, S. 46.

633 Paulsen, Rezension zu Paulis *Abhandlungen* Bd. 3, S. 138.

634 Vgl.: Frensdorff, Paulis juristisch-literarische Tätigkeit, S. 104 f.

lieferte er eine Leistung ab, die ein wissenschaftlich hohes Niveau aufwies und dadurch gleichfalls seine praktische Karriere am Oberappellationsgericht fördernd beeinflussen sollte.

V. Sozialpolitisches Engagement

Wie schon der Einsatz in der *Gesellschaft zur Beförderung gemeinnütziger Tätigkeit* zeigt, umfasste Carl Wilhelm Paulis Interesse für seine Heimatstadt neben der Rechtsgeschichte auch allgemeine Belange. Er gehörte zum Kreis mehrerer Lübecker Bürger, die sich zum *Verein wider den Mißbrauch des Branntweintrinkens* zusammenschlossen und dem Lübecker Rat unter dem 12. Juni 1838 Vorschläge zur Bekämpfung des verbreiteten Alkoholgenusses machten.[635] Sie einte die „Ueberzeugung, daß das Elend und Verderben der unteren Volksclassen bei uns wie anderen Orten vor Allem seinen Grund habe in dem nach und nach eingerissenen und zu einer beklagenswerthen Höhe angewachsenen Mißbrauch der spirituosen Getränke".[636] Damit reagierten sie auf die sogenannte „Branntweinpest", eine rasante Änderung der Trinkkultur hin zu einem massiv verstärkten Konsum hochprozentiger Getränke, die in der ersten Hälfte des 19. Jahrhunderts im Norden, Nordwesten und Osten des Deutschen Bundes um sich griff.[637] Während das Bier dort seinen Stellenwert verlor, da es allmählich nicht mehr als Nahrungsmittel vonnöten war, gewann der Branntwein zunehmend an Popularität und wurde um 1800 – mit der Entdeckung der Kartoffel als billigem Destillationsrohstoff – schlagartig für breite Gesellschaftsschichten erschwinglich.[638] Anders als im Süden, wo das Bier seine dominante Rolle behielt, stieg der Bedarf nach Branntwein rapide an, so vervierfachte sich etwa in Preußen der Pro-Kopf-Verbrauch zwischen 1800 und 1840.[639] Carl Wilhelm Pauli und seine Mitstreiter wollten dieser Entwicklung entgegentreten. In ihrem Schreiben an den Rat der Stadt Lübeck analysierten sie zuerst die Umstände, welche die Branntweinverbreitung maßgeblich förderten. Dazu zählte die Anzahl der Branntweinschänken, mit fast 260 „weit mehr als es Bäckerläden giebt", sowie die Tatsache, dass die Konzessionen der Gasthausinhaber regelmäßig sowohl Branntwein- als auch Bierausschank erfassten, wodurch „Diejenigen, die solche Häuser zunächst nur um des Biers willen besuchen, zum

635 AHL, ASA Interna, Nr. 24318, Gesuch des Vereins vom 12. Juni 1838.
636 AHL, ASA Interna, Nr. 24318, Gesuch des Vereins vom 12. Juni 1838, S. 1.
637 Vgl.: Tappe, Alkoholverbrauch in Deutschland, S. 213.
638 Tappe, Alkoholverbrauch in Deutschland, S. 213 f.
639 Tappe, Alkoholverbrauch in Deutschland, S. 213 f.

Schnapsen verleitet werden".[640] Weiterhin kritisierten sie neben dem konsumsteigernden Kartenspiel das Verhalten der Wirte, die sogar bei deutlicher Erkennbarkeit, dass ein Gast „nur noch wenig bedarf um in einen Zustand viehischer Trunkenheit zu gerathen", Alkohol ausgaben und teils „selbst Unerwachsene, namentlich Handwerk-Lehrlinge" damit versorgten.[641] Auch beklagten sie die Praxis, „den genossenen Branntwein zu creditiren", denn „So kommen manche Familienväter dahin, nicht nur den Arbeitslohn, mit dem sie die Ihrigen ernähren sollten, zu vertrinken, sondern noch dazu [...] Branntweinschulden zu machen".[642] Außerdem brachten sie mangelnde staatliche Prävention an, weil die Polizei erst im „äußersten Stadium" der Abhängigkeit einschritt – nämlich bei Gewalttätigkeit gegenüber den Angehörigen, unangemessenem Auftreten in der Öffentlichkeit oder totaler physischer Erwerbsunfähigkeit -, während schon lange zuvor ihre „Familien von der Armenanstalt unterstützt werden".[643] Darüber hinaus betrachteten sie die repressiven Maßnahmen als ungenügend, da „die Trunkenheit an sich [...], selbst bei dadurch gegebenem öffentlichem Skandal, völlig ungeahndet bleibt", wodurch „sich natürlich die Ansicht immer mehr im Volke verbreitet, daß Trunkfälligkeit kein strafbares Vergehen, sondern etwas bürgerlich ganz Erlaubtes sey".[644] Zuletzt sahen sie den „Zustand unseres Brauwesens" als „bedeutenden Uebelstand", so würden die „Bestrebungen, den Branntwein bei unseren unteren Volksclassen nach und nach als tägliches Getränk zu verdrängen, [...] des Erfolgs ermangeln, so lange man dem Volke kein besseres Bier bieten kann".[645] Um all diesen Missständen abzuhelfen, schlug der Verein um Carl Wilhelm Pauli zahlreiche Reformen vor, dazu gehörten: Ahndung übermäßigen Alkoholkonsums, Einziehung und Neuvergabe der Konzessionen unter Trennung von Bier- und Branntweinvertrieb, Reduktion der Zahl der Gasthäuser, Abschaffung der Einklagbarkeit von Ansprüchen aus dem Getränkeverkauf, Untersagung und Bestrafung des Ausschanks an Betrunkene und Minderjährige, Einführung früherer Sperrstunden, Verbot des Kartenspiels, Betreuung von Abhängigen und steuerliche Vorteile der Bier- gegenüber der Branntweinproduktion.[646]

Tatsächlich erließ der Lübecker Rat am 02. November 1839 die *Verordnung zur Verhütung des übermäßigen Genusses von Branntwein und sonstigen geistigen*

640 AHL, ASA Interna, Nr. 24318, Gesuch des Vereins vom 12. Juni 1838, S. 3–5.
641 AHL, ASA Interna, Nr. 24318, Gesuch des Vereins vom 12. Juni 1838, S. 6 f.
642 AHL, ASA Interna, Nr. 24318, Gesuch des Vereins vom 12. Juni 1838, S. 8.
643 AHL, ASA Interna, Nr. 24318, Gesuch des Vereins vom 12. Juni 1838, S. 9–12.
644 AHL, ASA Interna, Nr. 24318, Gesuch des Vereins vom 12. Juni 1838, S. 13.
645 AHL, ASA Interna, Nr. 24318, Gesuch des Vereins vom 12. Juni 1838, S. 14 f.
646 AHL, ASA Interna, Nr. 24318, Gesuch des Vereins vom 12. Juni 1838, S. 16–26.

Getränken.[647] Wegen der „nachtheiligen Einwirkungen [...] auf die Moralität und den Wohlstand der unteren Volksklassen" setzte er zum Schutz von „Gesundheit, Sittlichkeit und Familienglück" drei der Vorschläge um:

1. „[...] daß den Schenkwirthen und Krügern gegen ihre Gäste für genossenen und creditirten Brantewein und dergleichen geistige Getränke hinfort überall kein Klagerecht zuständig seyn soll, mithin wegen desfalsiger Forderungen vor den Gerichten keine Klagen zugelassen werden dürfen."
2. „Den Schenkwirthen und Krügern wird bey strenger, den Umständen nach selbst auf gänzliche Einziehung ihrer Concessionen zu erstreckender, Strafe verboten, solchen Personen, welche schon in einem, wenn auch nur geringen, Zustande des Rausches sich befinden, imgleichen Unerwachsenen, namentlich Handwerkslehrlingen, geistige Getränke zu reichen oder reichen zu lassen."
3. „Geschärfter polizeilicher Aufmerksamkeit sind solche Personen zu unterziehen, welche in trunkenem Zustande auf den Gassen, öffentlichen Plätzen und Wegen sich antreffen lassen; insonderheit sind dieselben von dort zu entfernen, allenfalls durch einstweilige Fortschaffung in ein Arrestlokal, in Wiederbetretungsfällen aber mit polizeilicher Strafe und zwar, den Umständen nach, zumal bey gegebenem öffentlichen Aergerniß und veranlaßten Störungen der Ruhe und Sicherheit, mit gefänglicher Haft und körperlicher Züchtigung zu belegen."[648]

Obgleich die Normen nicht alle ihre Anliegen erfüllten, begründeten sie einen Erfolg der Initiative. Die Kriminalisierung der Trunkenheit, das strafbewehrte Verbot des Ausschanks an minderjährige oder leicht alkoholisierte Gäste und das erhöhte Risiko der Wirte, ihr Geld nicht zu erhalten, stellten Maßnahmen dar, die bei strenger Anwendung eine Reduktion des Konsums versprachen.

VI. Ambitionen auf das Richteramt

Im Laufe der Jahre zeigte sich Carl Wilhelm Pauli zunehmend unzufriedener mit seiner Position als Sekretär am Oberappellationsgericht. Sie war ihm zwar „an sich zusagend" durch die Arbeit mit den hochgebildeten Räten einerseits und die umfassende Freizeit andererseits,[649] die er besonders nach dem Fund

647 AHL, ASA Interna, Nr. 24318, Verordnung vom 02. November 1839.

648 AHL, ASA Interna, Nr. 24318, Verordnung vom 02. November 1839.

649 Poel, Carl Wilhelm Pauli. Ein Lebensbild, S. 74.

der Stadtbücher für rechtshistorische Forschungen effektiv nutzen konnte. Doch bereits gegen Ende des Jahres 1820, als er die Stelle antrat, äußerte er die „Hoffnung, vielleicht dereinst zum Rath gewählt zu werden".[650] Auch sein Entschluss, nicht nur zur privaten Bildung wissenschaftliche Untersuchungen zu betreiben, sondern deren Ergebnisse zu veröffentlichen, entsprang dem Wunsch nach einem Karriereschritt am Oberappellationsgericht. Von dieser Motivation zeugt ein Brief an eine seiner Schwestern von 1835, also während er gerade den ersten Teil der *Abhandlungen aus dem Lübischen Recht* schrieb:

> „Besonders aber seitdem ich immer mehr erkannt, daß, um in unserem Gerichte weiter zu kommen, schriftstellerischer Ruf erfordert wird, habe ich meinen Studien eine Richtung mehr zu diesem Ziele hingegeben, […]."[651]

Tatsächlich gaben zahlreiche Räte am Oberappellationsgericht eigene Werke, etwa Lehrbücher und Aufsätze, zu ihren jeweiligen Interessenschwerpunkten heraus.[652] Die Relevanz der theoretischen neben den praktischen Fähigkeiten spiegelt die allgemeine Verwissenschaftlichung der juristischen Tätigkeit in der ersten Hälfte des 19. Jahrhunderts wider, die aus der Idee der Historischen Rechtsschule resultierte, durch geschichtliche Forschung das geltende Recht fortzubilden und zu systematisieren.[653] Carl Wilhelm Pauli musste jedoch trotz der Bemühungen, seine Chancen auf eine Ratsstelle mittels umfassender Publikationen zusätzlich zu steigern – er vereinte ohnehin schon die Vorteile, dass er auf Grund der Anwesenheit in allen Sitzungen den Kollegenkreis der Richter und ihr Zusammenwirken kannte sowie persönlichen Kontakt zum Präsidenten Georg Arnold Heise pflegte – lange auf eine Beförderung warten. Dies ging maßgeblich auf die Gestaltung des Richterwahlrechts zurück, das die vier Städte getrennt ausübten.[654] Von den insgesamt sechs Ratsstellen besetzte jede Stadt eine allein, eine weitere vergaben Frankfurt und Bremen abwechselnd und die letzte alternierte zwischen Hamburg und Lübeck, wobei Hamburg den Posten zweimal in Folge zuteilte und erst die dritte Ernennung Lübeck zukam.[655] Es liegt nahe, dass Carl Wilhelm Pauli als Lübecker Bürger unabhängig von seiner fachlichen Qualifikation geringe Aussichten hatte, von einer der drei fremden Städte ernsthaft als Kandidat in Erwägung gezogen zu werden. Daran änderte sogar

650 Brief Carl Wilhelm Paulis an seine Mutter Magdalena Pauli, zitiert nach: Poel, Carl Wilhelm Pauli. Ein Lebensbild, S. 63.
651 Poel, Carl Wilhelm Pauli. Ein Lebensbild, S. 68.
652 Vgl. zu den Werken einiger Räte: Tirtasana, Der gelehrte Gerichtshof, S. 38–40.
653 Vgl.: Tirtasana, Der gelehrte Gerichtshof, S. 339 f.
654 Polgar, Das OAG der vier freien Städte, S. 240.
655 Greb, Die Verfassung des OAG, S. 33.

die Unterstützung Georg Arnold Heises nichts, der sowohl Carl Wilhelm Paulis wissenschaftliche Laufbahn förderte, indem er und Friedrich Cropp ihn einen Beitrag ihrer *Juristischen Abhandlungen* verfassen ließen, als auch den Aufstieg zum Rat befürwortete. Noch 1842, als Hamburg seinen Ratsposten Georg Friedrich Ludwig Oppenheimer – einem Sohn der Stadt – zuwies,[656] setzte sich Georg Arnold Heise vergeblich für Carl Wilhelm Pauli ein.[657] Die deutlich realistischere Möglichkeit, von seiner Heimatstadt Lübeck eine Berufung zu erhalten, bot sich indessen über mehr als zwei Jahrzehnte nicht. Lübeck bestimmte 1820 Johann Friedrich Hach zum Rat, der das Amt bis 1850 bekleidete,[658] und legte 1842/43 erstmalig den Inhaber der geteilten Position fest, nachdem Hamburg dieses Recht zweifach ausgeübt hatte.

Der berufliche Stillstand frustrierte Carl Wilhelm Pauli, vor allem sah er Schwierigkeiten, mit dem Einkommen als Sekretär seine Familie zu unterhalten. Er verdiente pro Jahr 3.600 Courant Mark, wohingegen die Räte 7.000 Courant Mark und der Präsident 9.000 Courant Mark bekamen.[659] Für die Verwaltung der gerichtlichen Sustentationskasse durfte er 6 % der jährlichen Parteiabgaben, allerdings maximal 400 Courant Mark, behalten.[660] Insgesamt nahm Carl Wilhelm Pauli also als Sekretär jährlich zwischen 3.600 und 4.000 Courant Mark ein, wobei er genauso wie die Räte und der Präsident Steuerfreiheit genoss[661]. Andererseits durften die Angehörigen dieser drei Berufsgruppen keiner bezahlten Nebentätigkeit, beispielsweise anwaltlichen oder gutachterlichen Aufgaben, nachgehen.[662] Carl Wilhelm Pauli betrachtete sich angesichts seiner wachsenden Kinderschar zunehmend außer Stande, mit der Besoldung als Sekretär auszukommen. Er beantragte letztlich unter dem 10. Februar 1840 beim derzeitigen Bremer Direktorialsenat „von Anfang des gegenwärtigen Jahres an eine […]

---

656 Polgar, Das OAG der vier freien Städte, S. 238.

657 Georg Arnold Heises Fürsprache folgt zwar nicht aus den Unterlagen zur Wahl Georg Friedrich Ludwig Oppenheimers (vgl. die diesbezüglichen Dokumente in: AHL, ASA Interna, Nr. 15945). Doch bei Carl Wilhelm Paulis Beförderung bezog er sich auf die Vorzüge, die er „schon bey der letzten Wahl […] ausgesprochen habe" (AHL, ASA Interna, Nr. 15946, Empfehlung Heises vom 05. Februar 1843, S. 1).

658 Polgar, Das OAG der vier freien Städte, S. 205, 209.

659 AHL, ASA Interna, Nr. 15762, Art. 9 der Übereinkunft vom 30. Juli 1819; AHL, ASA Interna, Nr. 15815, Art. 1 der Konvention vom 02. August 1824.

660 AHL, ASA Interna, Nr. 15762, Art. 12 der Übereinkunft vom 30. Juli 1819; AHL, ASA Interna, Nr. 15815, Art. 2 der Konvention vom 02. August 1824.

661 Vgl.: Grisebach, Zur Erinnerung an das OAG, S. 3.

662 §§ 11 f. OAGO.

den oekonomischen Verhältnissen entsprechende Gehaltserhöhung".[663] In dem Gesuch schilderte er deutlich das langfristige Ziel, zum Rat aufzusteigen, und die Frustration, dass sich dieses Streben selbst nach zwanzigjähriger Tätigkeit nicht erfüllt hatte. So schrieb er einleitend über seine enttäuschten Erwartungen an das Amt als Sekretär:

> „Mich leitete bei meiner damaligen Bewerbung [...] lediglich der Wunsch, die mir aus inneren Gründen nicht zusagende Thätigkeit als Advokat gegen die richterliche Laufbahn zu vertauschen: ich betrachtete [...] meine gegenwärtige Stelle nur als eine Stufe zum Richteramte; hätte ich sie anders angesehn, so, hätte ich mir auch nur mit Gewißheit sagen müssen, daß ich auf dieser Stufe zwanzig Jahre, die besten meines Lebens, hindurch verharren würde, nimmermehr würde ich sie betreten haben, und zwar aus dem doppelten Grunde nicht, weil ich mir erstens gesagt hätte, daß eine mehr regulative und formelle als produktive, ja zum Theil nur mechanische Thätigkeit mir auf die Länge unmöglich werde genügen können, und zweitens, weil ich hätte voraussehen müssen, dann einmal möglicher Weise in die Sorge zu kommen, daß die Einnahme meines Amtes nicht hinreichen würde, mir und den Meinigen den nothdürftigen Lebensunterhalt zu gewähren. Und beides ist leider [...] im vollsten Maaße eingetreten. Zwar das erste Uebel trifft mich in sofern nicht über schwer, als ich die Muße, die mein Amt zu Zeiten mir läßt, zu wissenschaftlichen Arbeiten benutzen kann, [...]. Um so schwerer aber lastet das Gewicht des andern Uebels auf mir."[664]

Um die wirtschaftliche Not zu unterstreichen, führte Carl Wilhelm Pauli an, dass er bereits auf Rücklagen zugreifen müsse, die im Falle seines Todes die Versorgung der Angehörigen – seiner Gattin stand keine Witwenpension zu – sichern sollten, wodurch die „Existenz und die Ruhe unseres Lebens auf dem Spiele steht".[665] Außerdem nannte er Aufgaben, die er zusätzlich zu seinen eigentlichen Pflichten am Oberappellationsgericht tätige, etwa im Bereich der Rechnungen.[666] Zuletzt erwähnte er „Gründe der Gerechtigkeit", da „die sämmtlichen Gehalte der Angehörigen des Gerichts eine Verbesserung erfahren haben, blos das meinige unverändert dasselbe geblieben ist [...] und zwar aus dem einfachen Grunde, weil ich nicht darum nachgesucht habe".[667] Sein Vortrag überzeugte die vier freien Städte, deren Einwilligung für die Gehaltserhöhung nötig war. Der Bremer Senat bewertete zwar die Besoldung „in Beziehung auf das Amt selbst nicht gerade als unverhältnißmäßig gering", räumte jedoch ein, dass sie Carl Wilhelm Paulis Familie

---

663 AHL, ASA Interna, Nr. 15966, Gesuch Paulis vom 10. Februar 1840.
664 AHL, ASA Interna, Nr. 15966, Gesuch Paulis vom 10. Februar 1840.
665 AHL, ASA Interna, Nr. 15966, Gesuch Paulis vom 10. Februar 1840.
666 AHL, ASA Interna, Nr. 15966, Gesuch Paulis vom 10. Februar 1840.
667 AHL, ASA Interna, Nr. 15966, Gesuch Paulis vom 10. Februar 1840.

„kein angemessenes Auskommen in Lübeck gewähren könne“ und auch seine fast zwanzigjährige „musterhafte Amtsführung“ eine Zulage von 1.000 Courant Mark pro Jahr rechtfertige.[668] Gleichzeitig wollte der Senat von Bremen die Gelegenheit nutzen, die Dienste des Sekretärs bei Bedarf zu erweitern. Er schlug vor, Carl Wilhelm Pauli den Zuschuss nur gegen „die eventuelle Verbindlichkeit zur unentgeltlichen Uebernahme der ihm etwa weiter zuzuweisenden besonderen Geschäfte“ zu bewilligen.[669] Der Hamburger Senat setzte noch eine weitere Einschränkung fest, indem er den Bonus nur für 1840 und 1841 billigte und die Genehmigung über Carl Wilhelm Paulis ganze künftige Amtszeit vom Ergebnis der nächsten Visitation abhängig machte.[670] So einigten sich die vier Senate auf den Betrag von je 1.000 Courant Mark für die Jahre 1840 und 1841 „unter der Verpflichtung jede abseiten der hohen Senate […] zuzuweisende Vermehrung von Geschäften sich gefallen zu lassen“,[671] wofür Carl Wilhelm Pauli am 31. Dezember 1840 seinen „ganz unterthänigen Dank“ aussprach[672].

Obwohl Carl Wilhelm Pauli nun jährlich 4.600 bis 5.000 Courant Mark bezog und sein Gehalt damit um ein Viertel stieg, hegte er finanzielle Sorgen um die Ausbildung seiner Kinder. Am 03. Januar 1841 beantragte er das Paulische Familienstipendium für seinen Erstgeborenen Carl Theodor Pauli mit den Worten, dass „Gott mir fünf Söhne geschenkt hat, von denen die drei ältesten den Jahren nach sich sehr nahe stehen, und meine Vermögensverhältnisse es mir absolut unmöglich machen, auch nur einen von ihnen aus eigenen Mitteln studieren zu lassen“.[673] Zumindest konnte er über die zunächst genehmigten zwei Jahre hinaus mit den erhöhten Bezügen rechnen, denn die vier Senate verlängerten nach der nächsten Visitation 1841 den Bonus, „jedoch nur für seine Person und für die Dauer seiner Amtsführung“[674]. Somit durfte Carl Wilhelm Pauli langfristig ein Einkommen erwarten, das kaum geringer war als das eines Lübecker rechtsgelehrten Ratsherrn von 5.400 Courant Mark[675]. Von der Verbesserung seiner Vergütung profitierte er angesichts der bereits geleisteten zwanzigjährigen

668 AHL, ASA Interna, Nr. 15966, Stellungnahme Bremens vom 28. Februar 1840.
669 AHL, ASA Interna, Nr. 15966, Stellungnahme Bremens vom 28. Februar 1840.
670 AHL, ASA Interna, Nr. 15966, Stellungnahme Hamburgs vom 23. März 1840.
671 AHL, ASA Interna, Nr. 15966, Reskript des Hamburger Direktorialsenats an das Oberappellationsgericht vom 21. Dezember 1840.
672 AHL, ASA Interna, Nr. 15966, Schreiben Paulis vom 31. Dezember 1840.
673 Kulenkampff, Das Paulische Familienstipendium, S. 203.
674 AHL, ASA Interna, Nr. 15966, Reskript des Frankfurter Direktorialsenats an das Oberappellationsgericht vom 13. Dezember 1842.
675 Vgl.: Grisebach, Zur Erinnerung an das OAG, S. 3.

Arbeit jedoch verhältnismäßig kurz, denn schon 1843 stieg er mit seiner Wahl zum Rat in eine höhere Besoldungsklasse auf.

VII. Zwischenbetrachtung

Carl Wilhelm Paulis Dienstzeit als Sekretär am Oberappellationsgericht der vier freien Städte nahm mit insgesamt dreiundzwanzig Jahren einen großen Teil seines Berufslebens ein. Obgleich er die Position von Beginn an nicht als endgültiges Ziel, sondern nur als vorübergehenden Schritt zur richterlichen Laufbahn betrachtete und zuletzt seine Unzufriedenheit mit der Stelle wuchs, brachte sie dennoch zahlreiche positive Aspekte mit sich. Zunächst bot sie Carl Wilhelm Pauli die Möglichkeit, die unangenehme Tätigkeit als Advokat und Notar aufzugeben. Als er sich 1820 um einen Posten am neu gegründeten Oberappellationsgericht in seiner Heimatstadt Lübeck bemühte, bestand für den noch 27-Jährigen allein wegen des Mindestalters der Räte von 30 Jahren keine realistische Option, sein Streben nach dem Richteramt zu vollenden.[676] Demzufolge stellte die Funktion als Sekretär wohl den besten Weg dar, wie gewünscht in den öffentlichen Dienst zu wechseln und sich zugleich mit der richterlichen Arbeit am Oberappellationsgericht vertraut zu machen, um bei Gelegenheit in den Kreis der Räte aufzusteigen. Dass dieser Karrieresprung erst nach über zwanzigjähriger Tätigkeit gelang, war für Carl Wilhelm Pauli zwar unglücklich, doch angesichts der Tatsache, dass Lübeck nur eine Stelle zu besetzen hatte und die mit Hamburg geteilte Position erst bei der dritten Ernennung vergeben durfte, durchaus nicht unvorhersehbar. Zudem ließ ihm sein Beruf genug Freizeit, um wissenschaftliche Werke zu veröffentlichen, was nicht nur seiner Beförderung diente, sondern ihm auch solche Freude bereitete, dass er einmal sogar davon schrieb, sein Streben nach dem höheren, aber zeitintensiveren Ratsposten um dieses Interesses willen zu überdenken:

> „Ich habe Gründe, die mich fast wünschen lassen, zu bleiben was ich bin, wo ich alle Zeit und Kräfte […] wissenschaftlichen Forschungen […] widmen kann, die mich je mehr und mehr anregen und befriedigen, […].“[677]

Schlussendlich dominierte aber der Wunsch, die rein verwaltenden Aufgaben des Sekretärs gegen die geistig herausfordernde Rechtsprechung zu tauschen,

---

676 Bei der Wahl der sechs Räte wurde die Regel streng beachtet, nur Friedrich Cropp feierte später – aber vor der Gerichtseröffnung – 30. Geburtstag (vgl. die Daten der Räte in: Polgar, Das OAG der vier freien Städte, S. 198, 209, 214, 216, 223 f.).

677 Poel, Carl Wilhelm Pauli. Ein Lebensbild, S. 81.

wobei ihn sicher ebenfalls die Verbesserung seines gesellschaftlichen Status und seiner wirtschaftlichen Lage antrieben. Die Beschäftigung als Sekretär brachte ihn diesem Ziel insofern näher, als Carl Wilhelm Pauli den schon im Studium geknüpften Kontakt zu Georg Arnold Heise ständig aufrechterhielt und damit einen wichtigen Förderer seiner Pläne gewann. Außerdem konnte er die Gewissenhaftigkeit beweisen, mit der er seine Pflichten wahrnahm, und bei den Sitzungen der Räte umfassende Fachkenntnisse sammeln. Insgesamt ebnete ihm die Phase als Sekretär demnach maßgeblich die Entwicklung zum Rat. Gleichzeitig dürfen nicht die außerberuflichen Geschehnisse, die in diese Zeit fielen, außer Acht gelassen werden. So zeugt sein Engagement gegen den Branntweinkonsum der ärmeren Gesellschaftsschichten von der Bereitschaft, sozialen Missständen entgegenzutreten. Nicht zuletzt erlebte Carl Wilhelm Pauli einschneidende und vorwiegend glückliche private Veränderungen, vor allem die Heirat mit Emmy Meier und die Geburt der gemeinsamen Kinder.

F. Rat am Oberappellationsgericht der vier freien Städte

> „Ich lasse mir die Stille und Einförmigkeit unsres Lebens wohl gefallen, obgleich in manchen Augenblicken sich die Besorgniß einstellt, so nach und nach zum dürren juristischen Praktiker einzutrocknen. Aber gewiß! meine amtliche Stellung sagt mir mehr und mehr zu, da ich einestheils sehe, daß ich ihr gewachsen bin, und anderntheils auch dabei lernen kann.“[678]

I. Bewerbungs- und Auswahlverfahren

1. Rücktritt des Rats Friedrich Bluhme

Die so dringend erwartete Chance, zum Rat zu avancieren, eröffnete sich Carl Wilhelm Pauli 1842, dem Jahr seines 50. Geburtstags, als Friedrich Bluhme seine Stelle aufgab. Friedrich Bluhme, geboren am 29. Juni 1797 in Hamburg, studierte ab 1817 Jura in Göttingen und Berlin bei Gustav Hugo, Georg Arnold Heise und Friedrich Carl von Savigny,[679] als dessen Anhänger er der Historischen Rechtsschule folgte[680]. Im Anschluss an die Promotion 1820 gab er sein wichtigstes Werk *Die Ordnung der Fragmente in den Pandectentiteln* heraus.[681] Nach Forschungsreisen in Italien trat er 1823 eine Professur in Halle an, bevor er 1831 nach Göttingen ging.[682] Als Friedrich Cropp[683] 1832 starb, vergab Hamburg dessen Posten an Friedrich Bluhme, der die Wahl aus Pflichtgefühl gegenüber seiner Heimat und wegen seiner engen Freundschaft mit Georg Arnold Heise annahm.[684] In Lübeck trat er 1835 dem späteren *Verein für Lübeckische Geschichte* bei,[685] dem auch Carl Wilhelm Pauli und andere Räte angehörten[686]. Da ihm die

---

678 Brief Carl Wilhelm Paulis Ende des Jahres 1843, zitiert nach: Poel, Carl Wilhelm Pauli. Ein Lebensbild, S. 81 f.
679 v. Stintzing, Friedrich Bluhme, S. 734.
680 Haferkamp, Historische Rechtsschule, S. 11.
681 Buchner, Friedrich Bluhme, S. 321.
682 v. Stintzing, Friedrich Bluhme, S. 734.
683 Zur Biographie des 1820 berufenen Rats Friedrich Cropp oben E. IV. 2. a).
684 Polgar, Das OAG der vier freien Städte, S. 236.
685 ZVLGA/1860, Mitgliederverzeichnis, S. 8.
686 Zu diesem Engagement unten F. III. 1. a), F. III. 2. a) und F. III. 2. d).

wissenschaftliche Arbeit zunehmend fehlte, ließ er sich im Oktober 1842 entlassen, um einem Ruf der Universität Bonn zu folgen, wo er bis zu seinem Tod am 05. November 1874 wirkte.[687]

2. Kandidat in starker Konkurrenz

Die vakante Ratsstelle durfte erstmalig Lübeck besetzen, nachdem Hamburg sie zweimal nacheinander an Friedrich Cropp und Friedrich Bluhme vergeben hatte. Georg Arnold Heise unternahm nunmehr einen weiteren Versuch, Carl Wilhelm Pauli zur Beförderung zu verhelfen, indem er ihn beim Lübecker Rat explizit empfahl. Dabei führte er alle Leistungen und Erfahrungen an, die Carl Wilhelm Pauli auf Grund seiner vorherigen Laufbahn für das Richteramt qualifizierten und ihn gegenüber den durchaus renommierten Mitbewerbern vorzugswürdig machten. So nannte Georg Arnold Heise ihn einen „tüchtigen Germanisten", von dessen Fähigkeiten er „durch seine neueren Schriften" und „aus mannichfachen Unterhaltungen und Discussionen" überzeugt sei.[688] Er zeigte sich zudem angetan von seinem „Scharfsinn und freier Urtheilskraft, zwey dem Richter so höchst nöthige Eigenschaften".[689] Vor allem betonte er Carl Wilhelm Paulis Alleinstellungsmerkmal, nämlich seine umfassenden Kenntnisse über die praktische Anwendung der Rechte der vier Städte, die er während der zweiundzwanzigjährigen Arbeit als Sekretär sammeln konnte:

> „Was er aber [...] voraus hat, besteht in der genauen Bekanntschaft mit dem Rechte der sämtlichen vier freyen Städte, welche ihm sein bisheriges Amt durch die fortwährende Gegenwart bey Unseren Sitzungen [...] verschafft hat: ein höchst wichtiger Vorzug, welcher sich der Natur der Sache nach bei keinem der andern Competenten finden kann."[690]

Da die vier Städte über kein einheitliches Rechtssystem verfügten, sondern ihren individuellen Ordnungen folgten, mussten der Präsident und die Räte am gemeinsamen Oberappellationsgericht den Umgang mit verschiedenen Quellen beherrschen. Dazu gehörten die unterschiedlichen Partikulargesetze, die jeweiligen rechtlichen Gewohnheiten und das in den Städten rezipierte gemeine Recht.[691] Die Menge der relevanten Regeln und die Frage nach ihrem Verhältnis zueinander verursachte – im Gegensatz zu einer homogenen Kodifikation – zusätzliche

687 v. Stintzing, Friedrich Bluhme, S. 735.
688 AHL, ASA Interna, Nr. 15946, Empfehlung Heises vom 05. Februar 1843, S. 1 f.
689 AHL, ASA Interna, Nr. 15946, Empfehlung Heises vom 05. Februar 1843, S. 3.
690 AHL, ASA Interna, Nr. 15946, Empfehlung Heises vom 05. Februar 1843, S. 2.
691 § 82 OAGO.

Schwierigkeiten bei der richterlichen Tätigkeit.[692] Dieser Herausforderung schien Carl Wilhelm Pauli, der über zwanzig Jahre die Praxis am Oberappellationsgericht beobachtet hatte, unter den Kandidaten für die Ratsstelle am besten gewachsen. Den wohl stärksten Konkurrenten repräsentierte Carl Wilhelm Paulis späterer Kollege, der Hallenser Professor Adolph Laspeyres[693], der 1846 durch die Stadt Frankfurt auf den nächsten freien Ratsposten berufen wurde[694]. Er war zwar laut Georg Arnold Heise auf Grund „einer gründlichen und ausgebreiteten Gelehrsamkeit und eines ausgezeichneten Scharfsinns" ein „höchst bedeutender Mitbewerber".[695] Georg Arnold Heise bevorzugte dennoch Carl Wilhelm Pauli wegen seiner Kenntnisse, die ihn für das Amt prädestinierten, und seines effektiveren Stils:

> „Wenn ich [...] den Secretär P. als den für das OA-Gericht tauglicheren Candidaten ansehen zu dürfen glaube, so geschieht dies einmal wegen des [...] Vorzugs seiner genauen Bekanntschaft mit den besonderen Rechten der vier freyen Städte und ganz speciell der Stadt Lübeck, und zweytens auch deshalb, weil die Schriften des Professor L. zufolge seines fast übergroßen Bestrebens nach Gründlichkeit, eine gewisse Weitschweifigkeit an sich tragen, welche in praktischen Arbeiten bey meinem mit Geschäften überhäuften Gerichte offenbar zweckwidrig sein würd [...], während die schriftstellerischen Arbeiten des Secretär P. nur gerade das rechte Maaß zwischen dem zu viel und zu wenig zu halten scheinen."[696]

Hinter Adolph Laspeyres stellte Georg Arnold Heise noch den Greifswalder Professor Georg Beseler[697] an, den er für die Position in Erwägung zog. Er gestand ihm „sowohl vorzügliche Kenntnisse des deutschen Rechts alter und neuer Zeit, als auch gute Beurtheilungskraft, helle Ansichten, und einen gesunden praktischen Takt" zu, aber er „würde [...] doch, wenn man einen Auswärtigen sollte wählen wollen, keine Bedenken tragen, dem Professor Laspeyres den Vorzug vor ihm zu geben".[698] Damit verwies Georg Arnold Heise zugleich dezent auf Carl Wilhelm Paulis lübische Herkunft, die in den Augen des Lübecker Rats vielleicht einen zusätzlichen Vorteil bedeutete. Noch einen weiteren Sohn der Stadt, nämlich den Rostocker Professor Johann Heinrich Thöl[699], hielt Georg Arnold

---

692 Tirtasana, Der gelehrte Gerichtshof, S. 128.
693 Zur Biographie Adolph Laspeyres unten F. III. 2. d).
694 Polgar, Das OAG der vier freien Städte, S. 236.
695 AHL, ASA Interna, Nr. 15946, Empfehlung Heises vom 05. Februar 1843, S. 3 f.
696 AHL, ASA Interna, Nr. 15946, Empfehlung Heises vom 05. Februar 1843, S. 5 f.
697 Zur Biographie Georg Beselers oben E. IV. 1.
698 AHL, ASA Interna, Nr. 15946, Empfehlung Heises vom 05. Februar 1843, S. 8 f.
699 Johann Heinrich Thöl kam am 06. Juni 1807 in Lübeck zur Welt. Er begann 1826 ein Jurastudium in Leipzig, das er 1829 in Heidelberg beendete. Ab 1830 las er in

Heise „wegen seiner ausgezeichneten Kenntnisse im deutschen Rechte und ganz besonders im Handelsrechte, und da es ihm auch bey seiner mehrjährigen Theilnahme an den Arbeiten des Göttinger Spruch-Collegii an praktischer Uebung nicht fehlen könne, für eine zur Wahl in jeder Hinsicht wohlgeeignete Person".[700] Doch er wollte ihm den Posten nicht antragen, „da Er erst im vorigen Herbste seine jetzige Stelle angetreten hat, und [...] auf eine Weise aufgenommen worden ist, die ihm nicht füglich gestattet, schon jetzt [...] von dort wegzugehen".[701] Auch dem Göttinger Professor Wilhelm Theodor Kraut[702] gab Georg Arnold Heise „das Zeugniß eines lebendigen Geistes und großen wissenschaftlichen Eifers", sah Johann Heinrich Thöl allerdings als „zu praktischen Arbeiten geeigneter".[703] Zuletzt nannte er den Breslauer Professor Wilhelm Eduard Wilda[704] einen „Mann von großer Gelehrsamkeit", hielt es aber wegen der „Weitläufigkeit seiner schriftstellerischen Arbeiten" und seiner fehlenden Erfahrungen in der Praxis für gerechtfertigt, ihm „die früher genannten Männer vorzuziehen".[705] Georg Arnold Heise betonte jedoch nicht nur Carl Wilhelm Paulis Vorzüge,

---

Göttingen deutsches Privatrecht, Lehenrecht und Handelsrecht, 1841 publizierte er sein Lehrbuch *Das Handelsrecht*. Im Herbst 1842 ging er nach Rostock. Er gab 1847 *Das Wechselrecht* heraus und folgte 1849 erneut dem Ruf der Universität Göttingen. Die Stadt Lübeck bot ihm 1850 die Ratsstelle des ausgetretenen Johann Friedrich Hach am Oberappellationsgericht an, die er ablehnte. Ab 1857 wirkte er als Vertreter Hannovers in der Nationalversammlung an der Arbeit für das *Allgemeine Deutsche Handelsgesetzbuch* von 1861 mit, auch nahm er an einer Ergänzung der *Allgemeinen Deutschen Wechselordnung* von 1848 teil. Er ließ sich 1883 pensionieren und starb am 16. Mai 1884 in Göttingen (Frensdorff, Johann Heinrich Thöl, S. 47–52).

700 AHL, ASA Interna, Nr. 15946, Empfehlung Heises vom 05. Februar 1843, S. 7.

701 AHL, ASA Interna, Nr. 15946, Empfehlung Heises vom 05. Februar 1843, S. 7 f.

702 Wilhelm Theodor Kraut wurde am 15. März 1800 in Lüneburg geboren. Ab 1819 studierte er Rechtswissenschaften an den Universitäten von Göttingen und Berlin. In Göttingen begann er 1822 eine erfolgreiche, zeitlebens andauernde Lehrtätigkeit im deutschen Recht. Zwischen 1835 und 1859 erschien sein dreibändiges Hauptwerk *Die Vormundschaft nach den Grundsätzen des deutschen Rechtes*. Er verstarb am 01. Januar 1873 in Göttingen (v. Eisenhart, Wilhelm Theodor Kraut, S. 92 f.).

703 AHL, ASA Interna, Nr. 15946, Empfehlung Heises vom 05. Februar 1843, S. 10.

704 Wilhelm Eduard Wilda, geboren am 17. August 1800 in Altona, absolvierte von 1821 bis 1825 ein juristisches Studium in Göttingen und Heidelberg. Nach einigen Jahren als Advokat unterrichtete er ab 1830 in Halle und ab 1842 in Breslau Staats- und Lehenrecht, deutsches Privatrecht, Naturrecht, Staats- und Rechtsgeschichte und Völkerrecht. Er wechselte 1854 an die Universität Kiel, wo er bis zu seinem Tod am 09. August 1856 arbeitete (v. Eisenhart, Wilhelm Eduard Wilda, S. 491–493).

705 AHL, ASA Interna, Nr. 15946, Empfehlung Heises vom 05. Februar 1843, S. 11 f.

indem er ihn mit namhaften Konkurrenten verglich, sondern warnte auch vor dem Risiko, den fähigen, aber schon frustrierten Sekretär zu verlieren, sollten seine langjährigen Ambitionen auf das Richteramt erneut enttäuscht werden:

> „Seitdem der [...] Beschluß der freyen Städte dem Secretär Pauli eine Zulage unter der Bedingung bewilliget hat, ueber seinen bisherigen auch noch andere Arbeiten für das O.A.Gericht zu übernehmen, [...] wird man fast nothwendig auf die Idee geführt, daß es für das O.A.Gericht und die Beförderung der Arbeiten bey demselben am vortheilhaftesten seyn würde, den Secretär Pauli mit der eben bemerkten Modification auf seinem bisherigen Posten zu lassen, den vacanten Rathsposten aber mit einem andern tüchtigen Competenten, namentlich dem Professor Laspeyres zu besetzen, und so dem Gerichte statt eines, zwey tüchtige Arbeiter zu gewinnen. Und unfehlbar würde dies die beste [...] Maßregel seyn, wenn man bey derselben darauf rechnen könnte, den Secretär Pauli beym O.A.Gerichte zu behalten. Dies ist aber keineswegs der Fall. Der Secretär Pauli betrachtet es [...] als einen Ehrenpunkt für sich, nicht ein zweytes Mal einem andern Competenten nachgesetzt zu werden, und schon das vorige Mal habe ich einige Mühe gehabt, ihn während der ersten Empfindlichkeit über seine verfehlte Hoffnung vor übereilten Schritten abzuhalten. Sollte er jetzt abermals übergangen werden, so zweifele ich nicht, daß, wenn er nicht gar sofort seinen Abschied nehmen sollte, er wenigstens alles Mögliche aufbieten werde, um eine Anstellung in fremden, namentlich Preußischen Diensten zu erlangen, wozu ihm seine genaue Freundschaft mit dem Curator der Universität Bonn, Bethman-Holweg[706], verbunden mit dem literarischen Ruf, den er sich neuerlich erworben hat, eine sehr gute Gelegenheit darbietet. - Man würde also [...] zwar ein vorzügliches und berühmtes Mitglied für das Gericht gewinnen, zugleich aber auch Sich der dringenden Gefahr aussetzen, einen Mann zu verlieren, den ich [...] wegen seiner bisherigen Laufbahn für ganz besonders geeignet halten muß, um eine Stelle im O.A.Gerichte zu bekleiden.“[707]

Neben der Verbindung zu August von Bethmann-Hollweg, die Carl Wilhelm Paulis anderweitige Karrierechancen steigerte und damit seinen Wert auf dem juristischen Stellenmarkt hob, profitierte er noch von einer weiteren Göttinger Studienfreundschaft, nämlich derjenigen zu Ludwig Hassenpflug. So bat der ehemalige hessische Staatsmann, der ab 1841 in preußischen Diensten stand, den Berliner Professor Carl Gustav Homeyer[708] um eine

---

706 Zu Carl Wilhelm Paulis Studienfreunden August von Bethmann-Hollweg, der ab 1842 Kurator der Universität Bonn war, und Ludwig Hassenpflug oben C. V. 3. a).

707 AHL, ASA Interna, Nr. 15946, Empfehlung Heises vom 05. Februar 1843, S. 14–17.

708 Carl Gustav Homeyer, geboren am 13. August 1795 im pommerschen Wolgast, studierte ab 1813 Jura in Göttingen, Heidelberg und Berlin. Nach der Habilitation 1821 lehrte er zeitlebens an der Berliner Universität, wo er deutsche Staats- und Rechtsgeschichte, deutsches Privatrecht, preußisches Landrecht, See-, Handels- und Wechselrecht las. Er forschte vor allem über deutsche Rechtsbücher, zu denen er 1836

Beurteilung von Carl Wilhelm Paulis literarischen Leistungen.[709] Er bemerkte außerdem selbst:

> „So viel wüßte ich, wäre ich noch Justiz Minister in Kurhessen, und Dr. Pauli wäre dort, ich würde mir einen solchen Mann bei der Besetzung einer Oberappellationsraths Stelle nicht entgehen lassen."[710]

Carl Gustav Homeyer zollte Carl Wilhelm Paulis Werken großen Respekt:

> „Die drey Abhandlungen des Herrn Dr. Pauli über das Lübsche Ehe und Erbrecht geben aus meist ungedruckten Quellen - den Stadtbüchern - eine sehr mühsam gewonnene wohl verarbeitete und klar vorgestellte Auskunft über das wirklich zu Lübeck lebende Recht für eine Reihe von Jahrhunderten [...]. - Und wie die Arbeit allenthalben auf einer genaulichen Kenntniß der allgemeinen deutschen Grundsätze über jene Punkte beruht, so fördert sie diese Kenntniß auch wiederum in gar manchen Beziehungen; ich meinentheils bin ihr vielfache Belehrung schuldig."[711]

Insgesamt bewährten sich nunmehr also sowohl Carl Wilhelm Paulis langer, tadelloser Dienst als Sekretär als auch seine wissenschaftlichen Forschungen.

3. Vorläufige Ernennung

Der Lübecker Rat folgte Carl Wilhelm Paulis Fürsprechern und zeigte die Wahl am 11. Februar 1843 den anderen Senaten mit folgender Erklärung an:

> „Herr Dr. Pauli hat in seinem bisherigen bekanntlich zu allseitiger Zufriedenheit wahrgenommenen Amte vieljährige Gelegenheit zur Erweiterung seiner Kunde des Rechts und dessen praktischer Anwendung gehabt, hat sich neuerdings durch in der literarischen Welt als tüchtig anerkannte schriftstellerische Arbeiten ausgezeichnet, namentlich ist ihm von dem Herrn Präsidenten das Zeugniß gründlicher Bekanntschaft mit dem deutschen Rechte, in Sonderheit mit den Particular-Rechten der freien Städte ertheilt. Der Wahl des Herrn Dr. Pauli, welcher 50 Jahre alt und reformierter Religion

---

ein Verzeichnis und einige Einzeluntersuchungen herausgab. Er wirkte zudem auf praktische Art als Mitglied des Spruchkollegiums der Fakultät, des Obertribunals und des Staatsrats, weiterhin fungierte er als Kronsyndikus. Er starb am 20. Oktober 1874 in Berlin (Schubart-Fikentscher, Carl Gustav Homeyer, S. 589 f.).

709 Carl Gustav Homeyer bezog sich jedenfalls in seiner Antwort auf eine vorherige Anfrage Ludwig Hassenpflugs (AHL, ASA Interna, Nr. 15946, Schreiben Homeyers an Hassenpflug vom 29. Dezember 1842).

710 AHL, ASA Interna, Nr. 15946, Schreiben Hassenpflugs an den Lübecker Stadtsyndikus Dr. Buchholz vom 31. Dezember 1842.

711 AHL, ASA Interna, Nr. 15946, Schreiben Homeyers an Hassenpflug vom 29. Dezember 1842.

ist, traten wieviel hier bekannt keine der in dem § 5 der Gerichtsordnung enthaltenen Bestimmungen[712] entgegen, […].“[713]

Die Berufung wirkte allerdings zunächst nur einstweilig. Der wahlberechtigte Senat fällte seine endgültige Entscheidung nämlich erst, wenn der Kandidat eine vom Oberappellationsgericht gestellte Aufgabe zu dessen Zufriedenheit bewältigt hatte.[714] Mit diesem Verfahren beauftragte der Frankfurter Senat als aktueller Direktorialsenat am 13. März 1843 das Oberappellationsgericht.[715]

4. Eignungsprüfung

a) Proberelation

Zum Test gehörte zunächst die Anfertigung einer Proberelation. Die Relation diente zur Vorbereitung der Urteile, sie wurde von einem der Räte verfasst und bestand aus dem Faktum, dem Votum oder Gutachten und der Formel.[716] Zusätzlich zu der Relation mussten die Bewerber die Entscheidungsgründe entwerfen, genauso wie es auch in der tatsächlichen Praxis üblich war[717]. Zur Anfertigung eines derartigen Werks sandte das Oberappellationsgericht Carl Wilhelm Pauli eine seiner aktuell zu entscheidenden Prozessakten, nämlich den Hamburger Fall „Gläser vs. Gläser“, und teilte dies am 23. März 1843 dem Frankfurter Direktorialsenat mit.[718] Carl Wilhelm Pauli bearbeitete den Rechtsstreit, eine erbrechtliche Auseinandersetzung zwischen zwei Brüdern, auf insgesamt 165 Seiten und

---

712 Nach § 4 OAGO kamen nur rechtsgelehrte Deutsche von mindestens 30 Jahren als Räte in Frage, die der christlichen Religion anhingen und einen unbescholtenen Lebenswandel führten. Zudem verbot § 5 OAGO nahe Grade der Verwandtschaft oder Schwägerschaft mit anderen stimmberechtigten Gerichtsmitgliedern. Die nicht wahlbefugten Senate durften fehlende Anstellungsbedingungen rügen (Greb, Die Verfassung des OAG, S. 33), was in Carl Wilhelm Paulis Fall aber nicht geschah.

713 AHL, ASA Interna, Nr. 15946, Rundschreiben des Lübecker Rats an die Senate von Hamburg, Bremen und Frankfurt vom 11. Februar 1843.

714 § 7 OAGO.

715 AHL, ASA Interna, Nr. 15946, Schreiben des Frankfurter Direktorialsenats an das Oberappellationsgericht vom 13. März 1843.

716 Tirtasana, Der gelehrte Gerichtshof, S. 121.

717 Der referierende Rat verfasste bereits vor der Abstimmung das Urteil mitsamt Entscheidungsgründen nach dem Ergebnis seiner Relation. Einigten sich die Richter auf eine andere Lösung, musste der Vorschlag dementsprechend bearbeitet werden (§ 75 OAGO nebst Kommentierung durch Friedrich Bluhme).

718 AHL, OAG, A 115, Dokument Nr. 4, Bericht des Oberappellationsgerichts an den Frankfurter Direktorialsenat vom 23. März 1843.

reichte seine Lösung am 27. März 1843 beim Oberappellationsgericht ein,[719] das für den wahlberechtigten Lübecker Rat unter dem 20. April 1843 einen Bericht erstellte[720]. Es bemängelte zwar ein paar Unzulänglichkeiten, hielt das Resultat aber „im Ganzen für eine sehr gelungene Arbeit“[721]. So fand das Oberappellationsgericht, dass das Faktum abgesehen von manchen zu lang geschilderten oder übergangenen Tatsachen „klar und zweckmäßig vorgetragen ist, was in diesem Falle, wo dasselbe aus den in den weitläufigen Acten sehr gestreut vorkommenden Angaben und Urkunden mühsam zusammengetragen werden mußte, eine recht schwierige Aufgabe war“.[722] Das Gutachten kam mit Ausnahme der Kostenentscheidung zu demselben Ergebnis wie das spätere Originalurteil der Richter[723] und war bis auf wenige Fehler bemerkenswert, weil es „nicht nur die bey der Sache in Betracht kommenden Gesichtspunkte fast durchgängig richtig auffaßt und lustvoll entwickelt, sondern auch die gründlichen Kenntnisse des Verfassers in Ansehung sämtlicher in die Sache einschlagender Materien hinreichend bewährt“.[724] Schließlich wies der Entwurf der Entscheidungsgründe nur die Schwäche auf, dass er „für denjenigen, der das ausführliche Votum der Relation nicht kennt, in einigen Punkten schwer verständlich seyn dürfte“.[725] Insgesamt fielen die Kritikpunkte in Anbetracht der anspruchsvollen Aufgabe und Carl Wilhelm Paulis mangelnder Routine nicht maßgeblich ins Gewicht:

> „Zieht man […] in Erwägung, daß 1.) der Candidat, wenn ihm auch in seinem bisherigen Amte eine große Menge von Relationen durch die Hände gegangen ist, doch in der eigenen Ausarbeitung solcher noch eben keine Uebung gehabt hat, daß 2.) die ihm mitgetheilten Acten ihrem Bearbeiter sowohl in facto als in iure nicht geringe Schwierigkeiten darboten, und daß 3.) man wohl nicht leicht eine Arbeit von diesem Umfange finden wird, welche nicht zu einzelnen Ausstellungen […] Gelegenheit gäbe; so werden wir unser […] günstiges Urtheil für […] gerechtfertigt halten dürfen.“[726]

---

719 AHL, OAG, A 115, Dokument Nr. 5, Proberelation vom 27. März 1843.

720 AHL, ASA Interna, Nr. 15946, Gutachten des OAG vom 20. April 1843.

721 AHL, ASA Interna, Nr. 15946, Gutachten des OAG vom 20. April 1843, S. 3.

722 AHL, ASA Interna, Nr. 15946, Gutachten des OAG vom 20. April 1843, S. 3–5.

723 Das Oberappellationsgericht hob am 18. April 1843 das vorherige Erkenntnis des Obergerichts auf (Lorenzen-Schmidt, Gesamtinventar OAG, S. 182).

724 AHL, ASA Interna, Nr. 15946, Gutachten des OAG vom 20. April 1843, S. 4 f.

725 AHL, ASA Interna, Nr. 15946, Gutachten des OAG vom 20. April 1843, S. 5.

726 AHL, ASA Interna, Nr. 15946, Gutachten des OAG vom 20. April 1843, S. 5 f.

b) Fragen und Fälle

Außerdem musste Carl Wilhelm Pauli neun abstrakte Themen bearbeiten. Dazu zählten zwei theoretische „Fragen aus dem Römischen Rechte“, die das Oberappellationsgericht „wirklich musterhaft erörtert“ fand.[727] Sie betrafen die Abgrenzung verschiedener Rechtsinstitute, nämlich – nach heutigem Verständnis – von Vertragsstrafe, Rückkaufsvorbehalt und Wahlschuld sowie von Gesamtgläubigerschaft und unechten Verträgen zu Gunsten Dritter.[728] Zudem beurteilte Carl Wilhelm Pauli einen Streitstand zu einer Norm der *Hamburgischen Wechselordnung* und verglich erbrechtliche Regeln des Frankfurter Rechts mit denen des gemeinen Rechts.[729] Weiterhin löste er fünf kurze Fallbeispiele. Sie behandelten deliktische Schadensersatzansprüche, die Anfechtung einer zum Schein abgegebenen Willenserklärung, eine Klage auf Feststellung des Eigentums an einem Grundstück, die gemeinschaftliche Schuldverschreibung von Eheleuten und die Anordnung eines dinglichen Arrests.[730] Zwar erklärte das Oberappellationsgericht ein Ergebnis für „völlig verfehlt“ und kritisierte andere kleine Mängel, sah die Probleme aber dennoch als „vorzüglich behandelt und entschieden, und darin alles geleistet, was man bey einer in so kurzer Zeit zu vollendenden Arbeit nur erwarten dürfte“.[731] Dementsprechend fiel die Gesamtbewertung des Oberappellationsgerichts zu den Rechtsfragen und -fällen wie diejenige zur Proberelation sehr positiv aus:

> „So glauben wir […], unser Urtheil dahin abgeben zu dürfen, daß der Verfasser in diesen Ausarbeitungen einen rühmlichen Beweis gründlicher Kenntnisse, treffenden Urtheils und einer vorzüglichen Methode in der Behandlung juristischer Gegenstände geliefert habe.“[732]

5. Endgültige Ernennung

Der Lübecker Rat bestätigte „bei den günstigen Resultaten der Prüfung“ die Wahl und veranlasste per Dekret vom 22. April 1843 die Mitteilung dieser Entscheidung gegenüber Carl Wilhelm Pauli und den anderen drei Senaten.[733]

---

727 AHL, ASA Interna, Nr. 15946, Gutachten des OAG vom 20. April 1843, S. 7.
728 AHL, ASA Interna, Nr. 15946, Aufgaben Nr. 1 und Nr. 4.
729 AHL, ASA Interna, Nr. 15946, Aufgaben Nr. 5 und Nr. 7.
730 AHL, ASA Interna, Nr. 15946, Aufgaben Nr. 2, Nr. 3, Nr. 6, Nr. 8 und Nr. 9.
731 AHL, ASA Interna, Nr. 15946, Gutachten des OAG vom 20. April 1843, S. 6 f.
732 AHL, ASA Interna, Nr. 15946, Gutachten des OAG vom 20. April 1843, S. 7.
733 AHL, ASA Interna, Nr. 15946, Dekret des Lübecker Rats vom 22. April 1843.

6. Einführung und Vereidigung

Die offizielle Amtsübernahme sollte eine Kommission des Lübecker Rats stellvertretend für die vier Städte ausrichten.[734] Die Veranstaltung erfolgte am 04. Juli 1843 um 15:00 Uhr im Sitzungsraum des Oberappellationsgerichts, wobei neben den Vertretern des Lübecker Rats der Präsident Georg Arnold Heise und alle Räte anwesend waren.[735] Carl Wilhelm Pauli gelobte, seine Aufgaben unparteiisch und gewissenhaft wahrzunehmen.[736] Danach leistete sein Nachfolger, der vorherige Lübecker Advokat Eduard Haltermann[737], den Treueeid der Gerichtsmitarbeiter und den Amtseid des Sekretärs.[738] Im selben Monat machte das Oberappellationsgericht die Beförderungen bekannt.[739] So erreichte Carl Wilhelm Pauli nach fast 23-jähriger Funktion als Sekretär sein Ziel, als Richter am Oberappellationsgericht der vier freien Städte zu wirken.

II. Richterliche Tätigkeit

1. Organisation und Verfahren

Wie bereits als Sekretär unterstand Carl Wilhelm Pauli in seinem neuen Amt der Aufsicht des Präsidenten, der den Geschäftsgang des Gerichts leitete und sich in dieser Funktion nötigenfalls vom dienstältesten Rat vertreten ließ.[740] Er kontrollierte alle Gerichtsmitarbeiter und verteilte die eingehende Arbeit nach eigenem Ermessen auf die sechs Räte, wodurch die Selbstverwaltung des Oberappellationsgerichts gesichert werden sollte.[741] Regelmäßig bereitete der ausgewählte Rat die Urteilsfindung mit einer Relation vor.[742] In wichtigen und komplizierten

734 AHL, OAG, A 115, Dokument Nr. 11, Reskript des Frankfurter Direktorialsenats an das Oberappellationsgericht vom 20. Juni 1843; § 9 OAGO.

735 AHL, ASA Interna, Nr. 15946, Protokoll vom 04. Juli 1843.

736 AHL, ASA Interna, Nr. 15946, Protokoll vom 04. Juli 1843; § 10 OAGO.

737 Eduard Haltermann, geboren am 28. September 1808, war bis 1843 Advokat. Er blieb bis 1851 Sekretär, sodann wurde er Richter am Stadt- und Landgericht sowie 1863 Obergerichtsdirektor. Er starb am 29. November 1885 (AHL, Personenkartei, Nr. 120, Haltermann; AHL, Genealogisches Register Bd. 6, S. 194, Haltermann).

738 AHL, ASA Interna, Nr. 15946, Protokoll vom 04. Juli 1843; § 10 OAGO.

739 AHL, OAG, A 115, Dokument Nr. 15, Monatliche Bekanntmachung des Oberappellationsgerichts vom Juli 1843.

740 Vgl.: Greb, Die Verfassung des OAG, S. 79; § 49 OAGO.

741 Polgar, Das OAG der vier freien Städte, S. 86; §§ 49 f. OAGO.

742 Lediglich die Verwerfung der zivilrechtlichen *Appellation* wegen klarer formeller Unzulässigkeit durfte ohne Weiteres erfolgen (§§ 62 f. OAGO).

Zivil- sowie in erheblichen Strafsachen schrieb ein anderer Rat oder der Präsident zusätzlich noch eine Korrelation,[743] also einen zweiten Entscheidungsvorschlag. Diesen Abschlusswerken ging ein schriftliches und geheimes Verfahren voraus – erst ab 1864 fanden jedenfalls in Strafprozessen mündliche öffentliche Verhandlungen statt -,[744] das durch ein Schlussdekret endete, welches das Oberappellationsgericht erließ, sobald es den Fall für entscheidungsreif hielt.[745] Die Relation, die meistens einen größeren Umfang aufwies als die Entscheidungsgründe,[746] musste innerhalb von vier Wochen nach Aktenschluss und die Korrelation binnen weiterer drei Wochen beim Präsidenten eingereicht werden, der je nach Dringlichkeit der Angelegenheit kürzere oder längere Fristen festlegte.[747] Er trug die Sorge, dass der Verfasser der Relation spätestens in der Woche nach der Abgabe seinen Kollegen in einer der normalerweise drei Sitzungen über den Prozess berichtete.[748] Der Referent präsentierte dort seine Lösung, zudem erfolgte stets eine mündliche Korrelation durch einen der Räte oder den Präsidenten, der bei Zweifeln oder Meinungsverschiedenheiten eine freie Erörterung der Richter veranlasste.[749] Darauf folgte grundsätzlich sofort die Abstimmung, nur bei der Verhängung zehnjähriger Haft, noch strengeren Sanktionen oder in schwierigen Fällen auf besondere Anordnung des Präsidenten nahmen die Gerichtsmitglieder zuvor Akteneinsicht.[750] Das Urteil wurde in allen Sachen unter Mitwirkung der sechs Räte und des Präsidenten gefällt, es existierte keine Einteilung in Senate oder Kammern.[751] Zur Beschlussfähigkeit mussten der Präsident oder sein Stellvertreter und zumindest vier, ausnahmsweise bei Vakanz einer Ratsstelle oder dauerhafter unvermeidbarer Verhinderung Einzelner drei Räte anwesend sein.[752] Die Entscheidung fiel durch einfache Mehrheit, sodass bei normaler Beteiligung der sieben stimmberechtigten Personen eindeutige Beschlüsse entstanden.[753] Bei identischer Anzahl unterschiedlicher Voten zirkulierten die Akten gegebenenfalls unter den Kollegen, danach erfolgte noch ein

743 § 64 OAGO.
744 Polgar, Das OAG der vier freien Städte, S. 86; § 83 OAGO.
745 Tirtasana, Der gelehrte Gerichtshof, S. 120.
746 Tirtasana, Der gelehrte Gerichtshof, S. 122.
747 § 70 OAGO.
748 Polgar, Das OAG der vier freien Städte, S. 88; §§ 52, 71 OAGO.
749 §§ 64, 66 OAGO.
750 § 65 OAGO.
751 Greb, Die Verfassung des OAG, S. 78.
752 §§ 55–59 OAGO.
753 Tirtasana, Der gelehrte Gerichtshof, S. 122.

weiterer Versuch.[754] Herrschte weiter Stimmengleichheit, war nach dem Präjudiz des Oberappellationsgerichts oder – falls ein solches nicht existierte – nach dem Obergerichtsurteil zu erkennen, sofern es den Punkt in derselben Prozesslage bewertete.[755] Sonst siegte in Strafsachen die mildere Variante, während sich in Zivilprozessen die konforme Meinung des Referenten und Korreferenten und bei Verschiedenheit ihrer Ansichten die Auffassung des Präsidenten oder seines Stellvertreters durchsetzte.[756] Für Streitigkeiten aus Lübeck gab es die Sonderregel, dass die Parteien nach jeder Abstimmung ohne klares Ergebnis Vergleichsverhandlungen führen mussten.[757] Hatten die Richter eine Lösung erzielt, unterzeichneten sie das vom referierenden Rat entworfene Erkenntnis mitsamt den Entscheidungsgründen, das in der Kanzlei ausgefertigt wurde.[758] Die beurteilten Fälle waren etwa zu 86 % zivil- und zu 14 % strafrechtlich.[759]

2. Mitwirkung bei der Rechtsprechung

Der ganz überwiegende Anteil von Zivil- gegenüber Strafsachen zeigt sich auch bei einer Betrachtung der Prozesse, deren Entscheidung Carl Wilhelm Pauli durch eine Relation oder Korrelation vorbereitete.[760] Solche finden sich während seiner aktiven Zeit als Rat zwischen 1843 und 1869 in insgesamt 120 Zivil-[761] und 12 Strafakten[762], was einem Verhältnis von 91 % zu 9 % entspricht. Im Rahmen der zivilrechtlichen Fälle befasste sich Carl Wilhelm Pauli mit zahlreichen verschiedenen Themen. Sie entstammten teilweise dem Handels- und

754 §§ 72, 74 OAGO.

755 § 73 OAGO.

756 § 73 OAGO.

757 Ungefähr 6 % aller Prozesse vor dem Oberappellationsgericht endeten durch eine gerichtliche oder außergerichtliche Einigung. Als zusätzliche Option, das Verfahren selbst abzuschließen, stand dem Kläger die Klagrücknahme offen, die statistisch aber unbedeutend blieb (Tirtasana, Der gelehrte Gerichtshof, S. 118–120; § 73 OAGO).

758 §§ 75 f. OAGO.

759 Bis 1863 sprach das Oberappellationsgericht 4679 Urteile, davon ergingen 4047 in Zivil- und 632 in Strafsachen (Polgar, Das OAG der vier freien Städte, S. 89 f.).

760 Gegenstand der Auswertung sind allein die Fälle aus der freien Stadt Lübeck.

761 AHL, OAG, L I 258, 261, 263, 266, 268, 283, 285, 289, 290, 292, 299, 300, 308–310, 313, 314, 319, 321, 322, 327–329, 331, 334, 337, 338, 342, 344–349, 351, 354, 361, 362, 364, 367, 368, 376–379, 396, 397, 400, 401, 407, 410, 412–415, 417–419, 421, 425, 426, 428, 430, 432–435, 437, 443, 446–448, 450, 454, 457, 459, 460, 462, 469, 471, 473, 474, 484, 485, 490, 495, 497–500, 508, 510, 520, 522, 525, 527, 533–536, 540, 542, 546, 557, 559–562, 568, 570–572, 575, 578, 579, 581, 584, 588, 590, 592.

762 AHL, OAG, L II 17, 21, 27, 32, 36, 45, 46, 50, 55, 56, 58, 65.

Wechselrecht, mithin Schwerpunkten der Rechtsprechung des Oberappellationsgerichts[763]. Dementsprechend wiesen viele Streitigkeiten unter Kaufleuten einen handelsrechtlichen Hintergrund auf. Sie behandelten beispielsweise Schadensersatzansprüche wegen nicht erfolgter, verspäteter und mangelhafter Lieferung von Waren wie Roggen, Hanf und Wachs oder wegen vertragswidriger Verladung von Wolle, eine Kaufpreisforderung aus einer Lieferung von Laschen zur Verbindung von Eisenbahnschienen und gegenseitige Verbindlichkeiten aus einem Handel mit Seidentüchern.[764] Auch Wechselschulden bildeten regelmäßig den Gegenstand des Konflikts.[765] Die von Carl Wilhelm Pauli begutachteten Angelegenheiten betrafen allerdings darüber hinaus noch vielfältige andere Rechtsgebiete. Bemerkenswert sind zunächst die diversen gewerberechtlichen Auseinandersetzungen. In Lübeck waren die Handwerker nämlich in sogenannten Ämtern – die Bezeichnung stellt ein Synonym zur süddeutschen Zunft dar – zusammengefasst, die ihre Angehörigen durch zwei bis vier Älterleute beaufsichtigten und sich erst nach Einführung der Gewerbefreiheit am 01. Januar 1867 allmählich auflösten.[766] So waren diverse Ämter an Streitigkeiten beteiligt, etwa das Tischleramt, das Hauszimmerleuteamt, das Stuhlmacheramt, das Drechsleramt, das Weiß- und Fassbäckeramt, das Branntweinbrenneramt und das Knochenhaueramt. Dabei ging es um die Berechtigung zur Ausführung unterschiedlicher Tätigkeiten, beispielsweise zur Anfertigung von Treppen, Rohrbänken, Diwangestellen oder Mahagony-Steuerrädern, zum Verkauf von Nürnberger Spielwaren, Brot oder Spiritus und zum Schlachten von Rindvieh.[767] Weiterhin behandelten viele Prozesse Versicherungsforderungen wegen Brandschäden oder eines Schiffsuntergangs, teilweise wurde dabei versuchter Betrug durch überhöhte Schadensmeldungen oder die Rückzahlung einer bereits ausgezahlten Summe geltend gemacht.[768] Darüber hinaus traten zahlreiche erbrechtliche Konflikte auf, vereinzelt kamen aber auch familienrechtliche Auseinandersetzungen um Scheidung, Unterhalt oder die Herausgabe eines Kindes

763 Polgar, Das OAG der vier freien Städte, S. 76.

764 AHL, OAG, L I 258, 334, 407, 421, 432, 588; Lorenzen-Schmidt, Gesamtinventar OAG, S. 533, 549, 562, 564, 566, 594.

765 AHL, OAG, L I 261, 268, 377, 378, 562, 590; Lorenzen-Schmidt, Gesamtinventar OAG, S. 534 f., 557, 589, 594.

766 Graßmann, Gewerbe, S. 142 f.

767 AHL, OAG, L I 290, 308–310, 337, 367, 415, 474; Lorenzen-Schmidt, Gesamtinventar OAG, S. 539, 542, 549, 555, 563, 574.

768 AHL, OAG, L I 354, 364, 471, 495, 497–499, 536, 560, 571, 572; Lorenzen-Schmidt, Gesamtinventar OAG, S. 553 f., 573, 577 f., 584, 589, 591.

vor.[769] Einige Fälle stammten noch aus anderen Gebieten wie dem Vertragsrecht in Form der Einforderung eines Schenkungsversprechens, dem Nachbarschaftsrecht oder dem Besitzschutz.[770] Somit verlief Carl Wilhelm Paulis zivilrechtliche Arbeit sehr abwechslungsreich. Ein vielfältiges Bild zeigen ebenfalls die von ihm begutachteten Strafakten. Sie betrafen hauptsächlich Vermögensdelikte wie Diebstahl, Hehlerei und Betrug sowie bisweilen Fälschung, Beleidigung, Inzest und vorsätzliche Schiffsversenkung.[771]

Carl Wilhelm Pauli empfand die neue Aufgabe als große Herausforderung. So schrieb er schon Ende 1843 von der „Ueberhäufung mit Berufsarbeiten“, zu deren Bewältigung er sich in ein „ganz besonders stilles, häusliches Leben“ zurückzog.[772] Dennoch stellte ihn die anspruchsvolle Position als Rat, an der er sich geistig beweisen und entwickeln konnte, deutlich besser zufrieden als das Amt des Sekretärs.[773]

3. Arbeit unter drei verschiedenen Präsidenten

a) Schwerer Abschied von Georg Arnold Heise

Carl Wilhelm Pauli erlebte während seiner Amtszeit als Rat die Leitung der insgesamt drei Präsidenten des Oberappellationsgerichts. Acht Jahre nach seiner Beförderung, am 06. Februar 1851, starb Georg Arnold Heise.[774] Er erfüllte trotz gesundheitlicher Beschwerden bis zuletzt seine Dienstpflichten überaus gewissenhaft. So wurden die Sitzungen der Richter beispielsweise während einer achtwöchigen schweren Grippeerkrankung im Winter 1848/49 in sein Wohnhaus verlegt.[775] Bei der Beisetzung hielt Carl Wilhelm Pauli die Grabrede, was angesichts des Umstands, dass Georg Arnold Heise sich um ein freundschaftliches Verhältnis zu allen Räten bemühte, ihre besondere Verbindung verdeutlicht. Carl Wilhelm Pauli selbst führte dieses Privileg auf die äußerst lange gemeinsame Tätigkeit am Oberappellationsgericht zurück:

---

769 AHL, OAG, L I 292, 300, 313, 322, 344, 348, 349, 400, 401, 410, 447, 484, 490, 542, 559, 575, 578, 581, 592; Lorenzen-Schmidt, Gesamtinventar OAG, S. 539, 541, 543, 545, 551 f., 561 f., 569, 576 f., 586, 589, 591 f., 594.

770 AHL, OAG, L I 263, 412, 546; Lorenzen-Schmidt, Gesamtinventar OAG, S. 534, 563, 586.

771 AHL, OAG, L II 17, 21, 27, 32, 36, 45, 46, 50, 55, 56, 58, 65; Lorenzen-Schmidt, Gesamtinventar OAG, S. 618–624.

772 Poel, Carl Wilhelm Pauli. Ein Lebensbild, S. 81.

773 Vgl.: Poel, Carl Wilhelm Pauli. Ein Lebensbild, S. 81 f.

774 Vgl.: Schultze-v. Lasaulx, Georg Arnold Heise, S. 453.

775 Polgar, Das OAG der vier freien Städte, S. 178.

„Wenn von den hier versammelten Mitgliedern des O.-A.-Gerichts in dem ernsten Augenblicke, wo sie ihrem Präsidenten die letzte Ehre erweisen, ich es bin, der das Wort ergreift, so liegt meine Berechtigung dazu nur darin, daß die Motive der tiefsten Verehrung und Dankbarkeit gegen den Abgeschiedenen sich in mir, wie in keinem Anderen vereinigen, und sein Bild als Präsident des Gerichts sich nothwendig mir vollständiger und tiefer als einem meiner Collegen hat einprägen müssen. Denn anderthalb Jahre habe ich in Göttingen, ein lernbegieriger Schüler, zu seinen Füßen gesessen, und schon vier Jahre darauf ward mir der Vorzug zu Theil, in dem neugegründeten Gerichtshof, dessen oberste Leitung er damals im kräftigsten Mannesalter übernahm, zugleich mit ihm einzutreten und seitdem dreißig Jahre lang ununterbrochen und unmittelbar Zeuge seiner Wirksamkeit zu sein."[776]

Danach lobte Carl Wilhelm Pauli sowohl die fachlichen Fähigkeiten als auch die menschlichen Qualitäten des Verstorbenen,[777] dessen Unterstützung er maßgeblich den Gang seiner Karriere am Oberappellationsgericht verdankte.

b) Kurze Leitung des Carl Georg von Wächter

Die Führung des Oberappellationsgerichts, das zu diesem Zeitpunkt auf dem Höhepunkt seiner Anerkennung stand, trat nun *Carl* Joseph *Georg* Sigismund von Wächter an, der am 24. Dezember 1797 in Marbach am Neckar geboren wurde.[778] Von 1815 bis 1819 studierte er Jura in Tübingen, wo ihn sein Lehrer Heinrich Eduard Siegfried von Schrader für die Historische Rechtsschule einnahm[779], und in Heidelberg bei Anton Friedrich Justus Thibaut.[780] Danach arbeitete er als Oberjustizassessor am Kreisgericht Esslingen, bevor er 1822 einem Ruf der Universität Tübingen folgte, an der er mit großer Beliebtheit Strafrecht, Prozessrecht, württembergisches Privatrecht und Pandekten las.[781] Im Jahre 1825 erschien sein erstes wichtiges Werk *Lehrbuch des deutsch-römischen Strafrechts*, das wegen seiner gründlichen Quellenforschung auf diesem Gebiet führend wurde.[782] Carl Georg von Wächter verfolgte jedoch anscheinend einen Wechsel in die Praxis, so bewarb er sich 1832 nach dem Tod Friedrich Cropps erfolglos auf dessen Stelle am Oberappellationsgericht der vier freien Städte.[783]

776 v. Bippen, Georg Arnold Heise, S. 312.
777 Vgl.: v. Bippen, Georg Arnold Heise, S. 312–315.
778 v. Eisenhart, Carl Georg von Wächter, S. 435–437.
779 Haferkamp, Historische Rechtsschule, S. 22.
780 v. Eisenhart, Carl Georg von Wächter, S. 435.
781 Polgar, Das OAG der vier freien Städte, S. 180 f.
782 v. Eisenhart, Carl Georg von Wächter, S. 438.
783 Polgar, Das OAG der vier freien Städte, S. 185.

Er ging 1833 als Dozent für Strafrecht nach Leipzig, kehrte aber bereits 1836 an die Tübinger Universität zurück und übernahm dort das Amt des Kanzlers, das die Mitwirkung in der zweiten Kammer des Abgeordnetenhauses Württembergs mit sich brachte, die ihn 1839 zu ihrem Präsidenten wählte.[784] In dieser Funktion wirkte er am *Württembergischen Strafgesetzbuch* 1839 und der *Württembergischen Strafprozessordnung* 1843 mit.[785] Neben der politischen Aktivität betätigte er sich wissenschaftlich, ab 1839 publizierte er das *Handbuch des im Königreich Württemberg geltenden Privatrechts* und 1844 *Gemeines Recht Deutschlands, insbesondere gemeines deutsches Strafrecht.*[786] Sodann akzeptierte er 1851 auf Anraten Friedrich Carl von Savignys die Ernennung zum Nachfolger Georg Arnold Heises als Präsident des Oberappellationsgerichts der vier freien Städte in Lübeck.[787] Wegen seiner rechtshistorischen Bildung und des Talents, Kenntnisse aus der Wissenschaft praktisch umzusetzen, schien Carl Georg von Wächter für die Leitung des Gerichts besonders geeignet, prägte dessen Rechtsprechung aber nicht maßgeblich, da er bereits am 02. Juli 1852 – kein Jahr nach der Wahl am 12. August 1851 – um seine Entlassung bat.[788] Zwar nahm er das Amt wie sein Vorgänger Georg Arnold Heise äußerst pflichtbewusst wahr, konnte sich auf Dauer allerdings weder mit der norddeutschen Lebensart noch mit dem Umstand arrangieren, keine Zeit für wissenschaftliche Arbeit zu haben.[789] Er zog nach Sachsen, wo er an der Universität Leipzig Pandekten und Strafrecht las, Mitglied im Staatsgerichtshof war und sich erneut seinen Forschungen widmete, sodass er ab 1856 ein umfangreiches *Handbuch des sächsischen und thüringischen Strafrechts* herausgab.[790] Zudem wirkte er maßgeblich am *Bürgerlichen Gesetzbuch für das Königreich Sachsen* von 1865 mit, der letzten Partikularkodifikation vor dem *Bürgerlichen Gesetzbuch* von 1900, und saß 1867 in der verfassunggebenden Versammlung des Norddeutschen Bundes.[791] Carl Georg von Wächter starb am 15. Januar 1880 in Leipzig.[792]

---

784 Polgar, Das OAG der vier freien Städte, S. 181.
785 Polgar, Das OAG der vier freien Städte, S. 182.
786 v. Eisenhart, Carl Georg von Wächter, S. 438 f.
787 Tirtasana, Der gelehrte Gerichtshof, S. 34.
788 Polgar, Das OAG der vier freien Städte, S. 185 f., 188.
789 Polgar, Das OAG der vier freien Städte, S. 186–188.
790 v. Eisenhart, Carl Georg von Wächter, S. 437 f.
791 Polgar, Das OAG der vier freien Städte, S. 181–183.
792 v. Eisenhart, Carl Georg von Wächter, S. 435.

c) Abschluss mit Johann Friedrich Martin Kierulff

Die Suche des Nachfolgers für Carl Georg von Wächter dauerte ein Jahr, bis die vier Städte endlich Johann Friedrich Martin Kierulff wählten.[793] Er wurde am 09. Dezember 1806 in Schleswig geboren und studierte ab 1824 Jura in Kiel und München.[794] Nachdem ihm 1829 ein hervorragendes Examen und 1831 die Promotion gelungen war, wirkte er zuerst an der Universität Kiel als Privatdozent.[795] Dort erhielt er 1834 eine Professur für bürgerliches Recht, die er mit außerordentlicher Beliebtheit bei den Studenten wahrnahm.[796] Sein Pandektenkolleg zog eine solche Anzahl von Zuhörern an, wie sie bislang nur der Heidelberger Professor Anton Friedrich Justus Thibaut erreicht hatte.[797] Johann Friedrich Martin Kierulff gab 1839 sein wichtigstes Werk *Theorie des Gemeinen Civilrechts* heraus und forderte darin im Gegensatz zur damals herrschenden Historischen Rechtsschule, die nur im Volkgeist rechtsbildende Kräfte sah, eine staatliche Gesetzgebung.[798] Die Doktrin, das geltende Recht durch wissenschaftliche Erforschung seiner Entwicklung zu ermitteln, fand er praxisfremd.[799] Die aktuelle Geltung einer Regel folgte nach seiner Ansicht aus ihrer gegenwärtigen Übung, nicht aus ihrer Überlieferung in historischen Quellen, die nur als zusätzliche Bestätigung diene.[800] Zugleich kritisierte er das kodifikationsfreundliche Naturrecht. Dessen Bild, ein Herrscher könne die Rechtsordnung für alle vorkommenden Fälle sicher und widerspruchsfrei durch den Erlass eines Normsystems regeln, beurteilte er als unrealistisches Ideal, das ebenso wenig den Problemen der Rechtspraxis gerecht werde.[801] Johann Friedrich Martin Kierulff verlangte vielmehr ein Gesetz, das sich ausschließlich nach Praktikabilität richtete, da er allein solche Sätze als „wirkliches Recht" respektierte, die im tatsächlichen Gebrauch bestanden.[802] Das „wirkliche Recht" stelle also eine Kombination aus zwei Elementen dar, nämlich den gesetzlichen Normen einerseits und ihrer konkreten richterlichen Umsetzung andererseits, die von der rein praktisch orientierten

793 Polgar, Das OAG der vier freien Städte, S. 189.
794 Polley, Johann Friedrich Martin Kierulff, S. 595.
795 Eckert, Johann Friedrich Martin Kierulff, S. 32.
796 Polgar, Das OAG der vier freien Städte, S. 190 f.
797 Eckert, Johann Friedrich Martin Kierulff, S. 32.
798 Kierulff, Theorie des Zivilrechts, S. 1; Tirtasana, Der gelehrte Gerichtshof, S. 36.
799 Kierulff, Theorie des Zivilrechts, Einleitung, S. XIX.
800 Kierulff, Theorie des Zivilrechts, Einleitung, S. XXIV.
801 Kierulff, Theorie des Zivilrechts, Einleitung, S. XIV, XXV.
802 Kierulff, Theorie des Zivilrechts, S. 4 f.

Wissenschaft verbunden werden müssten.[803] Die Kritik an der Historischen Rechtsschule zeigte Wirkung, so versprach Friedrich Carl von Savigny 1840 in der Vorrede zum *System des heutigen Römischen Rechts*, ein ausgeglichenes Verhältnis zwischen Theorie und Praxis anzustreben.[804] Nach diesem Erfolg ging Johann Friedrich Martin Kierulff 1842 an die Universität Rostock, ab 1843 wirkte er als Rat am Oberappellationsgericht Mecklenburgs und ließ sich 1848/49 in die Frankfurter Nationalversammlung abordnen.[805] Im Anschluss an die Wahl zum Präsidenten des Oberappellationsgerichts der vier freien Städte wurde er am 30. Dezember 1853 in das Amt eingeführt, durch dessen sehr engagierte Wahrnehmung er das Renommee des angesehenen Gerichts noch steigerte.[806] Er erwies sich nach außen als souveräner Repräsentant und schuf intern ein sehr harmonisches und effektives Arbeitsklima mit den Räten, zu denen er ein freundschaftliches Verhältnis pflegte und die ihn vor allem wegen seines Taktgefühls und seines besonnenen Urteilsvermögens schätzten.[807] Trotz der praktischen Aufgabe arbeitete er wissenschaftlich und publizierte zwischen 1865 und 1872 die siebenbändige *Sammlung der Entscheidungen des Ober-Appellationsgerichts der vier freien Städte Deutschlands zu Lübeck*.[808] In dem breiten Werk, das fast alle entschiedenen Fälle des jeweils vorherigen oder laufenden Jahres aus den vier Städten aufnahm, erfolgte eine Erörterung der gerichtlichen Erkenntnisse mit dem Ziel, Theorie und Praxis deutlicher miteinander zu verknüpfen und so beide Materien besser zu durchdringen.[809] Dabei stand die Beschäftigung mit dem konkreten Einzelfall im Vordergrund, während die Abhandlungen des ersten Präsidenten Georg Arnold Heise, die er mit dem Rat Friedrich Cropp herausgab, dem jeweiligen Sachverhalt eher ein bestimmtes abstraktes Problem entnahmen und ihre Erörterungen darauf konzentrierten.[810] Auch Carl Wilhelm Pauli beteiligte sich engagiert an den Entscheidungssammlungen.[811] Der Umfang seines Beitrags lässt sich aber nicht genau ermitteln, weil die einzelnen Aufsätze keine Verfasser nennen, sondern der Herausgeber lediglich einleitend angibt, mit ihm „haben mehrere Mitglieder des Oberappellationsgerichts

803 Kierulff, Theorie des Zivilrechts, S. 38 f.
804 v. Savigny, Römisches Recht, Vorrede, S. XIV, XIX.
805 Polley, Johann Friedrich Martin Kierulff, S. 595.
806 Polgar, Das OAG der vier freien Städte, S. 194.
807 Polgar, Das OAG der vier freien Städte, S. 194 f.
808 Polgar, Das OAG der vier freien Städte, S. 195 f.
809 Tirtasana, Der gelehrte Gerichtshof, S. 97.
810 Tirtasana, Der gelehrte Gerichtshof, S. 97.
811 Poel, Carl Wilhelm Pauli. Ein Lebensbild, S. 83.

die Redaction übernommen"[812]. Johann Friedrich Martin Kierulff wirkte im Lübecker *Verein zur Pflege im Felde verwundeter und erkrankter Soldaten* des Deutsch-Französischen Kriegs 1870/71 und erhielt dafür das Eiserne Kreuz am weißen Bande.[813] Da er es ausgesprochen gut verstand, die Wissenschaft mit der richterlichen Tätigkeit zu verbinden, bewahrte er das hohe Ansehen des Oberappellationsgerichts bis zu dessen Auflösung am 01. Oktober 1879, nach der er in den Ruhestand trat.[814] Johann Friedrich Martin Kierulff starb am 17. Juli 1894 in Lübeck.[815]

III. Außerberuflicher Einsatz für städtische Interessen

1. Persönliche Beiträge zur historischen Forschung

a) Aktivität im *Verein für Lübeckische Geschichte*

Wie Carl Wilhelm Pauli bereits vor seiner Beförderung befürchtet hatte, fand er wegen der hohen Arbeitsbelastung als Rat nicht mehr genug Zeit, seine wissenschaftliche Tätigkeit mit gleichbleibender Intensität zu verfolgen.[816] Nachdem die ersten drei Teile der forschungsaufwändigen *Abhandlungen aus dem Lübischen Recht* sehr zügig hintereinander zwischen 1837 und 1841 erschienen waren, ließ nun eine Fortsetzung gut zwanzig Jahre auf sich warten.[817] Die anspruchsvolle Stelle hinderte ihn aber nicht ganz daran, weiter seiner Zuneigung für lübische Historie nachzugehen und sich zu diesem Zweck im *Verein für Lübeckische Geschichte* zu betätigen. Inspiriert vom allgemeinen Aufschwung geschichtlicher Forschungen nach dem Ende der Franzosenzeit, wurde diese Initiative von der *Gesellschaft zur Beförderung gemeinnütziger Tätigkeit* am 04. Dezember 1821 als *Ausschuss für das Sammeln und Erhalten der Quellen und Denkmäler der Geschichte Lübecks* errichtet.[818] Der Zusammenschluss, der die älteste Tochter der *Gesellschaft zur Beförderung gemeinnütziger Tätigkeit* und einen der ersten deutschen Geschichtsvereine repräsentierte, stellte zwar eifrig, jedoch zunächst planlos historische Dokumente zusammen und löste sich

812 Kierulff, Sammlung der Entscheidungen des OAG, Vorwort, S. III.
813 Polgar, Das OAG der vier freien Städte, S. 191 f.
814 Polgar, Das OAG der vier freien Städte, S. 196.
815 Polley, Johann Friedrich Martin Kierulff, S. 595.
816 Vgl.: Ahrens, Carl Wilhelm Pauli, S. 330.
817 Zum vierten Teil, der erst 1865 erschien, unten F. III. 1. c).
818 Ahrens, Franzosenzeit bis Erster Weltkrieg, S. 603 f.

mangels einer festen inneren Organisation um 1830 fast auf, bevor eine bessere Strukturierung gelang.[819] Carl Wilhelm Pauli trat der Gruppe 1837 bei.[820] Sie nannte sich ab 1843 *Verein für Lübeckische Geschichte* und ab 1853 *Verein für Lübeckische Geschichte und Altertumskunde.*[821] Unter letzter Bezeichnung fördert sie bis heute durch wissenschaftliche Arbeit und vielfältige Veranstaltungen – wie Vorträge, Gesprächsabende, Führungen und Exkursionen – die Erforschung, Verbreitung und Erhaltung der Stadtgeschichte mitsamt ihren Zeugnissen.[822] Die Vereinigung veröffentlichte 1843 erstmals das *Urkundenbuch der Stadt Lübeck*, das bis 1905 in elf Teilen mittelalterliche Zeugnisse aus der Zeit von 1139 bis 1470 zusammentrug.[823] Dabei wirkte Carl Wilhelm Pauli jedenfalls bei der Erläuterung der lateinisch abgedruckten Quellen mit.[824] Sie betrafen diverse Vorgänge mit lübischem Bezug, etwa den Frieden mit einer fremden Macht, die Gründung eines Klosters, die Festlegung der Gebietsgrenzen oder den Verkauf eines Dorfes.[825] Carl Wilhelm Pauli übernahm 1852 den Vorsitz des Vereins, den er bis 1861 und noch einmal von 1868 bis 1869 innehatte.[826] Daher liegt es nahe, dass er zumindest am zweiten Band des *Urkundenbuchs der Stadt Lübeck* 1858 maßgeblichen Anteil hatte.[827] Im Amt als Vorstand fungierte er auch als Hauptschriftleiter der bis heute erscheinenden *Zeitschrift des Vereins für Lübeckische Geschichte und Altertumskunde.*[828] Für ihre erste Auflage 1860 lieferte er fünf verschiedene historische Artikel. Dazu zählte ein Aufsatz *Ueber die ursprüngliche Bedeutung der ehemaligen Wette*[829], ein früheres Sühnegeld, das ein Rechtsbrecher der Gemeinschaft zahlen musste. Sein *Beitrag zur Geschichte*

---

819 v. Brandt, Hundert Jahre ZVLGA, S. 5.

820 ZVLGA/1860, Mitgliederverzeichnis, S. 8.

821 Ahrens, VLGA, S. 395.

822 Ahrens, VLGA, S. 395.

823 Simon, Urkundenbuch, S. 393.

824 Die Bearbeiterliste führt Carl Wilhelm Pauli (VLG, Urkundenbuch, Verzeichnis der Subscribenten, S. I). Laut seinem Cousin Gustav Paul Poel schrieb er zudem die Einleitung und prägte die Gestaltung (Poel, Carl Wilhelm Pauli. Ein Lebensbild, S. 72). Das Werk selbst gibt darüber aber keinen Aufschluss, zumindest nennt das Vorwort keinen konkreten Verfasser (VLG, Urkundenbuch, Vorwort, S. XII).

825 VLG, Urkundenbuch, S. 4, 7, 9, 13.

826 AHL, Findbuch VLGA, S. IV.

827 Das zweite Buch von 1858 enthält – ebenso wenig wie die drei Fortsetzungen von 1871, 1873 und 1877, die noch zu Carl Wilhelm Paulis Lebzeiten erschienen – keinen ausdrücklichen Hinweis auf seine Mitarbeit.

828 v. Brandt, Hundert Jahre ZVLGA, S. 6.

829 Pauli, Über die ursprüngliche Bedeutung der Wette, S. 197–218.

des Lübeckischen Vogts[830] sowie *Aeltere Straferkenntnisse aus dem nicht mehr vorhandenen liber judicii*[831] betrafen ebenso Aspekte der Stadtjustiz. *Die Bäcker zu Lübeck in den Hungerjahren 1545 bis 1547*[832] sprach dagegen eher eine soziale Materie an, während sich die Abhandlung *Aus dem Tagebuche des Lübeckischen Bürgermeisters Henrich Brokes*[833], die Carl Wilhelm Pauli im zweiten Magazin von 1867 fortführte, mit einer städtischen Persönlichkeit des 17. Jahrhunderts befasste.

b) Beginn des neuen Werks über *Lübeckische Zustände*

Im Jahre 1847 gab Carl Wilhelm Pauli außerdem selbst eine weitere Schrift über *Lübeckische Zustände zu Anfang des vierzehnten Jahrhunderts* heraus. Dabei handelte es sich um sechs Vorlesungen, die er zwischen 1838 und 1846 bei den Vortragsabenden der *Gesellschaft zur Beförderung gemeinnütziger Tätigkeit* mündlich gehalten hatte und nun gedruckt veröffentlichte.[834] Den Stoff für die Referate verdankte er dem Fund der Stadtbücher 1834, aus denen er eigentlich nur die *Abhandlungen aus dem Lübischen Recht* fertigen wollte:

> „Bei meinen, die urkundliche Darstellung unsers älteren Rechtszustandes bezweckenden Forschungen konnte es nicht fehlen, daß mir beiläufig auch manche wissenswerthe Nachrichten über Topographie, Statistik, Verfassung und Geschichte unsers kleinen Gemeinwesens in die Hände liefen. Ich habe sie nicht eigentlich aufgesucht [...]; aber ich habe sie [...] nicht verschmäht, sondern als dankenswerthen Nebengewinn gerne eingezogen."[835]

Im Gegensatz zu den wissenschaftlichen *Abhandlungen aus dem Lübischen Recht* erörterte Carl Wilhelm Pauli in den *Lübeckischen Zuständen* die mittelalterlichen Lebensverhältnisse – also wirtschaftliche, rechtliche und kulturelle Aspekte -[836] auf allgemeinverständliche Weise.[837] Die besondere Herausforderung lag darin,

830 Pauli, Beitrag zur Geschichte des Lübeckischen Vogts, S. 219 f.

831 Pauli, Ältere Straferkenntnisse aus dem liber judicii, S. 392 f.

832 Pauli, Die Bäcker zu Lübeck, S. 386–392.

833 Pauli, Henrich Brokes, ZVLGA/1860, S. 79–92, 173–183, 281–347; Pauli, Henrich Brokes, ZVLGA/1867, S. 1–37, 254–296, 367–465.

834 Frensdorff, Paulis juristisch-literarische Tätigkeit, S. 107.

835 Pauli, Lübeckische Zustände Bd. 1, S. 1.

836 Die sechs Vorlesungen führten folgende Titel: *Das Stadtgebiet*, *Die Stadt*, *Die Einwohnerschaft*, *Der Rath und der Vogt*, *Zustände des Familien- und Erbrechts* und *Das Creditwesen und der Handelsverkehr* (Pauli, Lübeckische Zustände Bd. 1, S. 1, 31, 56, 77, 100, 121).

837 Frensdorff, Paulis juristisch-literarische Tätigkeit, S. 107 f.

alle Teilnehmer anzusprechen, weil sie aus einem breiten Gesellschaftsspektrum mit unterschiedlichem Bildungsniveau kamen:

> „Bedenkt man nun aber, daß die Versammlung der Hörer […] aus achtbaren Mitgliedern aller Classen der Bürger besteht, daß darin nicht bloß Studirte, sondern auch Kaufleute und Handwerksmeister sich finden, so wird man zugeben müssen, daß es eine einigermaßen bedenkliche Aufgabe ist, selbst einen historischen Stoff auf eine Weise zu behandeln und darzustellen, die dem Einen faßlich und dem Andern nicht langweilig sei."[838]

Die Balance gelang Carl Wilhelm Pauli, der die Themen sowohl für Laien als auch für vorgebildete Personen nachvollziehbar, interessant und anschaulich darstellte.[839] Die Eignung seiner Vorlesungen für das gesamte Publikum legt ebenso der Umstand nahe, dass er die Vortragsarbeit beibehielt und diese teils als Grundlage zweier weiterer Bände der *Lübeckischen Zustände* diente, die er nach Ende seiner aktiven Zeit als Rat und im Ruhestand veröffentlichte.[840]

c) Fortsetzung der *Abhandlungen aus dem Lübischen Recht*

Erst 1865 erschien der vierte und zugleich letzte Teil von Carl Wilhelm Paulis wissenschaftlichen *Abhandlungen aus dem Lübischen Recht*, der *Die s.g. Wieboldsrenten oder die Rentenkäufe des Lübischen Rechts* auf 151 Seiten behandelte. Bereits nach der Herausgabe des dritten Buches 1841 hatte er das nächste Werk angefangen, doch die 1843 „eingetretene Veränderung meiner amtlichen Stellung nöthigte mich indessen, die Arbeit gänzlich bei Seite zu legen".[841] Nach der Beförderung zum Rat konnte Carl Wilhelm Pauli nur „die einzige für erhebliche Privatarbeiten mir zu Gebote stehende Mußezeit der Gerichtsferien[842] […] benutzen, um […] die gesammelten Urkunden […] mit einem kurzen Commentar […] zu versehen und eine Darstellung und Kritik der Behandlung hinzuzufügen".[843] Im Gegensatz zu den ersten drei Schriften verband er mit dieser Publikation jedoch nicht mehr die Hoffnung, durch geschichtliche Untersuchungen maßgeblich die aktuelle Rechtsentwicklung zu beeinflussen. Denn

838 Pauli, Lübeckische Zustände Bd. 1, Vorwort, S. IV.
839 Frensdorff, Paulis juristisch-literarische Tätigkeit, S. 107 f.
840 Zum zweiten Teil 1872 unten G. IV., zum dritten Band 1878 unten G. VI.
841 Pauli, Abhandlungen aus dem Lübischen Recht Bd. 4, Vorwort.
842 Das Oberappellationsgericht hielt vom 22. Juli bis zum 31. August Ferien, zur Erledigung eiliger Sachen mussten sich jedoch stets ein Richter in Lübeck und zwei Richter in maximaler Distanz von zwei Tagesreisen aufhalten (§§ 22, 24 OAGO).
843 Pauli, Abhandlungen aus dem Lübischen Recht Bd. 4, Vorwort.

mittlerweile waren in Lübeck viele materiell-rechtliche und prozessuale Gesetze in Kraft getreten, die das revidierte Stadtrecht von 1586 weitgehend aufhoben, etwa 1862/64 über das Erb- und Ehegüterrecht.[844] Sie betrafen also gerade Materien, die Carl Wilhelm Pauli mit den ersten drei Veröffentlichungen fortbilden wollte. So beklagte er, dass „die Gesetzgebung […], die Dämme gegebener Zustände durchbrechend, sich über alles Bestehende nicht nur des öffentlichen, sondern auch des Privatrechts dermaaßen zerstörend ergießen" würde, und zog frustriert den Schluss, „daß durch die neueste Gesetzgebung meine seitherigen Forschungen größtentheils zum Werth oder Unwerth rein antiquarischer herabgesetzt sind".[845]

2. Andere engagierte Richterkollegen

a) Johann Friedrich Hach

Zu Carl Wilhelm Paulis Einsatz für die Interessen der Stadt mag neben seinem eigenen dahingehenden Antrieb der Umstand beigetragen haben, dass aus dem Kreis der Räte, mit denen er am Oberappellationsgericht arbeitete, einige Personen trotz der zahlreichen Berufsgeschäfte intensiv für lübische Belange eintraten. Dazu gehörte Johann Friedrich Hach, der am 12. August 1769 in Lübeck geboren wurde[846]. Er fing 1788 ein Theologiestudium in Jena an und wechselte nach einem Semester zu den Rechtswissenschaften, die er ab 1790 in Göttingen fortsetzte.[847] In seine Heimatstadt kehrte er 1791 zurück, wo er mit Erfolg als Advokat und ab 1794 als Niedergerichtsprokurator wirkte.[848] Er wurde 1805 in den Rat gewählt und bemühte sich nach der Besetzung der Franzosen im November 1806 als Leiter der Einquartierungskommission um die gerechte Verteilung der Okkupationskosten.[849] Daneben nahm er diverse diplomatische

844 Das *Gesetz, das Erbrecht der Eheleute und der Blutsfreunde, die letztwilligen Verfügungen so wie die Erbgüter betreffend* galt ab 15. Februar 1862, das *Gesetz, die Haftung der Ehefrauen für Verbindlichkeiten ihrer Ehemänner betreffend* ab 01. März 1864. Ab letzterem Datum wirkten noch fünf weitere lübische Gesetze, nämlich das *Gesetz über die Gerichtsverfassung der freien und Hansestadt Lübeck*, die *Civilproceß-Ordnung*, die *Concurs-Ordnung*, die *Strafproceß-Ordnung* und das *Straf-Gesetzbuch*, außerdem wurde das 1861 im Bundestag erlassene *Allgemeine Deutsche Handelsgesetzbuch* übernommen (Landwehr, Lübisches Recht, S. 62 f.).

845 Pauli, Abhandlungen aus dem Lübischen Recht Bd. 4, Vorwort.

846 Ahlers, Johann Friedrich Hach, S. 405.

847 Frensdorff, Johann Friedrich Hach, S. 289.

848 Graßmann, Johann Friedrich Hach, S. 151.

849 Polgar, Das OAG der vier freien Städte, S. 199 f.

Missionen – etwa in Stralsund, Hamburg und Paris – wahr und bereitete nach der Einverleibung der Hansestädte ins Kaiserreich Frankreich 1810 die nötigen Schritte zur Übernahme des französischen Rechts vor.[850] Da er während der dreimonatigen Vertreibung der Besatzer 1813 die Erneuerung der Eigenstaatlichkeit verfolgte, versteckte er sich nach ihrer Rückkehr zum Schutz vor Repressalien mehrere Monate im Haus seiner Schwiegereltern.[851] Im Anschluss an die endgültige Befreiung im Dezember 1813 setzte er sich bis Juni 1814 im Hauptquartier der Alliierten, das zuletzt in Paris lag, für die Unabhängigkeit der Hansestädte ein.[852] Auf dem Wiener Kongress, an dem er von September 1814 bis Juni 1815 teilnahm, verteidigte er die Souveränität seiner Heimatstadt gegen dänische Inkorporationsbemühungen.[853] Er half bei der Eröffnung der Bundesversammlung in Frankfurt am Main und führte von November 1816 bis März 1817 die Stimme der vier freien Städte im Engeren Rat.[854] Primär aus finanziellen Gründen strebte Johann Friedrich Hach einen Posten am Oberappellationsgericht der vier freien Städte an und wurde am 26. August 1820 mit der Fürsprache Georg Arnold Heises auf die Lübecker Ratsstelle berufen, die er trotz mancher Frustration über die hohe Arbeitslast gewissenhaft erfüllte.[855] Dennoch fand er Zeit, sich in der *Gesellschaft zur Beförderung gemeinnütziger Tätigkeit* zu engagieren. Er saß ihr von 1825 bis 1830 und von 1833 bis 1836 als Direktor vor und hielt etwa vierzig Vorträge zu historischen und aktuellen Themen, beispielsweise zur Frauenbildung.[856] Auch interessierte er sich – wie Carl Wilhelm Pauli – sehr für Geschichte. Er initiierte 1821 den *Ausschuss für das Sammeln und Erhalten der Quellen und Denkmäler der Geschichte Lübecks*, den Vorläufer des bis heute bestehenden *Vereins für Lübeckische Geschichte und Altertumskunde,*[857] saß ihm bis 1832 vor[858] und blieb bis 1835 Mitglied[859]. Er untersuchte die Rechtsgeschichte der Stadt und schuf mit dem Werk *Das ältere Lübische Recht* von 1839 eine wichtige Grundlage für ihre weitere Erforschung.[860] Am 10. Juni 1850 ging

850 Hundt, Johann Friedrich Hach, S. 256 f.
851 Hundt, Johann Friedrich Hach, S. 257 f.
852 Frensdorff, Johann Friedrich Hach, S. 290.
853 Hundt, Johann Friedrich Hach, S. 258.
854 Graßmann, Johann Friedrich Hach, S. 152.
855 Polgar, Das OAG der vier freien Städte, S. 203–207.
856 Graßmann, Johann Friedrich Hach, S. 153.
857 Ahrens, Franzosenzeit bis Erster Weltkrieg, S. 603.
858 AHL, Findbuch VLGA, S. IV.
859 ZVLGA/1860, Mitgliederverzeichnis, S. 8.
860 Ahlers, Johann Friedrich Hach, S. 405.

Johann Friedrich Hach in den Ruhestand und starb am 29. März 1851 einige Wochen nach seinem Freund Georg Arnold Heise,[861] dessen Präsidentschaft er bis auf das letzte halbe Jahr und am längsten von allen Räten erlebt hatte[862].

b) Christian Gerhard Overbeck

Ein weiterer Sohn der Stadt, der sich neben seiner richterlichen Arbeit um das Gemeinwohl Lübecks kümmerte, war Christian Gerhard Overbeck. Er wurde am 05. Januar 1784 als ältestes Kind des späteren Bürgermeisters Christian Adolph Overbeck geboren.[863] Ab 1804 studierte er Rechtswissenschaften in Jena, wo er Freundschaft schloss mit seinem Lehrer Anton Friedrich Justus Thibaut, dem er 1805 an die Universität Heidelberg folgte.[864] Dort traf er auch den Professor Georg Arnold Heise, mit dem er sich ebenfalls anfreundete.[865] Bemerkenswerter Weise erhielt er 1805/06 – wie bereits sein Vater Christian Adolph Overbeck während dessen Göttinger Jurastudiums 1774/75 – das Paulische Familienstipendium.[866] Nach dem Abschluss 1807 kehrte er in seine Heimatstadt zurück und arbeitete als Advokat und Notar, darüber hinaus wirkte er in der *Gesellschaft zur Beförderung gemeinnütziger Tätigkeit*, in der er viele Vorträge hielt, sowie 1814 in einer Unterstützungskommission für die von den Franzosen vertriebenen Hamburger Bürger.[867] Im selben Jahr trat sein Vater Christian Adolph Overbeck das Bürgermeisteramt an, das er bis 1821 innehatte.[868] Als Bremen 1823 die mit Frankfurt abwechselnd zu besetzende Ratsstelle am Oberappellationsgericht vergab, fiel die Wahl auf Christian Gerhard Overbeck, der nach seiner Einführung am 28. Mai 1824 die Aufgaben fleißig, ausgeglichen und mit scharfer Urteilskraft wahrnahm, weshalb ihn seine Kollegen sehr schätzten.[869] Sein öffentliches Engagement führte er dennoch fort, so fungierte er von 1830 bis 1832 und von 1836 bis 1839 mit großer Hingabe als Direktor der *Gesellschaft zur Beförderung gemeinnütziger Tätigkeit* und nahm 1842 unter erheblichem Einsatz

---

861 Frensdorff, Johann Friedrich Hach, S. 291 f.

862 Vgl. die Daten der anderen Räte unter Georg Arnold Heise in: Polgar, Das OAG der vier freien Städte, S. 209, 214, 216, 223, 225, 229, 233 f., 238, 243, 246, 249.

863 Behn, Christian Gerhard Overbeck, S. 57.

864 Polgar, Das OAG der vier freien Städte, S. 229.

865 Behn, Christian Gerhard Overbeck, S. 58.

866 Kulenkampff, Das Paulische Familienstipendium, S. 217, 223.

867 Behn, Christian Gerhard Overbeck, S. 58 f.

868 Meier, Christian Adolph Overbeck, S. 721.

869 Polgar, Das OAG der vier freien Städte, S. 230–232.

an einer Kommission zur Revision der lübischen Verfassung teil.[870] Christian Gerhard Overbecks Tod am 29. Januar 1846 traf aus seinem Berufsumfeld vor allem Georg Arnold Heise, mit dem ihn ein besonders enges Verhältnis verband.[871]

c) Georg Friedrich Ludwig Oppenheimer

Auch Georg Friedrich Ludwig Oppenheimer, dem Carl Wilhelm Pauli bei der letzten Besetzung einer Ratsstelle vor der eigenen Beförderung unterlag, war trotz seiner hamburgischen Herkunft im sozialen Leben Lübecks präsent. Er kam am 15. November 1805 in Hamburg zur Welt, studierte ab 1823 Jura in Heidelberg und arbeitete ab 1826 in seiner Heimatstadt als Advokat.[872] Er gewann umfassende Rechtskenntnisse, die ihm große Anerkennung in der Praxis erwarben, sodass er am 25. April 1842 auf den Hamburger Ratsposten am Oberappellationsgericht berufen wurde.[873] Aus gesundheitlichen Gründen ließ er sich 1853 in den Ruhestand versetzen,[874] lebte aber weiter in Lübeck. Sein Zustand hinderte ihn nicht, noch im selben Jahr das Amt des Direktors der *Gesellschaft zur Beförderung gemeinnütziger Tätigkeit* zu übernehmen, das er bis 1856 ausübte.[875] Er verstarb am 07. Oktober 1884 in Lübeck.[876]

d) Adolph Laspeyres

Mit Ernst *Adolph* Theodor Laspeyres, geboren am 09. Juli 1800 in Berlin,[877] förderte ein weiterer ursprünglich auswärtiger Rat nach seiner Ernennung sehr rege das lübische Gemeinwohl. Er begann 1818 in seiner Geburtsstadt ein Studium der Rechtswissenschaften und schloss sich unter dem Einfluss seines Professors Friedrich Carl von Savigny der Historischen Rechtsschule an.[878] Nach einem einjährigen Wechsel an die Universität Göttingen 1821/22 kehrte er wieder nach Berlin zurück, wo er 1824 die Promotion und 1825 die Habilitation absolvierte.[879]

870 Behn, Christian Gerhard Overbeck, S. 59.
871 Polgar, Das OAG der vier freien Städte, S. 232 f.
872 Schröder/Klose, Lexikon der hamburgischen Schriftsteller, S. 609.
873 Polgar, Das OAG der vier freien Städte, S. 238.
874 Schröder/Klose, Lexikon der hamburgischen Schriftsteller, S. 610.
875 Vgl. die Liste der Direktoren in: Behrens, 175 Jahre Gemeinnützige, S. 143.
876 Polgar, Das OAG der vier freien Städte, S. 238.
877 Laspeyres, Adolph Laspeyres, S. 739.
878 Haferkamp, Historische Rechtsschule, S. 21, 107.
879 Polgar, Das OAG der vier freien Städte, S. 243.

Er las dort fortan vor allem Kirchenrecht sowie deutsches Privatrecht und folgte 1831 einem Ruf nach Halle, wo er dieselben Fächer unterrichtete.[880] Sein bedeutsamstes Werk *Geschichte und heutige Verfassung der katholischen Kirche Preußens* publizierte er im Jahre 1840.[881] Er ging 1844 an die Universität Erlangen und gab Vorlesungen in deutschem Privat-, Lehens-, Handels- und Wechselrecht sowie in deutscher Staats- und Rechtsgeschichte.[882] Auf Anraten Friedrich Carl von Savignys berief ihn die Stadt Frankfurt auf ihre Ratsstelle am Oberappellationsgericht, in die er am 12. August 1846 eingeführt wurde.[883] Wegen seiner fundierten Kenntnisse im römischen Recht ergänzte er sich bei der richterlichen Arbeit gut mit dem in den Stadtrechten versierten Carl Wilhelm Pauli,[884] der ihn bei der vorherigen Wahl ausgestochen hatte. Die ehemaligen Konkurrenten verband außerdem ihr Einsatz im *Verein für Lübeckische Geschichte*, dem Adolph Laspeyres 1847 beitrat[885]. Im vierköpfigen Redaktionsausschuss prägte er zusammen mit Carl Wilhelm Pauli, der als Vorsitzender zugleich Hauptschriftleiter war, die erste Vereinszeitschrift von 1860.[886] Weitere Gemeinsamkeiten bestanden darin, dass Adolph Laspeyres sich in der Reformierten Gemeinde sowie in der *Gesellschaft zur Beförderung gemeinnütziger Tätigkeit* engagierte[887]. Angesichts dieser vielfachen Parallelen repräsentierte er wohl neben Johann Friedrich Hach die Person im Kreis von Carl Wilhelm Paulis Richterkollegen, die mit ihm die meisten Eigenschaften und Aktivitäten teilte. Obwohl Adolph Laspeyres manchmal stur auf seiner Meinung beharrte, erfreute er sich in Folge seines umfassenden Wissens in nahezu allen Rechtsgebieten und seines Fleißes großer Beliebtheit bei den Gerichtsmitarbeitern, die er entsprechend seiner geselligen Natur regelmäßig zu sich nach Hause einlud.[888] Er erlitt 1862 einen Schlaganfall, der ihn zur Niederlegung seiner Berufsgeschäfte zwang.[889] Da Ungewissheit herrschte, ob und in welcher Geschwindigkeit er sich erholen würde, erhielt er unter Fortdauer seines eigenen Ratsstatus einen Stellvertreter, der als vorläufiger siebter Rat seine Aufgaben wahrnahm und erst nach seinem Tod endgültig in

880 Laspeyres, Adolph Laspeyres, S. 739.
881 Brandt, Adolph Laspeyres, S. 660.
882 Laspeyres, Adolph Laspeyres, S. 740.
883 Polgar, Das OAG der vier freien Städte, S. 244.
884 Polgar, Das OAG der vier freien Städte, S. 245.
885 ZVLGA/1860, Mitgliederverzeichnis, S. 8.
886 v. Brandt, Hundert Jahre ZVLGA, S. 6.
887 Laspeyres, Adolph Laspeyres, S. 740.
888 Polgar, Das OAG der vier freien Städte, S. 245.
889 Brandt, Adolph Laspeyres, S. 659.

den Posten einrückte.[890] Adolph Laspeyres zog sich 1865 nach Halle zurück, wo er am 15. Februar 1869 verstarb.[891]

IV. Teilnahme an der Germanistenversammlung

1. Politischer Hintergrund und Zielsetzung

Carl Wilhelm Pauli interessierte sich jedoch nicht nur für interne Belange seiner Heimatstadt, sondern vertrat die lübischen Interessen auch nach außen und bezog Stellung zur gesamtdeutschen Situation. Davon zeugt die Mitarbeit an der zweiten Germanistenversammlung, einem Treffen von Gelehrten, die über wissenschaftlichen Austausch hinaus politische Themen zu beeinflussen suchten. Die beiden Veranstaltungen 1846/47 fielen in eine konfliktgeladene Zeit, die kurz darauf in die Revolution von 1848/49 mündete. Zwar gelang es den restaurativ gesinnten Herrschern durch die *Karlsbader Beschlüsse* 1819, die aus den Befreiungskriegen folgende Nationalbewegung in den 1820er Jahren zu unterbinden, doch die oppositionellen Kräfte keimten unter dem Eindruck anderer europäischer Revolten 1830 wieder auf.[892] Dazu zählte vor allem die französische Julirevolution, mit der das Volk die konservative, vom Adel getragene Herrschaft der Bourbonen beendete und den „Bürgerkönig" Louis Philippe einsetzte.[893] Die Pariser Straßenkämpfe führten zum Ausbruch umstürzlerischer Tendenzen in anderen europäischen Ländern, so sagten sich die Belgier vom Königreich der Niederlande los und gründeten ihre eigene konstitutionelle Monarchie, während Proteste in Polen und Italien unterdrückt wurden.[894] In den deutschen Gebieten blieb es meistens bei einzelnen lokalen Konfrontationen – teils friedlich in den Landtagen, teils in Form gewaltsamer Übergriffe -, lediglich im Südwesten kam der von Kleinbürgern, Studenten, Handwerkern und Bauern getragene Widerstand einer Volkserhebung nahe.[895] In der Pfalz formierte sich etwa am 29. Januar 1832 ein *Deutscher Press- und Vaterlandsverein*, der für liberale Schriften und freien Journalismus stand.[896] Nach dem Verbot der Gruppe am 01. März 1832 initiierten ihre Anführer für den 27. Mai 1832 ein Treffen auf der Schlossruine Hambach bei Neustadt an der Weinstraße zum „Kampfe für

890 Polgar, Das OAG der vier freien Städte, S. 245 f.
891 Laspeyres, Adolph Laspeyres, S. 740.
892 Müller, Die Revolution von 1848/49, S. 5.
893 Emmerich/Jankrift/Kockerols/Müller, Deutsche Geschichte, S. 139.
894 Geisthövel, Restauration und Vormärz, S. 30.
895 Firnkes, Restauration und Vormärz, S. 44.
896 Geisthövel, Restauration und Vormärz, S. 34.

Abschüttelung innerer und äußerer Gewalt, für Erstrebung gesetzlicher Freiheit und deutscher Nationalwürde".[897] Daraufhin zogen beim Hambacher Fest circa 20.000 bis 30.000 Menschen mit schwarz-rot-goldenen Fahnen, dem Symbol der deutschen Einheit, zu den Resten der Burg.[898] Die Teilnehmer zeigten in ihren Reden die Bereitschaft, ihr Streben nach einem freien und geeinten Staat auch ohne Beteiligung der Herrscher umzusetzen, zudem solidarisierten sie sich mit den französischen Revolutionären.[899] Jener Vorfall und der erfolglose Sturm auf die Frankfurter Wache im April 1833, der die Besetzung des Bundestags verfolgte, bewegten die Machthaber unter der Leitung des österreichischen Staatskanzlers Fürst von Metternich 1832/33 zum Erlass der *Maßregeln zur Aufrechterhaltung der gesetzlichen Ruhe und Ordnung*.[900] Die repressiven Maßnahmen erreichten nunmehr durch strenge Zensur, viele Vereins- und Versammlungsverbote, ausgefeilte Überwachung konstitutioneller Organe und lückenlose Kontrolle der Hochschulen ihren Höhepunkt im restaurativen Vormärz.[901] Hinzu kam die harte Verfolgung der Rebellen, die meist lange Haft verbüßten.[902] Trotz der radikalen Schritte der Obrigkeit hing die Gesellschaft weiterhin liberalen Ideen an, wie der Fall der „Göttinger Sieben" verdeutlicht. Sieben Göttinger Professoren protestierten 1837 gegen die Abschaffung der hannoverschen Verfassung und verursachten damit ihre Entlassung wegen „revolutionärer, hochverräterischer Tendenz", was vor allem die gebildeten Schichten im ganzen Deutschen Bund empörte.[903] Insgesamt formierte sich gegen die Monarchien eine geschlossene, gut organisierte Opposition, die besonders im selbstbewussten Bürgertum Rückhalt fand.[904] Auch Carl Wilhelm Pauli nahm das allgemeine umstürzlerische Klima wahr, er schrieb in den 1830er Jahren:

> „Der aufmerksame Beobachter kann an einer gänzlichen Umwandlung nicht zweifeln, wodurch die äußeren Verhältnisse der Menschheit in eben dem Maße von oben nach unten gekehrt werden, wie es die herrschende Gesinnung schon längst ist."[905]

---

897 Geisthövel, Restauration und Vormärz, S. 34 f.
898 Emmerich/Jankrift/Kockerols/Müller, Deutsche Geschichte, S. 140.
899 Müller, Deutsche Geschichte in Schlaglichtern, S. 154.
900 Müller, Die Revolution von 1848/49, S. 11 f.
901 Ries, Deutsche Geschichte, S. 105 f.
902 Müller, Die Revolution von 1848/49, S. 12.
903 Firnkes, Restauration und Vormärz, S. 47.
904 Müller, Die Revolution von 1848/49, S. 13 f.
905 Poel, Carl Wilhelm Pauli. Ein Lebensbild, S. 91.

Die Germanistenversammlungen folgten ebenso aus dem dringenden Wunsch der Bevölkerung nach einem freien Nationalstaat und dem wachsenden Mut, dessen Realisierung offensiv anzugehen. Zur Teilnahme aufgefordert waren „Männer, die sich der Pflege des deutschen Rechts, deutscher Geschichte und Sprache ergeben".[906] Dazu zählten nicht nur Juristen, sondern auch Historiker und Philologen, wobei die Rechtswissenschaftler bei beiden Veranstaltungen den größten Teil der Besucher ausmachten.[907] Die Germanisten strebten in der Tradition der Befreiungskriege – entgegen dem restaurativen System – nach Demokratisierung, was etwa der Umstand verdeutlicht, dass sich fünf Personen aus dem Kreis der rebellischen „Göttinger Sieben" an der zweiten Tagung in Lübeck beteiligten.[908] Das Ziel der Treffen bestand darin, durch eine umfangreiche, Fächer übergreifende Erforschung der deutschen Kultur grundlegende Gemeinsamkeiten zu ermitteln und dadurch zugleich einer staatlichen Einigung den Weg zu bereiten.[909] Zu diesem Zweck sollten entsprechend der Bestimmung Ludwig Reyschers[910], des Initiators der ersten Frankfurter Zusammenkunft, nicht nur theoretische Ansprachen gehalten, sondern genauso gegenwärtige Probleme diskutiert werden.[911] Es herrschte der Anspruch, „für eine bürgerliche Öffentlichkeit aus wissenschaftlichem Ethos ein Mandat zur politischen Positionsbestimmung zu gewinnen".[912]

---

906 Netzer, Die Verhandlungen der Germanisten, S. 12.

907 Radbruch/Stolterfoth, Die Lübecker Germanistenversammlung, S. 103.

908 v. Engelhardt, Germanistenversammlung 1847 in Lübeck, S. 76.

909 Netzer, Die Verhandlungen der Germanisten, S. 11, 13.

910 August *Ludwig* Reyscher wurde am 10. Juli 1802 in Unterriexingen bei Vaihingen an der Enz geboren. Von 1821 bis 1824 studierte er Jura in Tübingen, dort lehrte er nach einigen Jahren im Ministerialdienst ab 1829 als Privatdozent und ab 1831 als Professor. Er fokussierte sich auf deutsches und württembergisches Staats- und Privatrecht samt ihrer Geschichte sowie auf Naturrecht und Rechtsphilosophie. Den ersten Band des modernen Werks *Das gesamte württembergische Privatrecht* gab er 1837 heraus. Von 1839 bis 1842 amtierte er als Dekan und 1844/45 als Rektor der Tübinger Universität. Nach der Mitarbeit an den Germanistenversammlungen wirkte er weiter politisch, so nahm er ab 1848 am Vorparlament, der Württembergischen Abgeordnetenkammer und der verfassungsberatenden Landesversammlung teil. Als er 1851 auf eine Ulmer Kreisratsstelle versetzt wurde, verließ er den Staatsdienst und betätigte sich erfolgreich als Anwalt und Gutachter in Stuttgart, wobei er neue Gebiete wie das Eisenbahn- und Telegraphenrecht entwickelte. Er engagierte sich ab 1859 im Nationalverein, 1870/71 saß er für die nationalliberale Partei im Reichstag. Er starb am 01. April 1880 in Stuttgart (Rückert, Ludwig Reyscher, S. 482 f.).

911 Radbruch/Stolterfoth, Die Lübecker Germanistenversammlung, S. 104.

912 Netzer, Die Verhandlungen der Germanisten, S. 14.

2. Erste Veranstaltung in Frankfurt am Main

a) Diskussion der Schleswig-Holstein-Frage

Zu den aktuellen politischen Themen, welche die 195 Teilnehmer des ersten Kongresses vom 24. bis zum 27. September 1846 in Frankfurt am Main vor allem besprachen, zählte der Konflikt um die Herzogtümer Schleswig und Holstein, die eine Personalunion mit Dänemark bildeten.[913] Im Juli 1846 verkündete die dänische Regierung die Absicht, Schleswig, das im Gegensatz zu Holstein nicht zum Deutschen Bund gehörte, ganz in ihren Staat einzugliedern, was sowohl dem Empfinden der überwiegenden Schleswiger Bevölkerung als auch der im 15. Jahrhundert garantierten Einheit der Gebiete widersprach.[914] Denn der Ripener Vertrag vom 05. März 1460 legte fest, dass beide Länder mit dem Königreich Dänemark nicht in realer, sondern nur in personaler Verbindung stehen und nicht geteilt werden durften.[915] Hinter dem Problem, ob eine Annexion Schleswigs wegen dieser mittelalterlichen Urkunde einen aktuellen Rechtsbruch darstellen würde, stand eigentlich eine komplizierte erb- und lehenrechtliche Situation, es wurde aber in der Öffentlichkeit auf die Frage nach der deutschen oder dänischen Identität des Landes reduziert.[916] In der allgemeinen Wahrnehmung repräsentierte die Region ein deutsches Grenzland, das akut durch eine fremde Macht bedroht war, sodass sich der Gegenstand zum zentralen Anliegen der Nationalbewegung entwickelte.[917] Alle Redner der Frankfurter Tagung vertraten einen deutschen Anspruch auf die dänisch beherrschten Herzogtümer Schleswig, Holstein und Lauenburg, wobei sie historische, rechtliche und kulturelle Argumente anführten.[918] Die Debatte beherrschte neben anderen Sachen – wie die Stärkung des deutschen gegenüber dem römischen Recht, die Eröffnung von Geschworenengerichten und die im 19. Jahrhundert zunehmende Emigration der Bevölkerung – das Programm beider Veranstaltungen in Frankfurt am Main und in Lübeck.[919]

---

913 Netzer, Die Verhandlungen der Germanisten, S. 62, 64, 79, 107.
914 Müller, Die Revolution von 1848/49, S. 6 f.
915 Jessen-Klingenberg, Ripener Vertrag, S. 507.
916 Müller, Die Revolution von 1848/49, S. 7.
917 Geisthövel, Restauration und Vormärz, S. 48.
918 Netzer, Die Verhandlungen der Germanisten, S. 120.
919 Netzer, Die Verhandlungen der Germanisten, S. 139, 159, 202.

b) Auswahl des nächsten Tagungsorts

Auch die Entscheidung, die zweite Sitzung in Lübeck abzuhalten, entsprang der Opposition gegen die dänische Politik. Carl Alexander von Duhn[920], der einzige lübische Vertreter auf dem Frankfurter Treffen, lud im Namen des *Vereins für Lübeckische Geschichte* zur zweiten Zusammenkunft ein.[921] Den Vorschlag unterstützte der Veranstaltungsvorsitzende Jacob Grimm[922] mit dem Ziel, „diesem gegenwärtig vielfach bedrängten Ort ein lautes Zeugniß zu geben, wie sehr wir Deutsche an ihm hängen und wie gern wir uns mit ihm beschäftigen".[923] Durch ihren Entschluss solidarisierten sich die Germanisten mit der von dänischem Gebiet umkreisten Stadt, die vor allem darunter litt, dass Dänemark jahrelang den Eisenbahnausbau in der Region blockierte und erst am 23. Juni 1847 eine

---

920 Carl Alexander von Duhn, geboren am 03. Juli 1815 in Lübeck, studierte Jura in Göttingen sowie Berlin und ließ sich 1839 als Advokat in seiner Heimatstadt nieder. Er stieg zum Prokurator am Niedergericht und am Oberappellationsgericht auf, 1853 trat er in den Richterdienst am Obergericht. Zudem war er Mitglied der Bürgerschaft und erarbeitete in dieser Funktion viele Gesetzesvorlagen. Ab 1873 fungierte er zudem als Direktor der *Gesellschaft zur Beförderung gemeinnütziger Tätigkeit*. Er übersiedelte 1879 nach Hamburg, um bis zur Pensionierung 1887 ein Richteramt am neuen Hanseatischen Oberlandesgericht auszuüben. Carl Alexander von Duhn starb am 24. März 1904 in Hamburg (v. Duhn, Carl Alexander von Duhn, S. 322–329).

921 v. Engelhardt, Germanistenversammlung 1847 in Lübeck, S. 76 f.

922 *Jacob* Ludwig Carl Grimm kam am 04. Januar 1785 in Hanau zur Welt, wo am 24. Februar 1786 auch sein Bruder *Wilhelm* Carl Grimm geboren wurde. Ab 1802 studierten beide Jura in Marburg bei Friedrich Carl von Savigny, der sie für den historischen Ansatz einnahm. Jacob Grimm, den vor allem die Geschichte der Poesie und Literatur interessierte, brach das Studium ab. Nach einer Forschungsreise in Paris wirkte er ab 1806 im Kasseler Kriegskollegium und ab 1808 als Bibliothekar auf Schloss Wilhelmshöhe. Mit Wilhelm Grimm gab er 1812 den ersten Teil der *Kinder- und Hausmärchen* heraus. Er übernahm 1813 eine Stelle als Sekretär des hessischen Gesandten, den er 1814/15 auf den Wiener Kongress begleitete. Im folgenden Jahr erschienen die *Deutschen Sagen*, ein gemeinsames Werk der Brüder, die nun in der Landesbibliothek Kassel arbeiteten. Jacob Grimm publizierte 1819 den ersten Band des Buchs *Deutsche Grammatik*. Er zog 1830 mit Wilhelm Grimm nach Göttingen, wo sie als Professoren lehrten. Da sie zu den „Göttinger Sieben" gehörten, verloren sie 1837 ihre Posten. Ab 1840 veröffentlichten sie ihr *Deutsches Wörterbuch*, bevor sie 1841 nach Berlin gingen, um sich an der Universität zu betätigen. Jacob Grimm saß 1848/49 als Abgeordneter Mühlheims an der Ruhr in der Nationalversammlung. Vier Jahre nach dem Tod Wilhelm Grimms am 16. November 1859 in Berlin starb Jacob Grimm ebenda am 20. September 1863 (Neumann, Brüder Grimm, S. 76–78).

923 v. Engelhardt, Germanistenversammlung 1847 in Lübeck, S. 76.

Linie von Lübeck nach Büchen billigte, die Lübeck den Anschluss an die Verbindung zwischen Hamburg und Berlin brachte.[924]

3. Zweite Zusammenkunft in Lübeck

a) Vorbereitung und Ablauf

Entsprechend ihrem in Frankfurt am Main gefassten Beschluss trafen sich die Germanisten fast genau ein Jahr später, vom 27. bis zum 30. September 1847, in Lübeck.[925] Insgesamt kamen in der Stadt, die damals 30.000 Einwohner zählte, 170 Teilnehmer zusammen, darunter befanden sich 30 Lübecker und 140 Externe.[926] Der *Verein für Lübeckische Geschichte* richtete die Tagung mit Hilfe eines vom Rat bewilligten Zuschusses über 6.000 Courant Mark aus.[927] Als Sitzungsort diente neben dem Rathaus, dem Saal der *Gesellschaft zur Beförderung Gemeinnütziger Tätigkeit* und anderen Häusern auch die Reformierte Kirche in der Königstraße.[928] Carl Wilhelm Pauli wohnte der Veranstaltung nicht nur bei, sondern half auch aktiv bei der Organisation. So wurde er bei der Eröffnung als Helfer ins Versammlungspräsidium gewählt, dem noch weitere vier Gehilfen, zwei Sekretäre und der Vorsitzende Jacob Grimm angehörten.[929] Die darauffolgenden vier Tage, in denen der Kongress inhaltlich die in Frankfurt am Main diskutierten Themen aufgriff, entfalteten sich für die Stadtbevölkerung insbesondere wegen des freien Stils der Redner, der bislang lediglich in den süd- und nicht in den norddeutschen Ländern üblich war, zu einem anziehenden und eindrucksvollen Erlebnis.[930] Viele Einheimische nutzten die Möglichkeit, die öffentlichen Debatten mittels einer Zuhörerkarte zu beobachten.[931] Die bemerkenswerte Wirkung, welche die Konferenz sogar überregional ausstrahlte, verdeutlicht eine Beurteilung der *Weser-Zeitung*, die der *Lübecker Bürgerfreund* vom 01. Oktober 1847 teilte:

> „Seit die alte Hansestadt steht, hat sie eine solche, eine dieser ähnliche Versammlung noch nicht in ihren Mauern gesehen."[932]

---

924 v. Engelhardt, Germanistenversammlung 1847 in Lübeck, S. 77.
925 Vgl.: Ahrens, Germanistenversammlung, S. 139.
926 v. Engelhardt, Germanistenversammlung 1847 in Lübeck, S. 78.
927 Ahrens, Franzosenzeit bis Erster Weltkrieg, S. 616.
928 v. Engelhardt, Germanistenversammlung 1847 in Lübeck, S. 81 f.
929 Lübecker Bürgerfreund/1847, Die Versammlung der Germanisten, S. 337.
930 Radbruch/Stolterfoth, Die Lübecker Germanistenversammlung, S. 110 f.
931 v. Engelhardt, Germanistenversammlung 1847 in Lübeck, S. 78.
932 Lübecker Bürgerfreund/1847, Die Versammlung der Germanisten, S. 336 f.

b) Leitung des Festbanketts

Neben den Vorträgen konnten die Kongressteilnehmer kulturelle Angebote in Form von Führungen, Ausstellungen und Konzerten nutzen, zudem fand am 29. September 1847 ein Ausflug nach Travemünde statt, der mit einem Diner endete.[933] Carl Wilhelm Pauli übernahm dabei den Vorsitz und hielt in der Funktion die erste Rede. Diese zeigt, dass er – wie bereits sein Ärger über die Restauration nach den Befreiungskriegen verdeutlichte – mehr staatliche Einheit befürwortete und als Vertreter der Historischen Rechtsschule in der geschichtlichen Forschung den Schlüssel zu einem gemeinsamen Recht sah:

> „Indem Sie, meine Herren, den ersten Fuß nach Frankfurt und den zweiten nach Lübeck gesetzt haben, haben Sie sich bekannt zu dem Geiste deutscher Einigkeit bei aller Mannichfaltigkeit der Zungen, zu einem einigen deutschen Rechte, aber erwachsen aus der freien organischen Entwicklung und Fortbildung seiner verschiedenen Elemente und vorallem zu einer lebenskräftigen Einheit des deutschen Vaterlandes, aber unbeschadet der selbständigen möglichst freien Bewegung der deutschen Bundesstaaten. Dank sei Ihnen, dass Sie bei der Wahl unserer Stadt nicht angesehen haben deren geringe Gegenwart, sondern deren große Vergangenheit. Sie ist nicht vergangen, sie zeigt ihre geistige Wirksamkeit, da wir es ihr danken, daß wir Männer unter uns begrüßen dürfen als werthe Gäste, die das Vaterland mit Stolz die seinen nennt. [...] Soviel ist gewiß, nicht minder als an der Furth des Mains, schlagen an der Mündung der Trave warme Herzen dem gemeinsamen Vaterlande, und dem was Sie hierher geführt. Mit solchem Herzen bringe ich Ihnen, unseren hochverehrten Gästen, dieses Glas."[934]

Es folgten weitere Trinksprüche, in denen die Anwesenden ihre Meinung zu den aktuellen Verhältnissen bekundeten, und Carl Wilhelm Pauli hatte laut seinem Sohn Alfred Dominicus Pauli, der während seiner Semesterferien als Zuhörer einige Debatten der Lübecker Germanistenversammlung verfolgte, „seine liebe Not, allzuweitgehenden politischen Toasten vorzubeugen".[935]

c) Eintrag im Erinnerungsalbum

Zum Gedenken an die Lübecker Versammlung verfassten 113 Teilnehmer einen kurzen Spruch oder eine Aussage und drückten damit ähnlich wie bei den Toasten des Travemünder Festbanketts ihre wichtigsten Meinungen und Anliegen aus.[936] Carl Wilhelm Pauli trug sich mit den folgenden Worten ein:

---

933 v. Engelhardt, Germanistenversammlung 1847 in Lübeck, S. 79 f.

934 Lübecker Bürgerfreund/1847, Die Versammlung der Germanisten, S. 338.

935 Pauli, Erinnerungen, S. 44.

936 Netzer, Die Verhandlungen der Germanisten, S. 70 f.

„Recht muss doch Recht bleiben."[937]

Der Satz lässt mehrere Interpretationen zu. Möglicherweise bezog sich Carl Wilhelm Pauli auf die derzeit präsente Schleswig-Holstein-Frage und mahnte den deutschen Anspruch auf die Region an, den die Germanisten vertraten.[938] Dieser Gedanke liegt sehr nahe angesichts der Aktualität des Konflikts und seiner ausgiebigen Diskussion auf der vorherigen Tagung. Es könnte ebenso sein, dass Carl Wilhelm Pauli sein Interesse für die Rechtsgeschichte, vor allem das Mittelalter, mitteilen wollte. Denn schon zu dieser Zeit existierte das Sprichwort „Was Recht ist, soll Recht bleiben".[939] Da Carl Wilhelm Pauli sich in der Reformierten Kirche engagierte, kommt zuletzt noch ein religiöser Hintergrund in Betracht. Psalm 94:15 lautet nämlich „Denn Recht muss doch Recht bleiben, und ihm werden alle frommen Herzen zufallen".[940] Vielleicht hatte er bei der Wahl seiner These auch nicht nur eine bestimmte Auslegung im Sinn, sondern entschied sich gerade wegen ihrer Mehrdeutigkeit für sie.

4. Scheitern eines dritten Treffens

Zwar planten die Teilnehmer der Zusammenkunft in Lübeck einen weiteren Kongress 1848 in Nürnberg, konnten ihr Vorhaben allerdings wegen der in diesem Jahr beginnenden Revolution nicht mehr umsetzen.[941] Die beiden Veranstaltungen 1846/47 blieben dennoch nicht folgenlos, sie bedingten die Gründung des bis heute bestehenden Deutschen Juristentags 1860, der den Einsatz für ein gemeinsames deutsches Recht in ihrer Tradition fortführte.[942]

V. Innere Unruhen und Konflikte mit Dänemark

1. Umbrüche im Revolutionsjahr 1848/49

a) Missglückte Bildung eines Nationalstaats

Der wachsende Unmut in der Bevölkerung gegen das restaurative System eskalierte nur wenige Monate nach der Lübecker Germanistenversammlung. Den Anstoß dazu gab – wie bereits zu Beginn der 1830er Jahre – ein Aufstand in

937 Gebrüder Borchers, Erinnerungsalbum, 74. Eintrag.
938 So jedenfalls Katinka Netzer in: Die Verhandlungen der Germanisten, S. 72.
939 Gmür/Roth, Grundriss der deutschen Rechtsgeschichte, Rn. 193.
940 Deutsche Bibelgesellschaft, Lutherbibel, S. 614.
941 v. Engelhardt, Germanistenversammlung 1847 in Lübeck, S. 87.
942 Radbruch/Stolterfoth, Die Lübecker Germanistenversammlung, S. 120 f.

Frankreich, wo im Zuge der Februarrevolution 1848 der „Bürgerkönig" Louis Philippe abgesetzt und eine Republik gegründet wurde.[943] Darauf erfasste auch die Länder des Deutschen Bundes eine Reformbewegung. Sie begann im Großherzogtum Baden, wo am 27. Februar 1848 die Besucher einer Mannheimer Volksversammlung vier *Märzforderungen* an den Landtag in Karlsruhe formulierten: Volksbewaffnung mit freier Wahl der Offiziere, unbedingte Pressefreiheit, Schwurgerichte nach englischem Vorbild und ein deutsches Parlament.[944] Das Begehren verbreitete sich nun sehr zügig über andere Mittel- und Kleinstaaten wie Hessen-Darmstadt, Kurhessen, Nassau, Oldenburg, Hannover, Braunschweig, Sachsen, Württemberg und Bayern.[945] Überall legten die Untertanen den Regierungen denselben Katalog mit ihren Anliegen vor, was die intensive Vernetzung zeigt, welche die Opposition trotz der Überwachung im Vormärz aufbaute.[946] Die Herrscher lenkten unter dem starken Druck der zahlreichen, von vielen Gesellschaftsschichten getragenen Massenkundgebungen meistens direkt ein und veranlassten die gewünschten Änderungen, sodass die Erneuerung überwiegend friedlich erfolgte und die Monarchen außer dem bayerischen König, der wegen seiner persönlichen Unbeliebtheit zu Gunsten seines Sohnes abdanken musste, im Amt blieben.[947]

Deutlich gewaltsamer verliefen demgegenüber die Proteste in Preußen und Österreich, den beiden konservativsten, absolutistisch regierten Staaten des Deutschen Bundes.[948] In Wien gewannen am 13. März 1848 Aufständische nach zweitägigen Straßenkämpfen die Oberhand.[949] Der Staatskanzler Fürst von Metternich, der hart gegen die Revolutionäre vorgegangen war und

943 Nach der Einführung der neuen Regierungsform herrschten in Frankreich unstete Verhältnisse, insbesondere standen sich gemäßigte Republikaner und Vertreter eines linksradikalen Kurses gegenüber. Bei der Präsidentenwahl am 10. Dezember 1848 setzte sich Charles Louis Napoleon Bonaparte, der Neffe Kaiser Napoleons I., durch. Er bemühte sich um stabilere Strukturen und die Einigung des gespaltenen Landes, indem er durch eine Mischung konservativer, sozialer und nationaler Ideen für einen „starken Staat" warb. Am 02. Dezember 1851 etablierte er unter harter Bekämpfung republikanischer Kräfte erneut die Monarchie, die er als Kaiser Napoleon III. führte (v. Hippel/Stier, Europa zwischen Reform und Revolution, S. 73, 268–271).

944 Müller, Die Revolution von 1848/49, S. 42 f.

945 Siemann, Die deutsche Revolution von 1848/49, S. 62.

946 Müller, Die Revolution von 1848/49, S. 41.

947 Hahn/Berding, Handbuch der Deutschen Geschichte, S. 541–543.

948 Hein, Die Revolution von 1848/49, S. 15 f.

949 Emmerich/Jankrift/Kockerols/Müller, Deutsche Geschichte, S. 150.

damit 60 Todesopfer hervorgerufen hatte, musste als Symbolfigur der restaurativen Repressionspolitik zurücktreten.[950] Am 15. März 1848 hob die Regierung die Zensur auf und garantierte den Erlass einer Verfassung.[951] In Berlin forderten die Gefechte auf den Barrikaden am 18. März 1848 sogar 254 Tote, worauf der preußische König Friedrich Wilhelm IV.[952] Pressefreiheit versprach und am 21. März 1848 in der Proklamation „An mein Volk und an die deutsche Nation" zusagte, einen Einheitsstaat zu schaffen.[953] In Frankfurt am Main trat vom 31. März bis zum 03. April 1848 ein Vorparlament zusammen, dessen 574 Teilnehmer meistens den verschiedenen Landtagen angehörten, um die Wahlen zu einer Nationalversammlung vorzubereiten.[954] Diese fanden zwar nach einem allgemeinen und gleichen Modus statt, dennoch entstammten die 830 Abgeordneten und ihre Stellvertreter mit 550 Akademikern vornehmlich dem Bildungsbürgertum und spiegelten daher nicht die Zusammensetzung der Gesellschaft wider.[955] An der Nationalversammlung, die am 18. Mai 1848 erstmals in der Frankfurter Paulskirche zusammentrat, nahmen regelmäßig knapp 580 Mitglieder teil.[956] Sie ersetzte die vorherige Bundesversammlung und sollte die Verfassung eines vereinten Deutschlands fertigen.[957] Bei dieser Aufgabe stellte die Debatte um ein *kleindeutsches* oder *großdeutsches* Reich, also den Einschluss Österreichs, einen der wichtigsten Streitpunkte dar.[958]

Unterdessen setzten die konservativen Regime in Preußen und Österreich zur Gegenrevolution an. Am 31. Oktober 1848 nahmen kaiserliche Truppen das von Aufständischen beherrschte Wien ein, wobei mindestens 2.000 Zivilisten umkamen.[959] Innerhalb der folgenden vierzehn Tage wurden 1.600 Personen verhaftet und die Führer der Revolutionäre – teils sogar unter Missachtung

950 Hein, Die Revolution von 1848/49, S. 16.

951 Siemann, Die deutsche Revolution von 1848/49, S. 66.

952 Friedrich Wilhelm IV. wurde am 15. Oktober 1795 in Berlin geboren und trat 1840 die Regentschaft an. Die Bevölkerung erhoffte sich von ihm liberale Reformen, doch der reaktionäre Herrscher ließ sich nur widerwillig unter dem steigenden Druck der revolutionären Bewegung auf Zugeständnisse ein, um seine eigene Macht zu erhalten. Durch einen Schlaganfall im Oktober 1857 wurde er regierungsunfähig. Er starb am 02. Januar 1860 in Potsdam (Heicker/Reese, Die Hohenzollern, S. 82–85).

953 Emmerich/Jankrift/Kockerols/Müller, Deutsche Geschichte, S. 150 f.

954 Behnen, Revolution und Reichsgründung, S. 452.

955 Ries, Deutsche Geschichte, S. 113 f.

956 Ries, Deutsche Geschichte, S. 113 f.

957 Schulz, Das 19. Jahrhundert, S. 134.

958 Emmerich/Jankrift/Kockerols/Müller, Deutsche Geschichte, S. 154.

959 Siemann, Die deutsche Revolution von 1848/49, S. 168.

ihrer parlamentarischen Immunität – erschossen.[960] Auch in Berlin rückten am 10. November 1848 Soldaten ein, stießen dabei aber nicht auf Widerstand.[961] König Friedrich Wilhelm IV. löste die Preußische Nationalversammlung auf und erließ am 05. Dezember 1848 selbst eine Verfassung, die auf Grund eines allgemeinen und gleichen Wahlrechts zwar liberale Züge aufwies, ihm jedoch gegenüber dem Parlament ein absolutes Vetorecht und weite Notstandsrechte einräumte.[962] In Österreich verordnete der neue Kaiser Franz Joseph I.[963] am 04. März 1849 ebenfalls ein Verfassungswerk, das dem Reichstag nur geringe Macht gewährte.[964] Mittlerweile einigten sich die Frankfurter Abgeordneten auf die kleindeutsche Lösung, sie verabschiedeten am 28. März 1848 eine Staatsverfassung für ein föderatives, konstitutionelles Reich und wählten König Friedrich Wilhelm IV. von Preußen zum Kaiser, der das Amt allerdings am 28. April 1848 endgültig ablehnte, nachdem nur 28 deutsche Herrscher den Verfassungsentwurf der Nationalversammlung unbedingt gebilligt hatten.[965] Damit war der Versuch, einen einheitlichen Staat zu schaffen, gescheitert.[966] Die darauffolgenden Proteste vor allem in Sachsen, Baden und der Pfalz wurden im Mai 1849 niedergeschlagen und am 06. Juni 1849 das Stuttgarter Rumpfparlament – ein

960 Das bekannteste Opfer der strengen Verfolgung stellt der Demokrat Robert Blum dar. Er verbreitete zwar hetzerische Schriften und kämpfte in Wien mit, doch als Abgeordneter der Nationalversammlung durfte er weder inhaftiert noch hingerichtet werden. Trotz der Proteste seiner Frankfurter Kollegen ließ ihn der Ministerpräsident von Österreich am 09. November 1848 exekutieren und demonstrierte damit die radikale Verteidigung der Monarchie (Müller, Die Revolution von 1848/49, S. 117).

961 Hein, Deutsche Geschichte in Daten, S. 101.

962 Müller, Die Revolution von 1848/49, S. 120.

963 Franz Joseph I., geboren am 18. August 1830 in Wien, übernahm die Krone am 02. Dezember 1848 von seinem geistesschwachen Onkel Kaiser Ferdinand I. Er führte den Absolutismus wieder ein und hob die Verfassung von 1849 auf, zudem ging er hart gegen demokratische Gesinnungen vor. Er erlebte einige militärische Niederlagen, besonders gegen Preußen 1866. Er reformierte 1867 den Staat als kaiserlich und königliche Doppelmonarchie Österreich-Ungarn mit getrennten Hauptstädten und Parlamenten. Damit setzte die liberale Zeit seiner Regierung ein, die von Fortschritt etwa im Schul-, Presse- und Wahlwesen geprägt war. Er diente den Nationalitäten im Vielvölkerstaat als gute Integrationsfigur, wehrte sich aber gegen Föderalisierung und verursachte durch die Kriegserklärung an Serbien 1914 den Ersten Weltkrieg. Er starb am 21. November 1916 in Wien (Hamann, Die Habsburger, S. 138–141).

964 Müller, Die Revolution von 1848/49, S. 118.

965 Emmerich/Jankrift/Kockerols/Müller, Deutsche Geschichte, S. 154.

966 Müller, Deutsche Geschichte in Schlaglichtern, S. 162.

Treffen der letzten 100 Abgeordneten, die sich gegen die Beendigung der Nationalversammlung wehrten – gewaltsam aufgelöst.[967]

Obwohl die Revolution ihr Hauptziel verfehlte, da der von ihr bekämpfte Deutsche Bund fortbestand, änderte sie doch unumkehrbar die herrschenden Verhältnisse.[968] So blieb die Zensur abgeschafft und eine breite öffentliche Debatte entstand, wodurch Politik mehr einen Gegenstand der Allgemeinheit als ein exklusives Thema der Machthaber darstellte.[969] Zudem existierten nun fast überall Verfassungen, die bürgerliche und politische Rechte sowie eine parlamentarische Beschränkung monarchischer Macht festlegten, wenngleich die Länder solche Reformen verschieden gestalteten.[970] Dennoch setzte sich in der Gesellschaft der Gedanke durch, dass Herrschaft ihre Legitimation zumindest auch im Willen des Volkes finden müsse.[971] Diesen Ansatz schien Carl Wilhelm Pauli hingegen nicht unbedingt zu teilen. Zwar sprach er sich schon als Student für eine Pflicht der Fürsten zur Verfassungsgebung aus und strebte entgegen der Restauration staatliche Einheit an, wie ebenso seine Rede bei der Germanistenversammlung zeigt. Doch er lehnte es ab, die Erneuerung in die Hände der Bevölkerung zu legen, wie es 1848/49 durch die gewählte Nationalversammlung passieren sollte. Anlässlich jener Ereignisse verurteilte er die „furchtbare Lehre [...], das Recht im Staate wohne nur da, wo die Stärke sei, nämlich bei der Mehrheit seiner Genossen“, nannte sie „gegen alle göttliche und menschliche Ordnung“ und kritisierte zeitlebens den Anspruch, dass alle Menschen an der Ausübung der Staatsgewalt teilnehmen dürften.[972]

b) Erfolgreiche Verfassungsreform in Lübeck

Der Aufruhr, der den Deutschen Bund in den Jahren 1848/49 erfasste, ging im Wesentlichen an Lübeck vorbei. Die *Neuen Lübeckischen Blätter* hielten die stabile Lage in der Stadt am 12. März 1848 mit folgenden Worten fest:

---

967 Ries, Deutsche Geschichte, S. 118.

968 Hein, Die Revolution von 1848/49, S. 135.

969 Weber, Geschichte der Revolution von 1848/49, S. 152 f.

970 Als einzige Gebiete behielten die Großherzogtümer Mecklenburg-Schwerin und Mecklenburg-Strelitz ständisch-feudale Systeme ohne Verfassung, auch Österreich schaffte seine bereits 1851 wieder ab. Preußen führte mit einer Verfassungsrevision 1850 ein Dreiklassenwahlrecht ein, um der reichen Bevölkerung die Mehrheit zu sichern, und gab dem König die alleinige Kompetenz zur Einsetzung der Regierung, die nur ihm Rechenschaft schuldete (Schulz, Das 19. Jahrhundert, S. 139).

971 Nonn, Das 19. und 20. Jahrhundert, S. 124.

972 Poel, Carl Wilhelm Pauli. Ein Lebensbild, S. 91.

„Welch' ein Gegensatz in diesem Augenblicke zwischen unsern heimischen Zuständen und dem, was wir sonst fast aus allen Theilen des gebildeten Europa, was wir aus dem ganzen Vaterlande vernehmen! [...] So dürfen wir auch der Zukunft mit festem Vertrauen entgegensehen, indem nicht einmal Elemente der Unordnung vorhanden sind, die irgend Besorgniß einflößen könnten."[973]

Der friedliche Verlauf der Revolutionszeit resultierte vor allem aus dem Umstand, dass sich bereits in den 1830er Jahren eine Gruppe junger Lübecker aus gebildeten Gesellschaftsschichten zusammenfand, die nach innen eine Modernisierung des Staatswesens anstoßen und die Außenwelt auf die von Dänemark bedrückte Situation aufmerksam machen wollte.[974] Der allgemein als *Jung-Lübeck* bezeichnete Freundeskreis verfolgte besonders den Abbau ständischer Schranken in der Verfassung und eine intensivere Mitarbeit der Bürger bei der Staatsverwaltung.[975] Seine Ziele verbreitete er über die *Neuen Lübeckischen Blätter*, die der *Gesellschaft zur Beförderung gemeinnütziger Tätigkeit* nahe standen.[976] Durch seinen Einsatz erreichte der Verband bereits 1844 die Einsetzung einer Kommission zur Revision der Verfassung, was bei den Vertretern der im Deutschen Bund dominanten liberalen Bewegung große Anerkennung hervorrief.[977] Die Arbeit war 1847 abgeschlossen, sodass die neue Version 1848 ohne gewaltsame Übergriffe in Kraft treten konnte.[978] Die Änderungen, die ab 08. April 1848 wirkten, beinhalteten aber zuerst keine einschneidende Reform der bis dahin geltenden Verfassung von 1669, vor allem blieben die überwiegenden Kompetenzen des Rats und der ständische Charakter der Bürgerschaft erhalten, die daher weiterhin nur kleine Teile der Bevölkerung repräsentierte.[979] Zwar wurde die Einteilung der Bürgerschaft in zwölf Kollegien aufgehoben, doch durch eine Gliederung in fünf Klassen – Gelehrte, Kaufleute, Krämer, Gewerbetreibende

973 Ahrens, Franzosenzeit bis Erster Weltkrieg, S. 621.

974 Ahrens, Jung-Lübeck, S. 194 f.

975 Ahrens, Franzosenzeit bis Erster Weltkrieg, S. 614.

976 Die ab 1835 erscheinenden *Neuen Lübeckischen Blätter* wurden wegen ihrer Beanstandungen der politischen Verhältnisse 1859 verboten, aber schon nach vier Wochen als *Lübeckische Blätter* fortgesetzt. Da die Artikel die städtischen Belange kritisch darstellten, wiesen sie zuerst keine Verfasser, sondern nur Nummernchiffren aus. Ab 1896 stand die Zeitschrift im Eigentum der *Gesellschaft zur Beförderung gemeinnütziger Tätigkeit*. Die Herausgabe pausierte von 1943 bis 1949 und erfolgt aktuell alle zwei Wochen (Ahrens, Lübeckische Blätter, S. 252).

977 v. Brandt, Geist und Politik in der Lübeckischen Geschichte, S. 170 f.

978 v. Brandt, Geist und Politik in der Lübeckischen Geschichte, S. 170 f.

979 Krabbenhöft, Verfassungsgeschichte der Hansestadt Lübeck, S. 27.

und Landleute – ersetzt, deren Vertreter nur die Bürger und nicht die Einwohner wählen durften.[980] Der Rat, der nun offiziell die Bezeichnung *Senat* führte, verlor das vorherige Selbstergänzungsrecht und musste die Bürgerschaft bei der Ernennung seiner Mitglieder beteiligen.[981] Außerdem gab es nur noch zwei Bürgermeister.[982] Unter dem Eindruck der revolutionären Ereignisse in anderen Ländern des Deutschen Bundes erging 1848 eine zweite Novelle, die das Wahlrecht und die Bürgerschaft erneuerte.[983] Der Erwerb des Bürgerrechts, das die Befugnis zur Wahl mit sich brachte, stand fortan auch Juden und Landleuten offen, alle selbständigen, gewerbetreibenden oder verheirateten Männer waren dazu verpflichtet.[984] Die Bürger bestimmten für die verschiedenen elf Stadtbezirke Teilnehmer der Bürgerschaft, wodurch die Bedeutung der Stände endete.[985] Obwohl sich der Wählerkreis damit stark erweiterte und die repräsentative Funktion der Bürgerschaft stieg, kann der Modus nach heutigem Verständnis nicht als *allgemein* gelten, weil er sämtliche Frauen und die Männer ohne Bürgerstatus ausschloss.[986] Da Teile der Einwohner ebenso Mitsprache in der Bürgerschaft verlangten, sperrten sie deren Abgeordnete bei der Abstimmung über die Neustrukturierung am 09. Oktober 1848 in ihrem Sitzungsgebäude so lange ein, bis sie übers Dach entkommen konnten.[987] Der Vorfall, der ohne weitere Gewalt ablief, stellte den einzigen Aufruhr im Zusammenhang mit der Revision der Verfassung dar, die am 30. Dezember 1848 in Kraft trat.[988]

Der Gruppe *Jung-Lübeck*, die durch ihren steten Modernisierungsdruck die friedliche Erneuerung anstieß, standen neben vielen anderen Akademikern auch Carl Wilhelm Pauli und sein Richterkollege Christian Gerhard Overbeck nahe.[989] Dieser Umstand zeigt erneut, wie umfassend Carl Wilhelm Pauli für eine Verbesserung der Zustände in seiner Heimatstadt eintrat, nämlich nicht nur in kultureller und sozialer, sondern genauso in politischer Hinsicht. Nach der Verfassungsreform kam das öffentliche Leben in Lübeck in der 1850er Jahren

---

980 Krabbenhöft, Verfassungsgeschichte der Hansestadt Lübeck, S. 26.
981 Ahrens, Franzosenzeit bis Erster Weltkrieg, S. 622.
982 Dittrich, Lübeck, S. 104.
983 Krabbenhöft, Verfassungsgeschichte der Hansestadt Lübeck, S. 27.
984 Graßmann, Bürgerrecht, S. 75.
985 Krabbenhöft, Verfassungsgeschichte der Hansestadt Lübeck, S. 28 f.
986 Krabbenhöft, Verfassungsgeschichte der Hansestadt Lübeck, S. 28.
987 Ahrens, Revolution 1848, S. 326.
988 Ahrens, Franzosenzeit bis Erster Weltkrieg, S. 624.
989 So zumindest ohne genauere Beschreibung von Carl Wilhelm Paulis Mitwirkung Ahasver von Brandt in: Geist und Politik in der Lübeckischen Geschichte, S. 168 f.

zur Ruhe, so schrieb beispielsweise Carl Georg von Wächter, der als Präsident des Oberappellationsgerichts von 1851 bis 1852 in die Stadt zog:

> „Die politischen und, wenn ich es so bezeichnen kann, politisch-socialen Verhältnisse lassen hier Nichts zu wünschen übrig. Der Lübecker hat keine Zeit, unnöthig zu politisiren oder Krawall zu machen; er hat zu arbeiten und arbeitet viel, läßt es sich dabei aber sehr wohl sein.“[990]

In der Zeit traf Carl Wilhelm Pauli ein harter Verlust, als seine Gattin Emmy Pauli am 15. November 1857 starb[991]. Die neue Lage – knapp 65-jährig wurde er Witwer und seine Kinder waren erwachsen – fiel ihm schwer. Er äußerte:

> „Sechsundreißig Jahre haben ein gewaltiges Recht und lassen tief empfinden das Wort der ewigen Wahrheit: „Es ist nicht gut, daß der Mensch allein sei," und so kann mein liebebedüftiges altes Herz sich noch nicht recht an den Gedanken gewöhnen, die noch vor mir liegende, voraussichtlich nicht kurze Bahn meines Lebens allein durchpilgern zu sollen, kein liebendes Wesen um mich zu haben, das Freud und Leid, [...] mit mir theilt, [...].“[992]

Zu der Einsamkeit mag ebenso sein allgemeines Sozialverhalten beigetragen haben. Obwohl er durch die Berufstätigkeit und das intensive Engagement in der Gesellschaft präsent war, genoss er in seinem Umfeld regelmäßig wenig Sympathie, weil er oft eine intolerante Haltung gegenüber ihm missfallenden Ansichten einnahm und bisweilen sogar zu zornigen Ausbrüchen neigte.[993]

2. Schleswig-Holsteinische Erhebung

Während die liberalen Kräfte im Deutschen Bund ihren Wunsch nach einem Nationalstaat 1848/49 gewaltsam zu realisieren versuchten, spitzte sich auch der Streit um den Status der dänisch regierten Herzogtümer zu. Am 11. März 1848 verlangte eine Volksversammlung in Kopenhagen die Inkorporation Schleswigs ins Königreich Dänemark, worauf Vertreter der schleswigschen und holsteinischen Stände am 18. März 1848 eine gemeinsame Verfassung für ihre Provinzen und die damit einhergehende Aufnahme Schleswigs in den Deutschen Bund forderten.[994] Am 24. März 1848 entstand eine provisorische Regierung für die Regionen, die den Anschluss an die allgemeine deutsche Freiheits- und

990 Ahrens, Franzosenzeit bis Erster Weltkrieg, S. 626.
991 AHL, Genealogisches Register Bd. 11, S. 115, Pauli.
992 Poel, Carl Wilhelm Pauli. Ein Lebensbild, S. 93.
993 Vgl.: Poel, Carl Wilhelm Pauli. Ein Lebensbild, S. 98 f.
994 Vosgerau/Lubowitz, Schleswig-Holstein 1815–1920, S. 237 f.

Einheitsbewegung verfolgte und die Mehrheit der Bevölkerung für ihr Ziel gewann.[995] Dieses Geschehnis wurde ebenfalls im benachbarten Lübeck, das seit Jahren unter der von dänischem Gebiet umgebenen Lage und der entwicklungshemmenden Politik Dänemarks litt, mit großer Begeisterung aufgenommen.[996] Der Konflikt entwickelte sich nun zu einer militärischen Auseinandersetzung. Unterbrochen von zwei Waffenstillständen kämpften ab April 1848 die Dänen gegen die Schleswig-Holsteiner, die zwar in den ersten beiden Kriegsphasen von Truppen des Deutschen Bundes Hilfe erhielten, jedoch letztlich am 25. Juli 1850 in der Schlacht von Idstedt nördlich der Stadt Schleswig entscheidend unterlagen.[997] Sie kapitulierten schließlich Anfang 1851, nachdem die Gefechte bislang schon insgesamt über 3.400 Tote und 10.000 Verwundete hervorgerufen hatten.[998] Die Konfrontation endete für beide Seiten unbefriedigend, denn das Londoner Protokoll vom 08. Mai 1852 restaurierte die vorherigen Verhältnisse[999]. Es bestätigte nämlich einerseits nur die Zugehörigkeit Holsteins und Lauenburgs zum Deutschen Bund und verbot andererseits eine Einverleibung Schleswigs durch Dänemark, sodass sowohl die Befürworter der deutschen Eingliederung Schleswigs als auch die Anhänger der dänischen Annexion mit ihren Anliegen gescheitert waren.[1000]

3. Deutsch-Dänischer Krieg

Der Status der Region nach dem Londoner Protokoll vom 08. Mai 1852 hielt zehn Jahre. Im November 1863 brach die dänische Regierung das Abkommen mit dem Erlass einer gemeinsamen Verfassung für Schleswig und Dänemark, darauf besetzten Truppen des Deutschen Bundes Lauenburg und Holstein.[1001] Nachdem eine Frist zur Rekonstruktion der vertragsgemäßen Lage fruchtlos verstrichen war, rückte am 01. Februar 1864 ein preußisch-österreichisches Heer in Schleswig ein und gewann den Konflikt binnen weniger Monate.[1002] Dänemark trat im Wiener Frieden vom 30. Oktober 1864 Schleswig, Holstein und Lauenburg an die beiden Siegermächte ab, welche die Territorien fortan zusammen

995 Jessen-Klingenberg, Erhebung, S. 153.
996 Vgl.: Ahrens, Franzosenzeit bis Erster Weltkrieg, S. 618.
997 Danker/Schlürmann, Schleswig-Holsteinische Erhebung, S. 51.
998 Vosgerau/Lubowitz, Schleswig-Holstein 1815–1920, S. 248, 250.
999 Jessen-Klingenberg, Erhebung, S. 153.
1000 Danker/Schlürmann, Schleswig-Holsteinische Erhebung, S. 51.
1001 Vosgerau/Lubowitz, Schleswig-Holstein 1815–1920, S. 251 f.
1002 Adriansen, Schleswigsche Kriege, S. 533.

regierten.[1003] Obwohl der Streit ebenfalls Lübeck wegen seiner benachbarten Lage in hohem Grad betraf, blieb die Stadt – abgesehen von der mehrfachen Einquartierung preußischer Soldaten – daran unbeteiligt.[1004] Das Resultat der Auseinandersetzung hatte dafür umso größere Relevanz, weil es die Einkreisung Lübecks durch dänisches Gebiet und damit den jahrelangen schädlichen Einfluss der Politik Dänemarks beendete.[1005] Die Intervention Preußens und Österreichs in Schleswig-Holstein erfolgte allerdings nicht nur zum Schutz der dortigen Bevölkerung vor der dänischen Herrschaft. Die zwei Großstaaten konkurrierten um die Vormachtstellung im Deutschen Bund und der preußische Ministerpräsident Otto von Bismarck[1006] erkannte die Chance, Preußen durch Gebietszuwachs im Norden im Wettbewerb zu stärken.[1007]

VI. Norddeutscher Bund

Obgleich Preußen und Österreich im Krieg gegen Dänemark 1864 und bei der anschließenden Verwaltung Schleswig-Holsteins zuerst zusammenwirkten, hielt die Konkurrenz der beiden Großstaaten an und eskalierte kurz danach anlässlich ihrer Differenzen über die Zukunft der eroberten Herzogtümer.[1008] Während der preußische Ministerpräsident Otto von Bismarck dauerhaft eine Annexion anstrebte, um Preußen den Zugang zur Nord- und Ostsee und damit den Aufstieg zur Seemacht zu ermöglichen, befürwortete Österreich einen selbständigen Staat Schleswig-Holstein im Deutschen Bund, was mit dem Wunsch der

---

1003 Adriansen, Schleswigsche Kriege, S. 533.

1004 Ahrens, Franzosenzeit bis Erster Weltkrieg, S. 627 f.

1005 Vogtherr, Dänemark, S. 87.

1006 Otto von Bismarck, geboren am 01. April 1815 in Schönhausen, studierte Jura in Göttingen. Er saß 1847/48 im Vereinigten Landtag und 1849/50 im Preußischen Abgeordnetenhaus. Ab 1851 nahm er am Frankfurter Bundestag teil, 1862 stieg er zum Ministerpräsidenten auf. Er strebte nach Dominanz im Deutschen Bund, um die deutsche Einheit unter preußischer Führung herzustellen, schonte aber Österreich nach dessen Niederlage 1866, was die Gründung des Norddeutschen Bundes 1867 und des Deutschen Kaiserreichs 1871 erleichterte. Als Reichskanzler verfolgte er außenpolitisch die Balance der europäischen Mächte durch ausgefeilte Bündnisse. Nach innen ging er strikt gegen veraltete Strukturen vor, führte einen *Kulturkampf* gegen die katholische Kirche und unterdrückte die revolutionäre Arbeiterschaft mit den *Sozialistengesetzen*. Nach seiner Entlassung 1890 starb er am 30. Juli 1898 in Friedrichsruh (Sautter, Biographisches Lexikon zur deutschen Geschichte, S. 57 f.).

1007 Emmerich/Jankrift/Kockerols/Müller, Deutsche Geschichte, S. 163.

1008 Müller, Deutsche Geschichte in Schlaglichtern, S. 177.

überwiegenden Bevölkerung der Region im Einklang stand.[1009] Wegen ihres Zwists verteilten die Siegermächte die Gebiete am 14. August 1865 in der Konvention von Gastein, danach fiel Schleswig an Preußen und Holstein an Österreich, zudem trat Österreich die Rechte an Lauenburg gegen einen Geldersatz an Preußen ab.[1010] Diesen Vertrag sah Otto von Bismarck gebrochen, als die österreichische Regierung am 01. Juni 1866 im Bundestag eine Entscheidung über den Status Schleswig-Holsteins beantragte, und ließ Soldaten in Holstein einrücken.[1011] Österreich machte nun mobil, worauf Otto von Bismarck den Deutschen Bund für beendet erklärte.[1012] Am 10. Juni 1866 begann eine militärische Konfrontation, die Preußen mit siebzehn alliierten norddeutschen Herrschaften am 03. Juli 1866 in der Schlacht von Königgrätz gegen Österreich und seine süddeutschen Verbündeten – etwa Württemberg, Bayern und Sachsen – gewann.[1013] Lübeck stand wie Hamburg und Bremen auf preußischer Seite, sandte seine Truppen aber erst am 21. Juli 1866 nach Ende des Konflikts in den Süden.[1014] Der Frieden von Prag am 23. August 1866 hob den Deutschen Bund auf und erlaubte Preußen die Neuordnung Norddeutschlands.[1015] Dazu zählte auch die Zusammenfassung Schleswigs, Holsteins und Lauenburgs zur preußischen Provinz Schleswig-Holstein.[1016]

Zudem verleibte sich Preußen neben Hannover, Hessen-Kassel und Nassau die freie Stadt Frankfurt ein.[1017] Sie entfiel damit ebenfalls der Zuständigkeit des Oberappellationsgerichts, das angesichts der Reduktion seiner Träger von vier auf drei Städte einige organisatorische Anpassungen erfuhr und nun als *Oberappellationsgericht der freien Hansestädte* in Lübeck wirkte.[1018] Die insgesamt 22 Staaten und freien Städte – Lübeck, Hamburg und Bremen -, die nördlich des Mains nach den preußischen Annexionen noch selbständig blieben,

---

1009 Jung, Der Krieg um Schleswig-Holstein, S. 233–235.

1010 Jung, Der Krieg um Schleswig-Holstein, S. 236.

1011 Schulz, Das 19. Jahrhundert, S. 182, 184.

1012 Müller, Deutsche Geschichte in Schlaglichtern, S. 178.

1013 Emmerich/Jankrift/Kockerols/Müller, Deutsche Geschichte, S. 165.

1014 Ahrens, Franzosenzeit bis Erster Weltkrieg, S. 628.

1015 Schulz, Das 19. Jahrhundert, S. 184.

1016 Vosgerau/Lubowitz, Schleswig-Holstein 1815–1920, S. 255.

1017 Ries, Deutsche Geschichte, S. 127.

1018 Von der gleichbleibenden Zahl der sechs Ratsposten durfte künftig Lübeck einen, Bremen zwei und Hamburg drei Stück vergeben. Dieser Verteilung entsprach auch die Umlage der Unterhaltungskosten des Gerichts, die Lübeck zu 1/6, Bremen zu 2/6 und Hamburg zu 3/6 trug (Polgar, Das OAG der vier freien Städte, S. 144 f.).

bildeten den Norddeutschen Bund, einen 30 Millionen Einwohner erfassenden Bundesstaat.[1019] Der Reichstag, dessen Abgeordnete alle Männer über 25 Jahren direkt wählten, schuf eine Verfassung, die nach der Billigung sämtlicher Mitgliedsländer am 01. Juli 1867 in Kraft trat.[1020] Dem Reichstag oblag die Gesetzgebung gemeinsam mit dem Bundesrat, der aus 43 Gesandten der integrierten Herrschaften bestand, von denen Preußen 17 Personen stellte.[1021] König Wilhelm I. von Preußen[1022] fungierte als erblicher Präsident, er machte Otto von Bismarck zum Bundeskanzler, der auch dem Bundesrat vorsaß.[1023]

VII. Zwischenbetrachtung

Mit seiner Beförderung zum Rat am Oberappellationsgericht der vier freien Städte erreichte Carl Wilhelm Pauli ein über zwanzig Jahre lang verfolgtes Ziel und den Höhepunkt seiner juristischen Karriere. Diese Laufbahn war im Vergleich zum Werdegang der anderen Richterkollegen insofern erstaunlich, als er die einzige Person in der Geschichte des Oberappellationsgerichts verkörperte, die schon vor der Wahl zum Rat dort arbeitete und vom Amt des Sekretärs in den Kreis der rechtsprechenden Mitglieder aufsteigen konnte.[1024] Welchen Respekt Carl Wilhelm Pauli der richterlichen Tätigkeit zollte und als wie erstrebenswert er sie sah, zeigt eine Aussage aus der Zeit als Sekretär:

> „Ich stelle das Richteramt an sich sehr hoch, und wer es begehrt, der begehrt ein großes Ding."[1025]

Es erfüllte ihn mit erheblicher Befriedigung, in der von ihm so geschätzten Funktion als Rat nun endlich seine Fähigkeit zu praktischer Rechtsprechung beweisen zu dürfen. Von der Gewissenhaftigkeit, mit der er die neue Aufgabe wahrnahm, zeugt der Umstand, dass er hierfür – wenngleich möglicherweise notgedrungen auf Grund der hohen beruflichen Arbeitsbelastung – über zwei

---

1019 Müller, Deutsche Geschichte in Schlaglichtern, S. 179.

1020 Behnen, Revolution und Reichsgründung, S. 511.

1021 Müller, Deutsche Geschichte in Schlaglichtern, S. 179.

1022 Wilhelm I., geboren am 22. März 1797, trat 1858 nach der Erkrankung seines Bruders König Friedrich Wilhelm IV. die Regierung an, in deren Verlauf er sich verstärkt durch Otto von Bismarck leiten ließ. Er wurde 1871 Kaiser des neu gegründeten Deutschen Reichs und Symbolfigur für den Aufstieg zur Welt- und Industriemacht. Er starb am 09. März 1888 (Heicker/Reese, Die Hohenzollern, S. 86–89).

1023 Müller, Deutsche Geschichte in Schlaglichtern, S. 179.

1024 Vgl.: Ahrens, Franzosenzeit bis Erster Weltkrieg, S. 572.

1025 Poel, Carl Wilhelm Pauli. Ein Lebensbild, S. 81.

Jahrzehnte die Fortsetzung seiner forschungsaufwändigen *Abhandlungen aus dem Lübischen Recht* aufgab, deren Schaffung ihm bislang besondere Freude bereitet hatte. Angesichts der umfassenden Richterpflichten scheint es umso bemerkenswerter, dass Carl Wilhelm Pauli sich dennoch weiter intensiv für kulturelle, soziale und politische Themen einsetzte. Dabei schrak er auch nicht davor zurück, noch mehr Verantwortung zu übernehmen, wie etwa der zweimalige Vorsitz über insgesamt zehn Jahre im *Verein für Lübeckische Geschichte* sowie die aktive Mitwirkung bei der Organisation der zweiten Germanistenversammlung verdeutlichen. Carl Wilhelm Pauli gelang es also, seinen herausfordernden, aber zufriedenstellenden Beruf und seine anderen Anliegen weitestgehend zu vereinbaren, was den Rückschluss nahe legt, dass er nach der Beförderung einen für seine Bedürfnisse idealen Lebensstil führen konnte. Obwohl er den Aufstieg wegen seiner Qualifikation sicher verdiente, bewirkte die auf Lebenszeit erteilte Ernennung aber anscheinend nicht mehr Ausgeglichenheit in Carl Wilhelm Paulis Charakter. Denn die Reizbarkeit, die schon in der Zeit als Advokat und Notar bisweilen auftrat, beruhigte sich offenbar selbst dann nicht, als sich sein Wunsch nach dem Ratsposten erfüllte und er damit sowohl eine befriedigende Beschäftigung als auch eine bessere wirtschaftliche und soziale Stellung erhielt. Die Intoleranz, die er zum Unmut seines Umfelds gegenüber ihm missfallenden Ansichten oft bewies, trübt ein wenig das eigentlich aufgeschlossene Bild, das seine diversen Interessen und sein Engagement für vielfältige gesellschaftliche Angelegenheiten zeichnen.

G. Erkrankung, Ruhestand und Tod

> „Herrlich! herrlich! wohl werden wir Beiden uns nicht wieder hier zur Frühlingszeit begegnen, aber gehe ich nicht einer viel größeren Herrlichkeit entgegen?"[1026]

I. Einstellung der Berufstätigkeit

Nach fast sechsundzwanzig Jahren Arbeit als Rat am Oberappellationsgericht musste der 76-jährige Carl Wilhelm Pauli seine Beschäftigung aufgeben. Das letzte Urteil in den Lübecker Prozessakten, das seine Unterschrift trägt, erging in Strafsachen am 09. März 1869 und im Zivilrecht am 22. März 1869.[1027] Bis dahin war er trotz des fortgeschrittenen Alters der hohen Arbeitsbelastung gewachsen gewesen, erlitt nun allerdings am Morgen des 05. April 1869, als er sich gerade ins Gericht begeben wollte, einen ersten Schlaganfall.[1028] Zwar verschwanden die aufgetretenen Lähmungen wieder und er blieb auch geistig vollkommen klar, doch sein Sprachvermögen trug dauerhafte Schäden davon, sodass es ihm schwerfiel, an Gesprächen teilzunehmen.[1029] Obwohl er daher sein Ziel, in den Richterdienst zurückzukehren, nicht erreichte, begegnete er der Situation mit Fassung und strukturierte selbst seinen Tag durch Lektüre, Schnitzarbeiten und das seit der Studienzeit vernachlässigte Geigenspiel.[1030] Überaus mühsam probierte er, neben der unbeeinträchtigten Motorik seine kommunikativen Fähigkeiten zu erneuern – er versuchte etwa seitenlang, Buchstaben zu malen und Worte zu formulieren -, doch ungeachtet einer Verbesserung erlangte er nicht mehr die vorherigen Fertigkeiten.[1031] Zudem bemühte er sich um Bewegung, indem er manchmal mehrfach täglich kleine Wanderungen im Stadtgebiet unternahm.[1032] Das Richteramt behielt er jedoch noch sieben Jahre bis zur

---

1026 Äußerung Carl Wilhelm Paulis auf einem Spaziergang im Frühling 1878, zitiert nach: Poel, Carl Wilhelm Pauli. Ein Lebensbild, S. 101.

1027 AHL, OAG, L II 67 (Strafakte); AHL, OAG, L I 593 (Zivilakte).

1028 Poel, Carl Wilhelm Pauli. Ein Lebensbild, S. 94.

1029 Pauli, Erinnerungen, S. 170.

1030 Poel, Carl Wilhelm Pauli. Ein Lebensbild, S. 94 f.

1031 Pauli, Erinnerungen, S. 170 f.

1032 Poel, Carl Wilhelm Pauli. Ein Lebensbild, S. 95.

offiziellen Pensionierung ohne Bestimmung eines Nachfolgers inne, obgleich er nicht aktiv an der Rechtsprechung mitwirkte.

II. Auszeichnung durch die Stadt Lübeck

Ein wenig Trost über die für Carl Wilhelm Pauli schmerzliche Aufgabe seiner Berufstätigkeit brachte ihm vielleicht die Verleihung der Ehrenmünze *Bene Merenti*, die er vom Lübecker Senat anlässlich des 50-jährigen Jubiläums als Mitarbeiter des Oberappellationsgerichts am 13. November 1870 erhielt. Die 1835 gestiftete Medaille wird bis heute als höchster städtischer Orden an Personen vergeben, die sich durch enorme Leistungen besonders um Lübeck verdient gemacht haben.[1033] Im Gratulationsschreiben nannte der Lübecker Senat Carl Wilhelm Paulis Wirken als Rat am Oberappellationsgericht „ein seltenes Beispiel [...] gewissenhaftester Unparteilichkeit und scharfsinnigster Rechtsfindung", zudem bezeichnete er seine „Forschungen auf dem Gebiete Lübischen Rechts und Lübischer Geschichte" als „ein unvergängliches Verdienst um die Förderung deutscher Rechtswissenschaft und insbesondere um Ihre Vaterstadt".[1034] Er schloss seine Mitteilung mit folgendem Wunsch:

> „Möge [...] jenes Ehrenzeichen verdienter Bürger Ihnen ein dauerndes Andenken daran bleiben, wie sehr die Vaterstadt Ihr so vielseitiges und erfolgreiches Wirken und Schaffen zu würdigen weiß."[1035]

So wurde Carl Wilhelm Paulis Lebenswerk, also seiner unermüdlichen Arbeit sowohl in der praktischen Rechtsprechung als auch in der Wissenschaft, eine sehr wichtige gesellschaftliche Anerkennung zuteil. Er nahm sie am Sonntag, den 13. November 1870, um 11:30 Uhr „sichtlich überrascht und freudig bewegt" mit seinem „tiefgefühlten und lebhaftesten Dank" entgegen.[1036]

III. Gründung des Deutschen Kaiserreichs

Eine weitere Entwicklung, die Carl Wilhelm Pauli mit großer Freude erfüllte, bestand 1870/71 im Verlauf des Deutsch-Französischen Kriegs, den er genau

---

1033 v. Brandt, Bene Merenti, S. 59, 64.

1034 AHL, ASA Interna, Nr. 15946, Schreiben des Lübecker Senats an Pauli vom 13. November 1870.

1035 AHL, ASA Interna, Nr. 15946, Schreiben des Lübecker Senats an Pauli vom 13. November 1870.

1036 AHL, ASA Interna, Nr. 15946, Bericht des Sekretärs Dr. Winckler vom 14. November 1870 über seinen Besuch bei Pauli am vorherigen Tag.

verfolgte, und der anschließenden Errichtung des Deutschen Kaiserreichs.[1037] Otto von Bismarck bezweckte weiteren Krieg, um ein Reich unter Einschluss Süddeutschlands zu schaffen, und provozierte die Eskalation eines Streits um die Thronfolge in Spanien.[1038] Die Familie Hohenzollern-Sigmaringen nahm zwar von der ihr offerierten spanischen Krone Abstand, doch der französische Gesandte forderte von König Wilhelm I. einen dahingehenden endgültigen Verzicht.[1039] Den Konflikt schürte Otto von Bismarck, indem er den Bericht über das Treffen – die Emser Depesche – in verkürzter, scharf klingender Form publizierte und erreichte dadurch die französische Kriegserklärung am 19. Juli 1870.[1040] Da eine fremde Macht den Norddeutschen Bund angriff, waren seine Alliierten Württemberg, Baden und Bayern nun zum Beistand verpflichtet.[1041] Frankreich unterlag entscheidend in der Schlacht von Sedan am 02. September 1870 und am 18. Januar 1871 wurde im Spiegelsaal von Versailles das Kaiserreich mit König Wilhelm I. von Preußen als Deutschem Kaiser proklamiert.[1042] Bei der Einigung, der vor allem die süddeutschen Fürsten widersprachen, half die durch den gemeinsamen Sieg aufgelebte nationale Bewegung.[1043] Auch die Lübecker Bevölkerung, die Soldaten für den Kampf gestellt hatte, begrüßte das Ereignis ganz überwiegend.[1044] Der Frieden von Frankfurt am Main vom 10. Mai 1871 legte Frankreich hohe Reparationen und die Abtretung Elsass-Lothringens ans Deutsche Reich auf, das fortan fast 43 Millionen Einwohner zählte.[1045] Im Vergleich zum Norddeutschen Bund nahm die neue Verfassung kaum Änderungen vor, sie erweiterte etwa den Bundesrat von 43 auf 58 Stimmen, um die Vergrößerung auf nun insgesamt 25 Mitgliedsstaaten und freie Städte abzubilden.[1046] Der preußische König trug die erbliche Deutsche Kaiserwürde, er berief und schloss den vom Volk gewählten Reichstag und ernannte den Reichskanzler Otto von Bismarck.[1047]

1037 Poel, Carl Wilhelm Pauli. Ein Lebensbild, S. 95.

1038 Vgl.: Schulz, Das 19. Jahrhundert, S. 188 f.

1039 Müller, Deutsche Geschichte in Schlaglichtern, S. 184.

1040 Emmerich/Jankrift/Kockerols/Müller, Deutsche Geschichte, S. 168 f.

1041 Müller, Deutsche Geschichte in Schlaglichtern, S. 185.

1042 Kaiser Napoleon III. geriet bei der Schlacht von Sedan in Gefangenschaft. Er ging ins englische Exil, wo er im Januar 1873 starb. Am 04. September 1870 fand in Paris die Ausrufung der Republik statt (Schulz, Das 19. Jahrhundert, S. 190–192).

1043 Dülffer, Deutschland als Kaiserreich, S. 517.

1044 Dittrich, Lübeck, S. 109.

1045 Ries, Deutsche Geschichte, S. 128 f.

1046 Dülffer, Deutschland als Kaiserreich, S. 518.

1047 Ries, Deutsche Geschichte, S. 129 f.

IV. Fortsetzung der Veröffentlichungen

Wie sehr Carl Wilhelm Pauli sich bemühte, trotz des Schlaganfalls möglichst rege zu leben, zeigt seine Rückkehr zur Schriftstellerei. Sechs Jahre nach der Erkrankung beschrieb er die reversiblen und dauerhaften Schäden wie folgt:

> „Die 1869 in meinem 77. Jahre durch einen Schlagfluß eingetretene und, trotz ungeschwächten Gehörs, gebliebene Unfähigkeit, das gesprochene Wort durchgängig zu verstehen, und die damit verbundene Beschränkung und Schwierigkeit im Sprechen und Schreiben, machten es mir unmöglich, meine bisherige amtliche Thätigkeit ferner zu üben. Durch Gottes Gnade blieb mir jedoch der Geist ungetrübt; und als - freilich nach mehr als Einem Jahre - meinen Augen erlaubt war, zu lesen, da ward mir auch bald vergönnt, wieder geistig zu arbeiten und zu wirken."[1048]

Er gab 1872 den zweiten Band der *Lübeckischen Zustände im Mittelalter* mit fünf Vorlesungen heraus, die er nach dem Fund der Stadtbücher verfasst und von 1850 bis 1868 vor der *Gesellschaft zur Beförderung gemeinnütziger Tätigkeit* gehalten hatte.[1049] Im Gegensatz zum ersten Teil betrafen nur zwei Referate konkrete Themen, während drei Vorträge allgemeiner blieben.[1050] Diese bloße Sammlung bereits erarbeiteter Inhalte konnte Carl Wilhelm Pauli in seinem „beengten Zustande" als erstes wieder leisten.[1051] Dann publizierte er 1875 *Die Geschichte der Lübeckischen Gesangbücher und Beurtheilung des gegenwärtigen*, das er „als Freund der Kirche" schrieb.[1052] Im selben Jahr erschien außerdem *Das Lübeckische Mangeld und Carperwesen* über das mittelalterliche Bußgeld bei Tötung oder Verletzung einer Person – das *Mangeld* – und die Gepflogenheiten im Seekrieg mit Dänemark 1510/11.[1053] *Ueber das Lübeckische Mangeld*[1054] hieß ebenfalls ein Artikel, den Carl Wilhelm Pauli zur dritten Auflage der *Zeitschrift*

1048 Pauli, Geschichte der Lübeckischen Gesangbücher, Vorwort.

1049 Pauli, Lübeckische Zustände Bd. 2, Vorwort, S. VII.

1050 Die genaueren Materien lauteten: *Ueber die Streitigkeiten der Stadt Lübeck mit dem Bischof Burkhard von Serken* und *Ueber die frühere Bedeutung Lübecks als Wechselplatz des Nordens* (Frensdorff, Paulis juristisch-literarische Tätigkeit, S. 108 f.; Pauli, Lübeckische Zustände Bd. 2, S. 24, 98).
Die unschärferen Gegenstände hießen: *Ueber einzelne Erscheinungen des deutschen Mittelalters*, *Beiträge zur Lübeckischen Geschichte aus den Stadtbüchern* und *Verschiedene Mittheilungen aus den älteren Stadtbüchern* (Frensdorff, Paulis juristisch-literarische Tätigkeit, S. 108; Pauli, Lübeckische Zustände Bd. 2, S. 1, 46, 71).

1051 Pauli, Geschichte der Lübeckischen Gesangbücher, Vorwort.

1052 Pauli, Geschichte der Lübeckischen Gesangbücher, Vorwort.

1053 Pauli, Lübecks Mangeld und Carperwesen, S. 1, 52.

1054 Pauli, Über das Lübeckische Mangeld, S. 279–328.

für Lübeckische Geschichte und Altertumskunde 1876 beitrug. Sie enthielt auch die von ihm stammenden *Beiträge zur Geschichte der ersten Buchdruckerei in Lübeck*[1055] und seine *Beiträge zur Geschichte des Irrenhauses in Lübeck*[1056]. In Anbetracht der Erkrankung und seines hohen Alters – als er 1872 die Publikationen fortsetzte, wurde er 80 Jahre alt – scheint es umso bemerkenswerter, dass Carl Wilhelm Pauli mit einer solchen Konstanz weiterhin geschichtliche Schriften verfasste.

V. Pensionierung und Nachfolge

Da seine Gesundheit die Wiederaufnahme der Arbeit als Rat nicht zuließ, bat Carl Wilhelm Pauli am 30. August 1876 um die Versetzung in den Ruhestand, welche die Senate der drei Hansestädte am 11. Dezember 1876 vornahmen:

> „Die Senate, indem sie den Herrn Oberappellationsgerichts-Rath Dr. Pauli hiemit auf den Schluß d. J. […] in den wohlverdienten Ruhestand versetzen unter Belassung seines vollen Gehalts als Pension […] benutzen diese Veranlassung, um dem hochverdienten Manne, der seit der Einsetzung des höchsten Gerichtshofes demselben angehört und seine Amtspflichten vom 13. November 1820 ab als Secretair, vom 04. Juli 1843 als Rath stets, so lange es seine Kräfte gestatteten, mit unermüdlichem Eifer und mit Auszeichnung erfüllt, der auch durch wissenschaftliche Leistungen sich als Rechtsgelehrter in hervorragender Weise bewährt hat, ihre volle und warme Anerkennung und den Dank der drei freien Hansestädte hiemit auszudrücken.“[1057]

Sein Amt als Rat übernahm nun Carl Ernst August Ludwig Hoppenstedt, ein praktisch überaus erfahrener bisheriger Richter am Obergericht Hannover.[1058]

VI. Letzte Publikation

Auch nach der offiziellen Pensionierung wirkte Carl Wilhelm Pauli weiterhin schriftstellerisch. Im Jahre 1878 gab er einen dritten Teil der *Lübeckischen Zustände im Mittelalter* mit dem Titel *Recht und Kultur* heraus. Die darin

---

1055 Pauli, Beiträge zur Geschichte der Buchdruckerei S. 254–269.

1056 Pauli, Beiträge zur Geschichte des Irrenhauses, S. 270–278.

1057 AHL, OAG, A 127, Dokument Nr. 2, Verfügung des Hamburger Direktorialsenats vom 11. Dezember 1876.

1058 Carl Ernst August Ludwig Hoppenstedt wirkte in Osnabrück, Göttingen, Stade und Hannover als Amts-, Untersuchungs-, Prozess-, Konkurs- und Handelsrichter. Er ging 1868 ans Obergericht Hannover und 1876 – als 42-Jähriger – ans Lübecker Oberappellationsgericht. Nach dessen Auflösung 1879 wurde er erster Präsident des neuen Landgerichts in Lübeck (Polgar, Das OAG der vier freien Städte, S. 261 f.).

enthaltenen Abhandlungen basierten zwar wie die ersten zwei Bände auf dem Fund der Stadtbücher, behandelten jedoch solche Materien, die sich nicht für eine Darstellung in Form von Vorlesungen eigneten.[1059] Carl Wilhelm Pauli wollte die Gegenstände – soweit möglich – dennoch nicht unbearbeitet lassen:

> „Was ich in dieser Beziehung aufgezeichnet, sind nur Bruchtheile des vorhandenen Reichthums. Indessen sind auch diese für die Geschichte des germanischen Rechts, wie mir scheint, so neu und zu bedeutend, um sie den Kennern und Freunden der Sache vorenthalten zu können. Und so habe ich in meinen alten Tagen, wo ja ohnehin den Zuständen der Vergangenheit man mit Vorliebe sich zuwendet, je mehr die der Gegenwart sich der Mitwirkung entziehen, diese kleine Arbeit übernommen."[1060]

Die neunzehn kurzen Artikel betrafen verschiedene mittelalterliche Institute, insbesondere aus den Bereichen des Schuld-, Handels- und Prozessrechts.[1061]

VII. Ableben

Am 16. März 1879 erlitt Carl Wilhelm Pauli noch einen Schlaganfall, in Folge dessen er am 18. März 1879 verstarb.[1062] Er wurde am 22. März 1879 auf dem Burgtorfriedhof beigesetzt.[1063] Die *Lübeckischen Blätter* vom 30. Juli 1879 enthielten ein kurzes Portrait seines Lebens, das mit der Aussage begann, er sei ein „Rechtsgelehrter, welcher eine ehrende Erwähnung [...] verdient".[1064] Noch in demselben Jahr, mit dem Inkrafttreten der *Reichsjustizgesetze* am 01. Oktober 1879, wurde das Oberappellationsgericht, an dem Carl Wilhelm Pauli beinahe fünfzig Jahre lang gewirkt und das daher seine Berufstätigkeit dominiert hatte, aufgelöst und durch das für Hamburg, Lübeck und Bremen zuständige *Hanseatische Oberlandesgericht* mit Sitz in Hamburg ersetzt.[1065]

1059 Pauli, Lübeckische Zustände Bd. 3, Vorwort, S. V.

1060 Pauli, Lübeckische Zustände Bd. 3, Vorwort, S. V, VI.

1061 Die Beiträge hießen: *Von gelehnetem Gelde, Vom Ausleihen, Von treuer Hand, Von Verpfändungen, Von Bürgen, Von Kauffen und Vorkauffen, Vom Miethen und Vermiethen, Von Gesellschaften und Maschopeyen, Von Privatgebäuden und Bausachen, Von dem Richter, Von Klage und Widerklage, Von Kraft und Wirkung brieflicher Urkunde, Von Zeugen, Mäkeler und Sachverständige, Von Arrest und Besatzung, Von Seehändeln, Von geworfenem Gute, Vom Schiffbruch* und *Bodmerei* (Pauli, Lübeckische Zustände Bd. 3, S. 1, 4, 6, 8, 12, 16, 21, 34, 44, 57, 62, 64 f., 73, 76, 85, 88, 90, 94).

1062 Poel, Carl Wilhelm Pauli. Ein Lebensbild, S. 101.

1063 AHL, Beerdigungsregister 1879.

1064 Lübeckische Blätter/1879, Dr. C. W. Pauli, S. 341.

1065 Das Reich hatte nach Art. 4 Nr. 13 der Verfassung die Gesetzgebungsbefugnis für das Bürgerliche Recht, das Strafrecht und das Gerichtsverfahren. Am 01. Oktober 1879

VIII. Zwischenbetrachtung

Carl Wilhelm Paulis letzter Lebensabschnitt zeigt, wie sehr er sowohl an der richterlichen Arbeit als auch an seinen historischen Forschungen hing. Trotz der schwierigen gesundheitlichen Situation, in der er sich wegen der Folgen des ersten Schlaganfalls befand, bemühte er sich nach Kräften, die vorherigen Fähigkeiten wiederzuerlangen, um beide Beschäftigungen weiter auszuüben. Wenngleich eine Rückkehr in den Richterdienst unmöglich war, resignierte er nicht, sondern blieb im Rahmen seiner noch vorhandenen Kompetenzen schriftstellerisch aktiv. Diese Haltung, eine persönlich herausfordernde Lage anzunehmen und sie trotz großer Anstrengung bestmöglich zu nutzen, zeugt von Ausdauer, Mut, Stabilität und – in Carl Wilhelm Paulis Fall – extremer Begeisterung für seine Fächer. Geschichtliche Bildung sah er als elementar an, so ermahnte er etwa seinen Enkel, den späteren Kunsthistoriker Gustav Pauli[1066], „fleißig Latein zu treiben und Geschichtsbücher zu studieren".[1067] Da er seinen Interessen bis zu seinem Tod im Alter von 86 Jahren zumindest teilweise nachgehen konnte, liegt die Bewertung nahe, dass Carl Wilhelm Pauli ungeachtet seiner Krankheit einen erfüllten Ruhestand verleben durfte.

---

führten die *Reichsjustizgesetze* einen einheitlichen Instanzenzug mit Amts-, Land- und Oberlandesgerichten ein, deren Errichtung den Einzelstaaten oblag, und etablierte das Leipziger Reichsgericht als obersten Gerichtshof. Die drei Hansestädte verständigten sich auf die Einrichtung eines gemeinsamen Oberlandesgerichts statt des Oberappellationsgerichts (Polgar, Das OAG der vier freien Städte, S. 155).

1066 Theodor *Gustav* Pauli kam am 02. Februar 1866 als Sohn von Alfred Dominicus und Emilie Pauli, geborene Albers, in Bremen zur Welt. In Straßburg, Leipzig und Basel studierte er Kunstgeschichte. Ab 1899 leitete er die Bremer Kunsthalle, die er ab 1905 als Direktor führte und zu einem umfangreichen Kunstmuseum gestaltete, das einige wichtige Ausstellungen beherbergte. Nebenher schrieb er viele Beiträge für Fachzeitschriften. Er ging 1914 an die Hamburger Kunsthalle, 1933 wurde er wegen seiner kritischen Einstellung gegenüber dem nationalsozialistischen Regime entlassen. Er starb am 08. Juli 1838 in München (Busch, Gustav Pauli, S. 371 f.).

1067 Vgl.: Pauli, Erinnerungen aus sieben Jahrzehnten, S. 33.

H. Fazit

> „Jetzt stehe ich auf der Höhe des Lebens, und nicht lange mehr, so senkt sich der Pfad abwärts. Das Meiste, was ich damals ahnte und hoffte, ist jetzt Erinnerung, und die lebendige Erinnerung dessen, was ich hier gefunden und verloren, erlangt und versäumt, Alles, Alles, ein Gefühl, gemischt aus Scham und Dank, Wehmuth und Freude, [...] macht sich immer von Neuem in einem Strom von Thränen Luft, dem ich vergebens zu wehren mich bemühe.“[1068]

Diese Bilanz zog Carl Wilhelm Pauli, als er sich an die genau fünfundzwanzig Jahre zurückliegende Rückkehr nach Lübeck und seine damit verbundenen Wünsche erinnerte. Sie klingt beinahe so, als erwartete der damals 48-Jährige zu diesem Zeitpunkt schon nicht mehr viel von seiner weiteren Laufbahn, obwohl doch der Höhepunkt seiner Karriere mit der Beförderung zum Rat am Oberappellationsgericht der vier freien Städte 1842/43 noch bevorstand. Der leicht deprimierte Ton ist möglicherweise der Frustration im Amt als Sekretär geschuldet, die 1841 ein großes Ausmaß angenommen hatte. Die emotionalen Worte zeigen gleichfalls, dass die Betrachtung seines bisherigen Werdegangs Carl Wilhelm Pauli durchaus nahe ging. Er war zeitlebens ein gefühlsbetonter Mensch, wobei dieser Charakterzug mit zunehmendem Alter teils negativ anmutete. Doch nicht nur in persönlicher Hinsicht, sondern ebenso in Bezug auf sein umfangreiches äußeres Wirken durchlief er eine abwechslungsreiche Entwicklung, die von einer ereignisreichen historischen Epoche beeinflusst und nicht zuletzt von einigen besonderen Persönlichkeiten begleitet wurde.

Sowohl die Wirkungen geschichtlicher Ereignisse als auch die Relevanz des sozialen Umfelds prägten schon Carl Wilhelm Paulis Kindheit und Jugend. Er erlebte die wirtschaftliche Not, welche die französische Kontinentalsperre von 1806 über seine Angehörigen – wie über weite Teile der Bevölkerung – brachte. Doch so schwierig die ökonomischen Verhältnisse lagen, so günstig stellte sich die ihn umgebende Gesellschaft dar. Durch den engen Kontakt zu den Büsch,

---

1068 Brief Carl Wilhelm Paulis an seine Schwester Franzisca Amalia vom 14. Juli 1841, zitiert nach: Poel, Carl Wilhelm Pauli. Ein Lebensbild, S. 41.

Reimarus, Sieveking und Voght wurde ihm das Privileg zuteil, im Kreis der bedeutendsten Familien der Hamburger Aufklärung aufzuwachsen. Der Eindruck jener Menschen, ihres Denkens und ihrer Kultur sowie die Fürsorge seiner zeitlebens ausgesprochen geliebten Mutter bedingten seine Aufgeschlossenheit und sein ausgeprägtes Bewusstsein für die gegenwärtigen Anliegen der Allgemeinheit, ob politischer, kultureller oder sozialer Natur.

Diese Eigenschaften zeigten sich bereits in seiner Studienzeit, in der er einen ansprechenden Eindruck auf sein Umfeld erweckt haben muss. Zumindest schloss er mühelos Freundschaften, von denen einige besonders zu betonen sind. Dazu zählt einerseits die Verbindung zu Gustav Schwab wegen ihrer andauernden Intensität und andererseits der Kontakt zu Ludwig Hassenpflug und August von Bethmann-Hollweg, der sich bei der Ernennung zum Rat am Oberappellationsgericht auszahlte. Aus der Phase als Student tritt weiterhin Carl Wilhelm Paulis Empfänglichkeit für Emotionen hervor, als er unter dem Einfluss der Romantik die rationale Wahl des Jurastudiums anzweifelte. Eine Mischung aus privatem Unglück und Patriotismus veranlasste ihn, sich ohne Abschluss zur Armee zu melden, und nach der Rückkehr kostete es ihn starke Überwindung, statt der dichterischen Tätigkeit die Ausbildung fortzusetzen. Dabei erwies sich die Wahl der Universität Göttingen als äußert folgenreich, da er dort die Beziehung zu Georg Arnold Heise herstellte, die seine spätere Karriere am Oberappellationsgericht maßgebend beeinflusste. Nicht außer Acht zu lassen für seinen juristischen Werdegang im wissenschaftlichen Bereich ist die Konfrontation mit den Ideen der Historischen Rechtsschule, die Carl Wilhelm Pauli wohl in Tübingen und in Göttingen erlebte. Obwohl er an beiden Hochschulen großen Fleiß zeigte und damit den an ihn gestellten Erwartungen entsprach, trug sein Verhalten ebenso mutige und unangepasste Züge. Sowohl die Kriegsteilnahme als auch die Empörung über die folgende Restauration, vor allem die Aktivität im Verfassungskonflikt, verdeutlichen seine Bereitschaft, gegen ihm missfallende Verhältnisse wirklich vorzugehen.

Die folgende vierjährige Arbeit als Advokat und Notar, die er möglichst bald wieder aufgab, prägte Carl Wilhelm Paulis Entwicklung hingegen weniger. Wegweisend scheint allein die Entscheidung zur Rückkehr nach Lübeck und die dortige langfristige Verwurzelung, zu der – neben dem Engagement in der *Gesellschaft zur Beförderung gemeinnütziger Tätigkeit* – insbesondere sein neu auflebendes Interesse für das Recht und die Geschichte der Stadt beitrug.

Die Wahl zum Sekretär am Oberappellationsgericht markierte in mehrfacher Weise eine Zäsur in Carl Wilhelm Paulis Laufbahn. Er erreichte den seit der Studienzeit verfolgten öffentlichen Dienst, wobei den vorherigen historischen Umbrüchen eine elementare Rolle zukam. Denn erst die Franzosenzeit und die folgende Neuordnung der Staatsstrukturen in Form des Deutschen Bundes verursachten, dass Angehörige der Reformierten Gemeinde überhaupt solche Ämter bekleiden durften. Auch die Einrichtung des Oberappellationsgerichts der vier freien Städte basierte auf der Bundesakte. Mit dem Wechsel zu einer sicheren Stellung scheint Carl Wilhelm Pauli die innere Unruhe, die ihn in Zeiten des Studiums und des unangenehmen ersten Berufs bewegte, abgelegt zu haben. So schrieb er 1821 an Gustav Schwab von den nun angebrochenen „ernsteren, reiferen Jahren, wo sich entschieden hat, was wir wollen".[1069] Zu dieser Entwicklung trugen sicher die aktuellen privaten Änderungen bei, also die Heirat mit Emmy Meier und die Geburt der Kinder. Die Gründung seiner Familie machte ihn sehr glücklich, er berichtete etwa einer seiner Schwestern:

> „Meine Kinder wachsen fröhlich heran; es ruht doch ein unglaublicher Segen darin, so immer ein Menschenleben nach dem andern sich unter unsern Händen und an unserm Herzen entfalten zu sehen; […]."[1070]

Beruflich wuchs zwar Carl Wilhelm Paulis Unzufriedenheit, doch das Amt des Sekretärs ermöglichte ihm durch die ständige Mehrung seiner Kenntnisse über die Rechtspraxis und den Freiraum zur Anfertigung der *Abhandlungen aus dem Lübischen Recht* seinen späteren Aufstieg zum Rat. Dabei zeigt die Empfehlung Georg Arnold Heises und das vielfältige Profil seiner zivil- und strafrechtlichen richterlichen Arbeit, die er wie alle Räte in großem Umfang bewältigen musste, über was für ein hohes Fachniveau der 50-jährige Carl Wilhelm Pauli mittlerweile verfügte. Zugleich vernachlässigte er nicht seinen Einsatz für lübische Interessen, den er bereits zuvor durch sein aktives Vorgehen gegen den Branntweinkonsum bewiesen hatte. Er begann die Reihe *Lübeckische Zustände*, saß dem *Verein für Lübeckische Geschichte* vor und trug historische Artikel zur Vereinszeitschrift bei. Nicht zuletzt übernahm er bei der Ausrichtung der Germanistenversammlung eine gestaltende Funktion. Die Ziele dieser Veranstaltung verdeutlichen, in welch einer ereignisreichen Zeit Carl Wilhelm Pauli auch nach der Rückkehr nach Lübeck lebte, als sich die im Vormärz unterdrückte Nationalbewegung zunehmend durchsetzte und schließlich nach drei Kriegen 1864, 1866 und 1870 das Deutsche Kaiserreich entstand. Jedoch belegt seine Verurteilung der Idee von 1848/49, Staatsmacht müsse sich aus der Mitwirkung aller Menschen legitimieren, eine unmoderne Haltung. Unbeachtet darf ebenso nicht bleiben, dass sich Carl Wilhelm Pauli im Laufe der Jahre – obgleich er sich stets aufgeschlossen gegenüber vielen Themen gab – verstärkt unsozial benahm und

1069 Poel, Carl Wilhelm Pauli. Ein Lebensbild, S. 13.
1070 Poel, Carl Wilhelm Pauli. Ein Lebensbild, S. 75.

seine Emotionen manchmal in Form von Wut ausdrückte. So zeigte er nach seinem Cousin Gustav Paul Poel „intolerantes Verhalten", da „es ihm nicht immer gelang, auf das Wesen anderer Menschen einzugehen", auch glich „sein gelegentliches Auftreten in Wort und Schrift [...] allzusehr dem eines zürnenden Propheten, als daß die Tagesmeinung sich ihm hätte zuwenden mögen".[1071] Doch sein Charakter gäbe kein authentisches Bild ab, wenn er neben den gewinnenden Zügen wie der Zuneigung zu seiner Familie keine unsympathischen Merkmale aufwiese.

Demgegenüber bewies Carl Wilhelm Pauli nach seinem ersten Schlaganfall bewundernswerte Souveränität, indem er seine Einschränkungen bestmöglich überwand und die schriftstellerische Arbeit fortsetzte. Als er die Hoffnung, in den Richterdienst zurückzukehren, aufgab und sich 1876 pensionieren ließ, blickte er auf eine 56-jährige Anstellung am Oberappellationsgericht zurück, was beinahe 95 % der gesamten Existenz dieses Gerichtshofs ausmacht, der noch in Carl Wilhelm Paulis Todesjahr 1879 aufgelöst wurde. Kein anderer Mitarbeiter begleitete das Oberappellationsgericht derartig lange. Zusätzlich zu dieser einzigartigen Verflechtung mit dem Oberappellationsgericht der vier freien Städte zeichnet sich Carl Wilhelm Paulis Biographie durch ihre Vielseitigkeit aus, die sich bei Weitem nicht in der Wissenschaft und Praxis seines Fachgebiets erschöpfte. Sein breites Interessenfeld erfasste politische, soziale und kulturelle Angelegenheiten, wobei er vor allem seine Heimatstadt Lübeck im Blick hatte. Angesichts des historischen Hintergrunds, der seine individuelle Entwicklung mitbestimmte, lässt sich Carl Wilhelm Pauli daher treffend als bemerkenswerter Lübecker Jurist im 19. Jahrhundert bezeichnen.

1071 Poel, Carl Wilhelm Pauli. Ein Lebensbild, S. 98–100.

Anhang

Carl Wilhelm Paulis Gedichte im *Rheinischen Merkur* 1814

Das Lied vom alten Helden

Es liegt ein Held begraben
Tief in des Berges Nacht.
Wohl viele Nächte haben
Schon über ihn gewacht.
Allein er schläft schon fester
Und auch das Träumen läßt er.

Er war ein tief'ger Streiter
Einst in dem teutschen Land;
Das heil'ge Reich befreyt' er
Warf Ritter in dem Sand;
War stets in Kampfes Mitte,
Und doch voll frommer Sitte.

Auf Dir lag Gottes Seegen,
Du teutsches Vaterland,
So lang den mächt'gen Degen
Er hielt in starker Hand.
O daß nicht ew'ges Leben
Dem Helden war gegeben! –

Viel edle Kämpfer starben
Wohl in dem blut'gen Straus,
Da stieg bedeckt mit Narben
Er auf sein Felsenhaus,
Und von dem Vätersaale
Hinab zum Todtenmahle.

Wohl viele Jahre schlief er,
Versank im Berge ganz;
Und mit ihm immer tiefer
Versank der teutsche Glanz.
Auch wie die Helden bieder
Erstarben ihre Lieder.

Seit nicht des Helden Lanze
Im teutschen Kampf' mehr saust,
Der feile Welsch und Franze
Im Heil'gen Reiche haus't.
Der freye Stamm in Ketten,
Und Niemand ihn zu retten? -

Es bricht im Morgen helle
Weit in das Land hinein,
Selbst bis zur Grabesschwelle
Des Helden dringt sein Schein.
Beym Klang der alten Lieder
Regt er die alten Glieder;

Greift zu der rost'gen Wehre,
Erhebt sich aus der Gruft,
Wohl zu der Väter Ehre,
Empor zum Himmelsduft.
Auf hohem Thurm die Lanze
Schwingt er im Morgenglanze. -

Und schnell auf allen Höhen,
Gerüstet ganz in Stahl,
Sieht man die Ritter stehen;
Es jauchzt das ganze Thal;
Und weit in teutschen Landen
Ist neu die Kraft erstanden.

Vom hohen Felsensitze
Stürzt in verjüngter Pracht,
Wohl an des Volkes Spitze,
Der Held sich in die Schlacht;
Um teutsche Schmach zu rächen,
Ströme Frankenblut in Bächen.

Am 10. August 1814.[1072]

Die Weihe der Feuer

Sie schwebt herab auf ihren dunkeln Schwingen
Die Nacht, die uns den Freyheitsmorgen gab;
Denn aus dem Dunkel muss das Lichte dringen,
Das ew'ge Leben sprießt aus finsterm Grab,
Auch die Freyheit muss empor sich wagen,
Aus Tod und Graus, wohin sie sah hinab.
So laßt zu ihrer Auferstehungsfeyer
Hoch aus der Nacht sich heben lichte Feuer.

1072 Rheinischer Merkur/1814, Nr. 120, 19. September 1814.

Auf allen Bergen schon beginnts zu glimmen,
Uralte Feuer sind auf's Neu' erwacht,
Und grauer Helden tief'ge Schatten schwimmen
Zu uns empor aus stiller Fluth der Nacht.
Sie kommen nicht, um ihrem Volk zu grimmen,
Sie freuen sich ihres Stamms verjüngter Pracht,
Und woll'n bey diesen Gluten nur uns mahnen,
Fromm zu gedenken unsrer Heldennahmen.

Die Flammen leuchten durch des Himmels Hallen!
Nun schnell die Glut mit neuem Stoff genährt!
Viel theure Brüder sind im Kampf' gefallen,
Manch' heißes Sehnen hat der Tod verklärt,
So sollen denn die Todtenopfer wallen
Für die, so teutsch zu sterben uns gelehrt
Hell kündigen die heil'gen Flammenzeichen:
Sie leben jetzt in ew'ger Freyheit Reichen!

Von allen Höhen weht die Glut zusammen!
Jetzt brich nicht Herz! Spring nicht vor hoher Lust!
Nein, schlagt jetzt heiliger Begeist'rung Flammen!
Aus Seel' in Seele und aus Brust in Brust,
Daß alle, die aus teutschem Blute stammen
Des gleichen Lebens seel'ger sich bewußt
Wie groß die Bergeßfeuer sich begrüßen
Nun Herz an Herz das Flammenbündniß schließen!

Bückeburg, am 18. Okt. 1814.

Carl Pauli.[1073]

Gerichtsordnung für das gemeinschaftliche Ober-Appellationsgericht der vier Freien Städte Deutschlands, Lübeck, Frankfurt, Bremen und Hamburg (1831)

Erster Abschnitt.
Verfassung und innere Einrichtung des Ober-Appellationsgerichts.

[...]

II. Personal des Gerichts.

§ 2. Das Personal des Gerichts ist folgendes:
ein Präsident,
sechs Räthe,
ein Secretair,
die erforderlichen Kanzlisten und Gerichtsboten.

1073 Rheinischer Merkur/1814, Nr. 140, 29. Oktober 1814.

III. Ernennung des Personals.

§ 3. Die Ernennung des Präsidenten, der Räthe und des Secretairs geschieht nach einer unter den vier Städten getroffenen Uebereinkunft.
Das Gericht ernennt die Kanzlisten und Gerichtsboten nach Vorschrift derselben Uebereinkunft, und zwar aus Angehörigen der Städte.

IV. Anstellungs-Erfordernisse und Prüfungen.

§ 4. Zum Präsidenten oder Rath kann nur ein Rechtsgelehrter ernannt werden, welcher von christlicher Religion und unbescholtenem Lebenswandel ist; er muß ein Deutscher seyn, und das dreißigste Jahr seines Alters vollendet haben.

§ 5. Er darf nicht mit einem stimmführenden Mitgliede des Ober-Appellationsgerichts in gerader Linie, oder in der Seitenlinie bis zum vierten Grade einschließlich, verwandt oder verschwägert, auch nicht Ehemann der Stiefmutter, oder Stiefsohn der Ehefrau desselben, ferner nicht dessen Stiefschwiegervater, Stiefschwiegersohn oder Frauen-Schwester-Mann seyn.
Dieses Hinderniß wird auch nach dem Tode der Person, durch welche das Verhältniß begründet worden, als fortdauernd angesehen.
Tritt nach seiner Ernennung durch Heirath zu einem andern stimmführenden Mitgliede des Gerichts in das Verhältniß eines Stiefvaters, Stiefschwiegervaters, Stiefschwiegersohns, Schwiegersohns oder Schwagers, so ist er seine Stelle niederzulegen verbunden.
In Hinsicht dieser ausschließenden Verwandtschaftsgrade ist die halbe Geburt der vollen Geburt gleich zu achten.

[…]

§ 7. Jeder anzustellende Rath muß sich einer vom Ober-Appellationsgerichte vorzunehmenden Prüfung, womit auch die Aufgabe einer Probe-Relation verbunden wird, unterziehen. Das Gericht hat einen gutachtlichen Bericht über diese Prüfung, nebst der Probe-Relation, dem Senate, von welchem die Berufung geschehen ist, zu dessen definitiver Entschließung, einzusenden, welcher alsdann die andern Senate davon in Kenntniß setzt.
Wer bereits in einem deutschen Justizcollegium zweiter oder höherer Instanz oder auch in einem deutschen Spruchcollegium Sitz und Stimme gehabt, oder auf einer deutschen Academie die Stelle eines ordentlichen öffentlichen Lehrers der Rechte bekleidet hat, ist der Prüfung nicht unterworfen, hat jedoch eine Probe-Relation zu liefern.

§ 8. Wer zum Secretair ernannt werden soll, muß das 25ste Jahr seines Alters vollendet haben, Rechtsgelehrter und Angehöriger Einer der vier Städte, von christlicher Religion und unbescholtenem Lebenswandel seyn, eine angemessene Caution leisten und, wenn es von den Senaten verlangt wird, einer Prüfung sich unterwerfen.
Dieselben Erfordernisse treten ein bei dem ersten Kanzlisten, als gesetzlichem Stellvertreter des Secretairs.

V. Einführung und Beeidigung.

§ 9. Die Einführung und Beeidigung des Präsidenten, der Räthe und des Secretairs geschieht von einer Commission der vier Senate. Jedoch kann auch, nach jedesmaliger Uebereinkunft der Senate, in deren Auftrage, die Einführung und Beeidigung des Präsidenten und der Räthe durch eine Commission des Senats der Stadt, wo das Gericht seinen Sitz hat, so wie die des Secretairs durch das Gericht selbst, geschehen.
Die Kanzlisten und die Gerichtsboten werden von dem Ober-Appellationsgerichte beeidigt.

§ 10. Präsident, Räthe und Secretair, wie auch die Kanzlisten und Gerichtsboten, leisten, außer ihrem Amts-Eide, allen vier Städten den Eid der Treue dahin:

Ich gelobe und schwöre zu Gott,

> daß ich den vier Freien Städten und deren Senaten getreu und hold seyn, das Beste der Städte befördern und ihren Schaden abwenden will.
> So wahr mir Gott helfe.

Der Amts-Eid ist folgender:

1) Für den Präsidenten:

Ich gelobe u.s.w.

> daß ich, so lange ich bey dem gemeinschaftlichen Ober-Appellationsgerichte der vier Freien Städte Präsident seyn werde, diesem Gerichte so, wie es dieser wichtige Beruf erfordert, vorstehen, bey allen dahin gelangenden Sachen, jederzeit ohne Ansehen der Personen, sie seyen Arme oder Reiche, ohne Furcht, ohne Rücksicht auf Vortheil oder Nachtheil, einzig das Recht vor Augen haben, und die Ober-Appellationsgerichts-Ordnung, so wie deren fernere Bestimmungen, und die dadurch vorgeschriebenen Gesetze und Normen, nach meinem besten Wissen und Gewissen, befolgen und zur Anwendung bringen will.
> Ich will auf die getreue Amtsführung der Räthe, des Secretairs und des Kanzleypersonals, auf die möglichst gründliche und schnelle Behandlung der an das Gericht gelangenden Sachen halten, die bey etwanigen Unregelmäßigkeiten dem Directorial-Senate schuldige Anzeige frei und unverholen verfügen, und auf Alles, was zur Verbesserung des Gerichts beitragen kann, mein Augenmerk richten.

2) Für die Räte:
Ich gelobe u.s.w.

daß ich, so lange ich bey dem gemeinschaftlichen Ober-Appellationsgerichte der vier Freien Städte Rath seyn werde, bey den an dieses Gericht gelangenden Sachen ohne Ansehen der Personen, sie seyen Arme oder Reiche, ohne Furcht, ohne Rücksicht auf Vortheil oder Nachtheil, einzig das Recht vor Augen haben, die Ober-Appellationsgerichts-Ordnung, so wie deren fernere Bestimmungen, und die dadurch vorgeschriebenen Gesetze und Normen, nach meinem besten Wissen und Gewissen befolgen und zur Anwendung bringen, wie auch die mir anvertraueten Geschäfte möglichst gründlich und schnell behandeln will.

Der Secretair, die Kanzlisten und Gerichtsboten werden nach den festgesetzten Eidesformeln verpflichtet. Es bleibt dem Ober-Appellationsgerichte vorbehalten, nach vorgängiger Genehmigung von Seiten des Directorial-Senats, die durch Umstände etwa erforderten Abänderungen in diesen Eidesformeln vorzunehmen.

VI. Besondere Verhältnisse der Mitglieder des Gerichts in Rücksicht ihres Amts.

§ 11. Zur Leistung des Eides der Treue und des Amts-Eides wird derjenige, welcher zum Präsidenten oder Rath ernannt ist, nicht eher zugelassen, als bis er nachgewiesen hat, daß jedes persönliche Unterthans-Verhältniß, so wie jede Bürger-, Amts- oder Dienst-Verbindung, worin er vorher stand, aufgehoben sey. Präsident, Räthe und Secretair dürfen von früher erhaltenen Dienst- oder Ehrentiteln keinen Gebrauch machen, auch fernen keine Ehren-Auszeichnung irgend einer Art von fremden Regierungen annehmen.

§ 12. Sie dürfen keine Advocaturgeschäfte treiben, keine Rechtsgutachten ertheilen, keine Vollmachten übernehmen, auch kein Nebenamt verwalten, wohin jedoch unentgeldliche Geschäftsverwaltungen für kirchliche oder wissenschaftliche Zwecke, so wie bey gemeinnützigen und Wohlthätigkeits-Anstalten, so weit sie, nach der Verfassung und nach gesetzlicher Bestimmung jeder Stadt, dazu berufen werden können, nicht zu rechnen sind. Sie können Vormundschaften und Curatelen nur für Frauen und Kinder der Mitglieder des Gerichts und überdies nur für solche Personen annehmen, die mit ihnen so nahe verwandt sind, daß sie in deren Angelegenheiten als Richter nicht würden stimmen können.

[…]

§ 15. Dem Präsidenten, den Räthen und dem Secretair kann ihre Stelle nur durch Urtheil und Recht genommen werden.

[…]

VIII. Advocaten und Procuratoren.

§ 17. Zur Einreichung der Partheischriften und zur Empfangnahme der Decrete und Urtheile sind sechs Procuratoren angestellt. Sie werden vom Ober-Appellationsgerichts aus den dazu sich anmeldenden Advocaten der Städte gewählt.

§ 18. Die Advocatur am Ober-Appellationsgerichte steht sämmtlichen in den Städten immatriculirten Advocaten ausschließlich frey. Dagegen ist sie ihnen untersagt, wenn ihnen in ihrer eignen Stadt die Praxis untersagt wird. Jeder neu immatrikulirte Advocat, hat seiner ersten Eingabe bei dem Ober-Appellationsgerichte eine Bescheinigung seiner Befugniß zur Advocatur beizufügen.

[…]

IX. Gerichtsferien.

§ 22. Das Ober-Appellationsgericht wird, außer den Sonntagen und den in der Stadt seines Sitzes angeordneten Festtagen, vom 22sten Julius bis zum 31sten August, beide Tage eingerechnet, Ferien haben.

[…]

§ 24. Während der Ferien müssen, zum Behuf einstweiliger Verfügungen in solchen Sachen, wobey dringende Gefahr auf dem Verzug haftet, mindestens drey stimmführende Mitglieder des Gerichts anwesend bleiben, so daß einer in der Stadt selbst, wo das Gericht seinen Sitz hat, die andern beiden wenigstens in solcher Nähe sich aufhalten, daß sie spätestens in zweimal vier und zwanzig Stunden herbeikommen können.
[…]

X. Verhältniß des Gerichts zu der Gesammtheit der Senate.

§ 26. Die Aufsicht über das Gericht, dessen öffentliche Verhältnisse und den Geschäftsgang übt, nach der Reihefolge der Städte, alljährliche abwechselnd Einer der vier Senate in deren gemeinschaftlichem Namen, als Directorial-Senat. Das Directorium wechselt mit dem Anfange der Ferien des Gerichts.

§ 27. Der jedesmalige Directorial-Senat ist das verfassungsmäßige für alle Verhältnisse des Gerichts zu der Gesammtheit der Senate. An ihn erstattet das Gericht seine Berichte in allen dasselbe betreffenden Angelegenheiten, und durch ihn wird es mit dem erforderlichen Bescheide versehen.
Er sorgt für die Aufrechterhaltung aller bestehenden Einrichtungen und erläßt die dazu nöthigen Verfügungen. In allen sonstigen Angelegenheiten verfährt Er in Gemäßheit des durch Ihn zu veranlassenden gemeinsamen Beschlusses der Senate.

Die Directorial-Erlasse an das Ober-Appellationsgericht ergehen in Rescriptsform, werden von dem präsidirenden Herrn Bürgermeister des Directorial-Senats unterzeichnet und von einem Secretair contrasignirt.

[...]

XIII. Visitationen des Gerichts.

§ 33. Visitationen des Ober-Appellationsgerichts geschehen durch eine Commission der vier Senate regelmäßig alle fünf Jahre.
Die Anordnung einer außerordentlichen Visitation hängt von der Bestimmung der Senate ab.
Der Abgeordnete des Directorial-Senats hat bei Visitationen den Vorsitz. Der gemeinschaftliche Bericht der Commission wird Jedem der vier Senate vorgelegt.

Zweiter Abschnitt.
Competenz des Ober-Appellationsgerichts.

I. Bei Appellationen in Civilsachen.

§ 34. Das Ober-Appellationsgericht ist für alle diejenigen privatrechtlichen Streitigkeiten als letzte Instanz competent, welche nach den besondern Verfassungen und Ordnungen jeder Stadt oder, in Ermangelung sich hieraus ergebender specieller Bestimmungen, nach gemeinem deutschen Proceßrechte, mittelst Appellation von den einzelnen Obergerichten der Städte dahin gelangen können.
Dasselbe gilt auch in Ansehung der Extrajudicial-Appellation.

[...]

II. Bei der Rechtsmittel der weitern Vertheidigung in Criminalsachen.

§ 37. Gegen alle von den Obergerichten der Städte, nach deren besonderer Gerichtsverfassung, in erster Instanz abgegebene Erkenntnisse in Criminalsachen kann die Berufung an das Ober-Appellationsgericht, vermöge des Rechtsmittels der weitern Vertheidigung, eintreten.

§ 38. Es bleibt den Bestimmungen jeder Stadt überlassen, ob und in welchen schwereren Criminalfällen diese Berufung zwingend eintreten muß, wie auch, ob und in welchen Fällen das Erkenntniß des Ober-Appellationsgerichts dem Senate der Stadt vorzulegen ist, um dasselbe zu bestätigen oder den Umständen nach zu mildern.

[...]

III. Bey Nichtigkeitsbeschwerden.

§ 41. Die Nichtigkeitsbeschwerde gegen Erkenntnisse oder Verfügungen der Obergerichte muß bei dem Ober-Appellationsgerichte angestellt werden. Sie ist an keine Appellationssumme gebunden, jedoch nur dann zulässig, wenn sie auf einen wesentlichen Mangel in Hinsicht der Gerichtspersonen, oder der Person der Partheien, oder des gerichtlichen Verfahrens, sich gründet.

[...]

Dritter Abschnitt.
Geschäfts- und Prozeßgang bei dem Ober-Appellationsgerichte.

I. Leitung des Geschäftsganges.

§ 49. Der Präsident und bei dessen Abwesenheit oder sonstigen Verhinderung, der älteste Rath hat die Leitung des gesammten Geschäftsganges. Er hat namentlich auf die getreue Erfüllung der Amtspflichten von Seiten der Räthe, des Secretärs, der Procuratoren, der Kanzlisten und Gerichtsboten zu achten und bey allen Mißbräuchen, in sofern er nicht deren Abhülfe sofort bewirken kann, einen gemeinsamen Beschluß des Gerichts, zur eigenen Abstellung derselben in Gemäßheit der bestehenden Vorschriften, oder zu einem Berichte an den Directorial-Senat, zu veranlassen.

§ 50. Von ihm werden die eingehenden Briefe erbrochen, mit dem Tage des Empfangs bezeichnet und einem der Räthe zum Vortrage zugestellt, oder von ihm selbst in der nächsten Sitzung zur Beschlußnahme vorgelegt. Er vertheilt die Acten, und zwar nach möglichster Gleichheit, unter die Referenten.

[...]

II. Sitzungen.

§ 52. Sitzungen des Gerichts finden regelmäßig am Dienstage, Donnerstage und Sonnabende Statt; ausserordentliche Sitzungen werden, je nachdem es die Geschäfte erfordern, vom Präsidenten besonders angesetzt.

[...]

III. Gegenwart der Mitglieder.

§ 54. In den Sitzungen müssen der Regel nach sämmtliche Mitglieder nebst dem Secretair gegenwärtig seyn; die Fehlenden sind jedesmal im Protocoll zu vermerken.

§ 55. Urtheile, durch welche über die Zulässigkeit oder den Grund der angebrachten Beschwerden definitiv erkannt wird, so wie Bescheide, welche die Appellation oder sonstige Beschwerdeführung, ohne Mittheilung an den Gegner, sofort verwerfen, können nur in Gegenwart des Präsidenten, oder seines Stellvertreters, und von wenigstens vier Räthen abgegeben werden.

§ 56. In den Fällen, da wegen einer Vacanz oder wegen einer unvermeidlichen Verhinderung einzelner Mitglieder des Gerichts, obige Stimmenzahl nicht vorhanden wäre, ist bei Abgebung der vorgedachten Urtheile und Bescheide die Gegenwart des Präsidenten oder seines Stellvertreters und dreier Räthe genügend.
Es wird jedoch hiebei vorausgesetzt, daß zuvor jedesmal die möglichste Sorgfalt und die zweckdienlichsten Mittel angewandt worden, um die vorschriftsmäßige Anwesenheit von wenigstens fünf stimmführenden Mitgliedern zu bewirken.

§ 57. Beruhet der Mangel der vorgeschriebenen Zahl von fünf Stimmen allein oder zum Theil auf einem vorübergehenden Grunde, so kann das Gericht in der verminderten Zahl nur dann entscheiden, wenn zur Zeit, da die Sache zum Vortrage kommen müßte, keine Aussicht vorhanden ist, daß schon nach drei Wochen jener Mangel gehoben seyn würde.

§ 58. In den Fällen, wo in der verminderten Zahl entschieden wird, müssen die Acten nebst der Relation und, wenn eine besondere Correlation Statt gefunden hat, auch mit dieser letzteren, vor der endlichen Abstimmung, unter sämmtlichen Mitgliedern des Gerichts, welche in dieser Sache stimmfähig sind, circuliren.

§ 59. Das Gericht hat in jedem einzelnen Falle dem Directorial-Senate davon Anzeige zu machen, daß und aus welchen Gründen die Zahl von fünf Stimmen nicht vorhanden gewesen sey.

IV. Fälle des Austretens einzelner Mitglieder.

[…]

§ 61. Der Secretair darf sein Amt nicht ausüben, wenn er selbst an der Sache Theil hat, oder mit einer der Partheien in grader Linie oder im zweiten Grade der Seitenlinie verwandt oder verschwägert ist.

V. Relationen, Correlationen und Abstimmungen.

§ 62. In allen Fällen, in welchen über die Zulässigkeit oder den Grund der angebrachten Beschwerden definitiv erkannt, oder die Appellation oder die sonstige Beschwerdeführung, ohne Mittheilung an den Gegner, sofort verworfen wird, muß schriftlich referirt werden, ausgenommen, wenn die Verwerfung wegen klarer formeller Unzulässigkeit erfolgt. – Dem Ermessen des Präsidenten bleibt es jedoch überlassen, in Fälle, welche hiernach im Allgemeinen keine schriftliche Relation erfordern, unter besonderen Umständen eine solche anzuordnen.

§ 63. In Criminalsachen muß die Relation jederzeit schriftlich geschehen.

§ 64. In wichtigen und verwickleIten Civilsachen, so wie in erheblichen Criminalfällen, muß eine besondere schriftliche Correlation Statt finden. In den Fällen, in welchen es keiner besonderen schriftlichen Correlation bedarf, ist jedoch, nach sorgfältiger Durchsicht der Acten, eine mündliche Correlation zu erstatten, und wird solche von dem Präsidenten entweder selbst übernommen oder Einem der Räthe übertragen.

§ 65. Bey Criminalfällen, in welchen durch das vorige Urtheil auf zehnjähriges Gefängniß oder auf eine härtere Strafe erkannt ist, müssen die Acten mit Relation und Correlation, vor der endlichen Abstimmung, bei den Mitgliedern des Gerichts circuliren. Dieses kann überhaupt bei besonders schwierigen Civil- und Criminalsachen vom Präsidenten angeordnet werden.

§ 66. Bey zweifelhaften Fällen, so wie bey getheilten Meinungen, hat der Präsident, vor der endlichen Abstimmung, eine freie mündliche Erörterung unter den Mitgliedern zu veranlassen.

[...]

VI. Beförderung der Relationen.

§ 70. Der Regel nach muß in jeder zum Erkenntnisse stehenden Civil- und Criminalsache die Relation binnen vier Wochen nach dem Actenschlusse oder, bei Criminalacten, nach deren Eingange, die Correlation aber in den nächsten drei Wochen dem Präsidenten zugestellt werden. Es ist dem Präsidenten jedoch überlassen, in dringenden Sachen kürzere Termin festzusetzen, so wie in besonders verwickelten Sachen längere Termine zu gestatten.

§ 71. Nach Einreichung der Relation, oder, falls eine besondere Correlation Statt gefunden hat, nach Eingang dieser letzteren, muß die Sache von dem Präsidenten in der letzten Woche zum Vortrage befördert werden; wobei Sachen, deren Entscheidung Beschleunigung erfordert, vorzugsweise zu berücksichtigen sind.

VII. Stimmengleichheit.

§ 72. Sollte in Hauptpunkten Stimmengleichheit eintreten, so müssen die Acten mit der Relation und, wenn eine besondere Correlation Statt gefunden hat, auch mit dieser letzteren, unter sämmtlichen Mitgliedern circuliren. Hierauf muß die Sache in möglichst vollständigem Gerichte wiederum vorgelegt werden.

§ 73. Entsteht alsdann abermals Stimmengleichheit, so wird, wenn die eine der geäußerten Meinungen bereits ein bestimmtes Präjudiz des Ober-Appellationsgerichts für sich hat, nach dieser Meinung erkannt, bei Ermangelung eines solchen Präjudizes aber das angefochtene Erkenntniß, in sofern es den Punkt bereits in derselben Lage entschied, bestätigt; sonst aber entscheidet in Criminalsachen die für den Angeschuldigten mildere Meinung, in Civilsachen hingegen übereinstimmendes Votum des Referenten und Correferenten und, im Falle der Verschiedenheit ihrer Meinungen, diejenige, für welche der Präsident oder sein Stellvertreter sich erklärt.
Für die Freie Stadt Lübeck gilt die besondere Vorschrift, daß vor Anwendung dieser letzteren Entscheidungsart, so wie überhaupt bei eintretender Stimmengleichheit, in den aus dieser Stadt an das Ober-Appellationsgericht gelangenden Sachen von demselben jedesmal ein vorgängiger Vergleichs-Versuch zwischen den Partheien anzuordnen ist.

§ 74. Nach denselben Grundsätzen ist auch eine Stimmengleichheit in reinen Nebenpunkten zu erledigen. Jedoch bedarf es bei dieser weder einer vorgängigen Circulation der Acten, noch einer abermaligen Erörterung der Sache in einer neuen Sitzung.

VIII. Abfassung und Ausfertigung der Erkenntnisse.

§ 75. Der Referent hat den Entwurf des Erkenntnisses der Relation beizufügen*. Nach der Genehmigung des Entwurfs ist derselbe von sämmtlichen Mitgliedern, welche an dem Beschlusse Theil genommen, zu unterschreiben, und vom Secretair unter dem Tage der Unterschrift in das Gerichts-Protokoll einzutragen; hiernächst wird das Erkenntniß nebst den Entscheidungsgründen in der Kanzley ausgefertigt.

§ 76. Die Entscheidungsgründe sind, nachdem sie dem Beschlusse des Gerichts gemäß entworfen sind, in Einer der nächsten Sitzungen vorzulegen.

[…]

* „nebst den Entscheidungsgründen, und zwar diese von jenem abgesondert, der Relation beizufügen. Ist der Antrag des Referenten nicht genehmigt, so ist ein dem Beschlusse gemäß abgefaßter Entwurf in nächster Sitzung vorzulegen,“

IX. Form der Ausfertigungen.

[…]

§ 80. Alle Berichte und Briefe, alle Requisitionen und Mittheilungen an die Obergerichte der Städte, alle Verfügungen an die Angehörigen des Gerichts, werden von dem Präsidenten unterschrieben und von dem Secretair contrasignirt. Die Ausfertigungen der Erkenntnisse und Bescheide sind von dem Secretair allein zu unterzeichnen.

X. Geschäftsführung des Secretairs.

§ 81. Der Secretair hat außer denjenigen Geschäften, welche schon aus der Natur seines Amts, so wie aus einzelnen Vorschriften dieser Gerichtsordnung, wie auch der Stempel- und Gebühren-Taxe, sich ergeben, annoch folgende Obliegenheiten:

1) über das Kanzley-Personal, dessen Vorstand derselbe ist, die Aufsicht zu führen;
2) das Gerichtssiegel zu verwahren und gewissenhaft zu gebrauchen;
3) wie in Dienstsachen im allgemeinen, so auch namentlich hinsichtlich der Person des Referenten, des Inhalts der noch nicht publicirten Erkenntnisse und des Spruchcollegiums, an welches Acten versandt werden, alle Verschwiegenheit zu beobachten;
4) in Fällen, wo das mindeste Bedenken obwaltet, keine Acten-Einsicht ohne Erlaubniß des Präsidenten zu gestatten und diese Einsicht immer nur in seiner eignen oder eines Kanzlisten Gegenwart geschehen zu lassen; wobei zuvor die Relationen von den Acten abzusondern sind.

Ihm wird bei dem Antritte seines Amts eine besondere Instruction zugefertigt.

XI. Entscheidungsquellen.

§ 82. Das Ober-Appellationsgericht hat bei seinen Erkenntnissen in Civil- und Criminalsachen die in den Freien Städten geltenden Particular-Gesetze und rechtlichen Gewohnheiten, und in deren Entstehung das in den Städten recipirte gemeine Recht, mit Inbegriff der in denselben vor Auflösung der ehemaligen deutschen Reichsverfassung aufgenommenen Reichsgesetze, anzuwenden.

Die in jeder Stadt erscheinenden Verordnungen werden dem Gerichte mitgetheilt.

XII. Schriftliches Verfahren. Einreichung der Schriften.

§ 83. Die Verhandlung bei dem Ober-Appellationgerichte geschieht in allen Sachen schriftlich.

§ 84. Alle Eingaben der Partheien sind von einem Procurator schriftlich einzureichen, mit Ausnahme der Gesuche, welche die Bestellung eines Procurators selbst bezwecken oder eine Beschwerde über den bisherigen Procurator enthalten.

[…]

XIV. Insinuationen.

§ 93. Alle Erkenntnisse und Bescheide sind, auf Betrieb des Secretairs ausgefertigt, mit Beifügung der Schriften, deren Mittheilung verordnet ist, nach vorgängiger Collationirung derselben, den Procuratoren der Partheien durch einen Gerichtsboten zu insinuieren.

[…]

XXVI. Actenversendungen.

§ 142. Sollte eine Parthei bei dem Ober-Appellationsgerichte von der im 12. Artikel der Bundesacte gestatteten Actenversendung zur Abfassung des End-Urtheils Gebrauch machen wollen, so hat sie, bei Verlust dieser Befugniß, darauf spätestens in der Rechtfertigungsschrift oder in der Vernehmlassung anzutragen.

§ 143. Alle durch die Actenversendung veranlaßte Kosten fallen der nachsuchenden Parthei allein zur Last. Sie hat die dazu erforderliche Summe, welche vom Gerichte mit Ansetzung einer Frist zu deren Erlegung bestimmt wird, im Voraus, zur künftigen Berechnung, beizubringen. Wird innerhalb der Frist die Summe nicht eingeliefert, so ist, ohne daß es einer Ungehorsams-Beschuldigung bedarf, die Parthei der Befugniß zur Actenversendung verlustig. Das Erkenntniß wird sodann vom Ober- Appellationsgerichte selbst erlassen.

§ 144. Die Inrotulation der Acten geschieht an der Kanzlei, in Gegenwart der Procuratoren der Partheien, deren jede zwei Spruch-Collegien excipiren kann.

[…]

§ 146. Das Spruchcollegium, an welches die Acten zu schicken sind, wird durch einen Beschluß des ganzen Gerichts bestimmt. Dieser Beschluß wird in ein abgesondertes Protocoll gebracht, welches bis zur Rückkehr der Acten versiegelt zu halten ist.

§ 147. Die zurückkommenden Acten werden ohne Zuziehung der Procuratoren entsiegelt. Das dabei befindliche Urtheil, nebst den Entscheidungsgründen, wird auf gewöhnliche Weise bekannt gemacht. Es bleibt übrigens der Parthei oder ihren Procuratoren unbenommen, die Ausfertigung mit dem bey den Acten liegenden Originale zu vergleichen.

[…]

XXXVII. Nichtigkeits-Beschwerden.

§ 174. Die Nichtigkeits-Beschwerde gegen Erkenntnisse und Verfügungen des Ober-Appellationsgerichts ist unter denselben Bedingungen, welche bei Nichtigkeits-Beschwerden gegen ein Obergericht vorgeschrieben sind (§. 41.), zulässig.

[…]

§ 176. Nach Mittheilung der Beschwerde an die Gegenparthei zur Erwiederung, fordert der Directorial-Senat von dem Ober-Appellationsgerichte einen innerhalb sechs Wochen einzureichenden Bericht. Demnächst wird von den Senaten, nach vorab eingeholter gutachtlicher Meinung eines auswärtigen Spruch-Collegiums die Entscheidung über die behauptete Nichtigkeit erlassen.[1074]

1074 Blume, Die Gerichtsordnung für das OAG, S. 4–11, 13 f., 16–19, 21–25, 28 f., 35–38, 41–43, 45–51, 54, 76–79, 91–93.

Quellen- und Literaturverzeichnis

A. Quellen aus dem Archiv der Hansestadt Lübeck

I. Aus dem Senatsarchiv

Altes Senatsarchiv Externa Suecica, Nr. 384 (zit.: AHL, ASA Externa Suecica, Nr. 384)

Altes Senatsarchiv Interna, Nr. 15429 (zit.: AHL, ASA Interna, Nr. 15429)

Altes Senatsarchiv Interna, Nr. 15441 (zit.: AHL, ASA Interna, Nr. 15441)

Altes Senatsarchiv Interna, Nr. 15762 (zit.: AHL, ASA Interna, Nr. 15762)

Altes Senatsarchiv Interna, Nr. 15815 (zit.: AHL, ASA Interna, Nr. 15815)

Altes Senatsarchiv Interna, Nr. 15945 (zit.: AHL, ASA Interna, Nr. 15945)

Altes Senatsarchiv Interna, Nr. 15946 (zit.: AHL, ASA Interna, Nr. 15946)

Altes Senatsarchiv Interna, Nr. 15966 (zit.: AHL, ASA Interna, Nr. 15966)

Altes Senatsarchiv Interna, Nr. 24318 (zit.: AHL, ASA Interna, Nr. 24318)

II. Aus dem Bestand des Oberappellationsgerichts der vier freien Städte

1. Personalakten zu Carl Wilhelm Pauli

Oberappellationsgericht, A 115 (zit.: AHL, OAG, A 115)

Oberappellationsgericht, A 127 (zit.: AHL, OAG, A 127)

Oberappellationsgericht, A 130 (zit.: AHL, OAG, A 130)

2. Lübecker Prozessakten aus den Jahren 1820 bis 1869

a) Zivilrechtliche Fälle

Oberappellationsgericht, L I 1, 3–6, 8–12, 14–26, 28–37, 40–64, 66, 67, 69–94, 97–122, 124–131, 133–137, 140–152, 154–156, 159–165, 167–175, 177, 179–188, 190, 191, 193–211, 213–223, 225–233, 235–240, 242–245, 247, 248, 251–256, 258, 261, 263, 266, 268, 283, 285, 289, 290, 292, 299, 300, 308–310, 313, 314, 319, 321, 322, 327–329, 331, 334, 337, 338, 342, 344–349, 351, 354, 361, 362, 364, 367, 368, 376–379, 396, 397, 400, 401, 407, 410, 412–415, 417–419, 421, 425, 426, 428, 430, 432–435, 437, 443, 446–448, 450, 454, 457, 459, 460, 462, 469, 471, 473, 474, 484, 485, 490, 495, 497–500, 508, 510, 520, 522, 525, 527, 533–536, 540, 542, 546, 557, 559–562, 568, 570–572, 575, 578, 579, 581, 584, 588, 590, 592, 593 (zit.: AHL, OAG, L I *Nummer*)

b) Strafrechtliche Fälle

Oberappellationsgericht, L II 1–17, 21, 27, 32, 36, 45, 46, 50, 55, 56, 58, 65, 67 (zit.: AHL, OAG, L II *Nummer*)

III. Familienstammbäume und -karteien

Genealogisches Register Lübeck, Band 6: H, 8.1 Handschriften 864/1 (zit.: AHL, Genealogisches Register Bd. 6)

Genealogisches Register Lübeck, Band 11: N-P, 8.1 Handschriften 864/1 (zit.: AHL, Genealogisches Register Bd. 11)

Lübeckische Geschlechter, Band 4: P-S, 8.1 Handschriften 817/2 (zit.: AHL, Lübeckische Geschlechter)

Personenkartei, Nr. 120: Hak, L.-Haman, Joch (zit.: AHL, Personenkartei, Nr. 120)

Personenkartei, Nr. 238: Pasman-Pegel (zit.: AHL, Personenkartei, Nr. 238)

Personenkartei, Nr. 244: Piperlow-Plehn, H. (zit.: AHL, Personenkartei, Nr. 244)

IV. Weitere Quellen

Bürger- und Einwohner Receptions-Protocoll vom 06. Dezember 1810 bis 30. Dezember 1817, 3.5-3 Stadt- und Landamt 5109 (zit.: AHL, Bürgereidbuch)

Chronologisches Register der Beerdigungen im Jahre 1879, 03.09-3 Kirchhofs- und Begräbnisdeputation 0054 (zit.: AHL, Beerdigungsregister 1879)

Findbuch zum Bestand 5.4-87 Verein für Lübeckische Geschichte und Altertumskunde, bearbeitet von Antjekathrin Graßmann, Lübeck 2011 (zit.: AHL, Findbuch VLGA)

Kirchenbuch der Reformierten Gemeinde: Taufen, Trauungen, Beerdigungen vom 01.01.1777 bis 31.12.1812, Digitalisierter Mikrofilm Nr. 6238: 261–331, 245 (zit.: AHL, Kirchenbuch der Reformierten Gemeinde)

B. Literatur

Adriansen, Inge: Schleswigsche Kriege. In: Klaus-Joachim Lorenzen-Schmidt, Ortwin Pelc (Hrsg.): Schleswig-Holstein Lexikon, 2. Auflage, Neumünster 2006, S. 532 f. (zit.: Adriansen, Schleswigsche Kriege)

Ahlers, Olof: Hach, Johann Friedrich. In: Historische Kommission bei der Bayerischen Akademie der Wissenschaften (Hrsg.): Neue Deutsche Biographie, Band 7: Grassauer-Hartmann, Berlin 1966, S. 405 (zit.: Ahlers, Johann Friedrich Hach)

Ahrens, Gerhard: Gemeinnützige. In: Antjekathrin Graßmann (Hrsg.): Das neue Lübeck-Lexikon. Die Hansestadt von A bis Z, 2. Auflage, Lübeck 2011, S. 134 f. (zit.: Ahrens, Gemeinnützige)

Ahrens, Gerhard: Germanistenversammlung. In: Antjekathrin Graßmann (Hrsg.): Das neue Lübeck-Lexikon. Die Hansestadt von A bis Z, 2. Auflage, Lübeck 2011, S. 139 (zit.: Ahrens, Germanistenversammlung)

Ahrens, Gerhard: Heise, Georg Arnold. In: Alken Bruns (Hrsg.): Lübecker Lebensläufe aus neun Jahrhunderten, Neumünster 1993, S. 178–181 (zit.: Ahrens, Georg Arnold Heise)

Ahrens, Gerhard: Jung-Lübeck. In: Antjekathrin Graßmann (Hrsg.): Das neue Lübeck-Lexikon. Die Hansestadt von A bis Z, 2. Auflage, Lübeck 2011, S. 194 f. (zit.: Ahrens, Jung-Lübeck)

Ahrens, Gerhard: Lübeckische Blätter. In: Antjekathrin Graßmann (Hrsg.): Das neue Lübeck-Lexikon. Die Hansestadt von A bis Z, 2. Auflage, Lübeck 2011, S. 252 (zit.: Ahrens, Lübeckische Blätter)

Ahrens, Gerhard: Pauli, Carl Wilhelm. In: Schleswig-Holsteinische Landesbibliothek unter Mitwirkung des Vereins für Lübeckische Geschichte und Altertumskunde (Hrsg.): Biographisches Lexikon für Schleswig-Holstein und Lübeck, Band 12, Neumünster 2006, S. 328–331 (zit.: Ahrens, Carl Wilhelm Pauli)

Ahrens, Gerhard: Roeck, Carl Ludwig. In: Schleswig-Holsteinische Landesbibliothek unter Mitwirkung des Vereins für Lübeckische Geschichte und Altertumskunde (Hrsg.): Biographisches Lexikon für Schleswig-Holstein und Lübeck, Band 13, Neumünster 2011, S. 411–414 (zit.: Ahrens, Carl Ludwig Roeck)

Ahrens, Gerhard: Revolution 1848. In: Antjekathrin Graßmann (Hrsg.): Das neue Lübeck-Lexikon. Die Hansestadt von A bis Z, 2. Auflage, Lübeck 2011, S. 326 (zit.: Ahrens, Revolution 1848)

Ahrens, Gerhard: Verein für Lübeckische Geschichte und Altertumskunde. In: Antjekathrin Graßmann (Hrsg.): Das neue Lübeck-Lexikon. Die Hansestadt von A bis Z, 2. Auflage, Lübeck 2011, S. 395 (zit.: Ahrens, VLGA)

Ahrens, Gerhard: Voght, Caspar Reichsfreiherr von. In: Olaf Klose, Eva Rudolph (Hrsg.): Schleswig-Holsteinisches Biographisches Lexikon, Band 2, Neumünster 1971, S. 236–238 (zit.: Ahrens, Caspar von Voght)

Ahrens, Gerhard: Von der Franzosenzeit bis zum Ersten Weltkrieg 1806–1914: Anpassung an Forderungen der Zeit. In: Antjekathrin Graßmann (Hrsg.): Lübeckische Geschichte, 4. Auflage, Lübeck 2008, S. 539–686 (zit.: Ahrens, Franzosenzeit bis Erster Weltkrieg)

Aust, Alfred: Mir ward ein schönes Los. Liebe und Freundschaft im Leben des Reichsfreiherrn Caspar von Voght, Hamburg 1972 (zit.: Aust, Mir ward ein schönes Los)

Bauer, Franz J.: Das ‚lange' 19. Jahrhundert (1789–1917). Profil einer Epoche, 3. Auflage, Stuttgart 2014 (zit.: Bauer, Das ‚lange' 19. Jahrhundert)

Behn, Heinrich Theodor: Christian Gerhard Overbeck. In: Neue Lübeckische Blätter, 12. Jahrgang, Nr. 8, 22. Februar 1846, S. 57–61 (zit.: Behn, Christian Gerhard Overbeck)

Behnen, Michael: Bürgerliche Revolution und Reichsgründung. In: Martin Vogt (Hrsg.): Deutsche Geschichte. Von den Anfängen bis zur Gegenwart, 4. Auflage, Frankfurt 2002, S. 451–516 (zit.: Behnen, Revolution und Reichsgründung)

Behnen, Michael: Deutschland unter Napoleon. Restauration und Vormärz (1806–1847). In: Martin Vogt (Hrsg.): Deutsche Geschichte. Von den Anfängen bis zur Gegenwart, 4. Auflage, Frankfurt 2002, S. 397–450 (zit.: Behnen, Deutschland unter Napoleon)

Behrens, Georg: 175 Jahre gemeinnütziges Wirken. Gesellschaft für gemeinnützige Tätigkeit gegr. 1789, Lübeck 1964 (zit.: Behrens, 175 Jahre Gemeinnützige)

Beseler, Georg: Volksrecht und Juristenrecht, Leipzig 1843 (zit.: Beseler, Volksrecht und Juristenrecht)

Bethke, Insa, **Otto**, Frank: Das Zeitalter der Romantik. Zwischen Traum und Wirklichkeit. In: Die Deutsche Romantik. Traum und Schwärmerei, Fürstenmacht und Freiheitskampf: Das Werden einer Nation, aus der Reihe GEO EPOCHE. Das Magazin für Geschichte, Hamburg 2009, Nr. 37, S. 6 f. (zit.: Bethke/Otto, Das Zeitalter der Romantik)

Beutter, Wilfried: Württemberg. In: Gerhard Taddey (Hrsg.): Lexikon der deutschen Geschichte: Ereignisse, Institutionen, Personen: Von den Anfängen bis zur Kapitulation 1945, 3. Auflage, Stuttgart 1998, S. 1386 f. (zit.: Beutter, Württemberg)

Bippen, Wolfgang von: Georg Arnold Heise. Mittheilungen aus dessen Leben, Halle 1852 (zit.: v. Bippen, Georg Arnold Heise)

Bleyer, Alexandra: Auf gegen Napoleon! Mythos Volkskriege, Darmstadt 2013 (zit.: Bleyer, Auf gegen Napoleon)

Blume, Friedrich: Die Gerichtsordnung für das Oberappellationsgericht der vier Freien Städte Deutschlands, nebst den darauf bezüglichen Gesezen der einzelnen Städte und den allgemeinen Verfügungen des Gerichts, Hamburg 1843 (zit.: Blume, Die Gerichtsordnung für das OAG)

Bode, Otto A.: Aus der Geschichte der evangelisch-reformierten Gemeinde zu Lübeck, Lübeck 1926 (zit.: Bode, Geschichte der evangelisch-reformierten Gemeinde zu Lübeck)

Bohn, Robert: Geschichte Schleswig-Holsteins, 2. Auflage, München 2015 (zit.: Bohn, Geschichte Schleswig-Holsteins)

Bornefeld, Cordula: Lauenburg. In: Klaus-Joachim Lorenzen-Schmidt, Ortwin Pelc (Hrsg.): Schleswig-Holstein Lexikon, 2. Auflage, Neumünster 2006, S. 356–359 (zit.: Bornefeld, Lauenburg)

Brandenburg, Hajo: Die Sozialstruktur der Stadt Altona um 1800, Rostock 2000 (zit.: Brandenburg, Altona um 1800)

Brandt, Ahasver von: Bene Merenti. Ein Lübisches Ehrenzeichen, seine Geschichte und seine Inhaber. In: Paul Brockhaus in Verbindung mit der Gesellschaft zur Beförderung Gemeinnütziger Tätigkeit (Hrsg.): Der Wagen. Ein Lübeckisches Jahrbuch 1958, S. 58–64 (zit.: v. Brandt, Bene Merenti)

Brandt, Ahasver von: Das Lübecker Bürgertum zur Zeit der Gründung der „Gemeinnützigen" – Menschen, Ideen und soziale Verhältnisse. In: Paul Brockhaus in Verbindung mit der Gesellschaft zur Beförderung Gemeinnütziger Tätigkeit (Hrsg.): Der Wagen. Ein Lübeckisches Jahrbuch 1966, S. 18–33 (zit.: v. Brandt, Lübecker Bürgertum)

Brandt, Ahasver von: Geist und Politik in der Lübeckischen Geschichte. Acht Kapitel von den Grundlagen historischer Größe, Lübeck 1954 (zit.: v. Brandt, Geist und Politik in der Lübeckischen Geschichte)

Brandt, Ahasver von: Hundert Jahre Zeitschrift des Vereins für Lübeckische Geschichte und Altertumskunde. In: Zeitschrift des Vereins für Lübeckische Geschichte und Altertumskunde, Band 35, Lübeck 1955, S. 5–13 (zit.: v. Brandt, Hundert Jahre ZVLGA)

Brandt, Hartwig: Laspeyres, Adolph. In: Historische Kommission bei der Bayerischen Akademie der Wissenschaften (Hrsg.): Neue Deutsche Biographie, Band 13: Krell-Laven, Berlin 1982, S. 659 f. (zit.: Brandt, Adolph Laspeyres)

Brosius, Dieter: Münchhausen, Gerlach Adolf Freiherr von. In: Historische Kommission bei der Bayerischen Akademie der Wissenschaften (Hrsg.): Neue Deutsche Biographie, Band 18: Moller-Nausea, Berlin 1997, S. 523 f. (zit.: Brosius, Gerlach Adolf von Münchhausen)

Bruns, Alken: Curtius, Carl Georg. In: Gesellschaft für Schleswig-Holsteinische Geschichte und Verein für Lübeckische Geschichte und Altertumskunde (Hrsg.): Biographisches Lexikon für Schleswig-Holstein und Lübeck, Band 10, Neumünster 1994, S. 69–73 (zit.: Bruns, Carl Georg Curtius)

Buchner, Rudolf: Bluhme, Friedrich. In: Historische Kommission bei der Bayerischen Akademie der Wissenschaften (Hrsg.): Neue Deutsche Biographie, Band 2: Beheim-Bürkel, Berlin 1955, S. 321 (zit.: Buchner, Friedrich Bluhme)

Bürk, Albert, **Wille**, Wilhelm: Die Matrikeln der Universität Tübingen, Band 3: 1710–1817, herausgegeben in Verbindung mit der Württembergischen Kommission für Landesgeschichte von der Universitätsbibliothek Tübingen, Tübingen 1953 (zit.: Bürk/Wille, Die Matrikeln der Universität Tübingen)

Busch, Günter: Pauli, Theodor *Gustav*. In: Historische Gesellschaft zu Bremen in Verbindung mit Fritz Peters und Karl H. Schwebel (Hrsg.): Bremische Biographie 1912–1962, Bremen 1969, S. 371–373 (zit.: Busch, Gustav Pauli)

Commichau, Gerhard: Die Hansestädtische Juristenausbildung im 19. Jahrhundert. In: Heinrich Ackermann, Jan Albers, Karl August Bettermann (Hrsg.): Aus dem Hamburger Rechtsleben. Walter Reimers zum 65. Geburtstag, Berlin 1979, S. 59–75 (zit.: Commichau, Hansestädtische Juristenausbildung im 19. Jahrhundert)

Conze, Werner: Ereignisse und Entwicklungen 1792–1815. In: Werner Conze, Volker Hentschel (Hrsg.): Deutsche Geschichte. Epochen und Daten, 6. Auflage, Darmstadt 1998, S. 169–179 (zit.: Conze, Ereignisse und Entwicklungen 1792–1815)

Crusius, Siegfried Lebrecht: Handbuch für Kaufleute, Leipzig 1784 (zit.: Crusius, Handbuch für Kaufleute)

Danker, Uwe, **Schlürmann**, Jan: 1848/Schleswig-Holsteinische Erhebung. In: Uwe Danker, Lutz Schliesky (Hrsg.): Schleswig-Holstein 1800 bis heute. Eine historische Landeskunde, Husum 2014, S. 42–53 (zit.: Danker/Schlürmann, Schleswig-Holsteinische Erhebung)

Deutsche Bibelgesellschaft: Die Bibel nach Martin Luthers Übersetzung. Jubiläumsausgabe 500 Jahre Reformation. Mit Sonderseiten zu Martin Luthers Wirken als Reformator und Bibelübersetzer, Stuttgart 2017 (zit.: Deutsche Bibelgesellschaft, Lutherbibel)

Dittrich, Konrad: Lübeck. Kleine Stadtgeschichte, 2. Auflage, Regensburg 2007 (zit.: Dittrich, Lübeck)

Duchhardt, Heinz: Der Wiener Kongress: Die Neugestaltung Europas 1814/15, München 2013 (zit.: Duchhardt, Der Wiener Kongress)

Dudde, Matthias: Wiener Kongress und Restauration (1815–1829). In: Die Chronik der Deutschen, aus der Reihe „Bertelsmann Chronik!", 3. Auflage, Gütersloh/München 2012, S. 200–210 (zit.: Dudde, Wiener Kongress und Restauration)

Duhn, Friedrich von: Carl Alexander von Duhn. Ein Lebensbild. In: Lübeckische Blätter, 46. Jahrgang 1904, Nr. 21, 22. Mai 1904, S. 322–330 (zit.: v. Duhn, Carl Alexander von Duhn)

Dülffer, Jost: Deutschland als Kaiserreich (1871–1918). In: Martin Vogt (Hrsg.): Deutsche Geschichte. Von den Anfängen bis zur Gegenwart, 4. Auflage, Frankfurt 2002, S. 517–615 (zit.: Dülffer, Deutschland als Kaiserreich)

Ebel, Wilhelm: Zur Geschichte der Juristenfakultät und des Rechtsstudiums an der Georgia Augusta. Festvortrag anläßlich der Einweihung des Collegium Juridicum am 29. Mai 1960, Göttingen 1960 (zit.: Ebel, Geschichte der Juristenfakultät der Georgia Augusta)

Eckert, Jörn: Johann Friedrich Martin Kierulff (1806–1894). Vom Universitätsprofessor zum Präsidenten des Oberappellationsgerichts Lübeck. In: Jörn Eckert, Pia Letto-Vanamo, Kjell Åke Modéer (Hrsg.): Juristen im Ostseeraum. Dritter Rechtshistorikertag im Ostseeraum 20.-22. Mai 2004, Frankfurt am Main 2007, S. 31–43 (zit.: Eckert, Johann Friedrich Martin Kierulff)

Eggers, Martin: Georg-August Universität Göttingen. In: Laetita Boehm, Rainer A. Müller (Hrsg.): Universitäten und Hochschulen in Deutschland, Österreich und der Schweiz. Eine Universitätsgeschichte in Einzeldarstellungen, Düsseldorf 1983, S. 159–165 (zit.: Eggers, Universität Göttingen)

Eickhölter, Manfred, **Mührenberg**, Doris, **Peter-Hirst**, Antje: Schlag nach! Ein Alphabet über die 225 Jahre umfassenden Tätigkeiten, Hilfen und Anregungen der Gesellschaft zur Beförderung gemeinnütziger Tätigkeit. In: Doris Mührenberg, Antje Peter-Hirst, Titus Jochen Heldt (Hrsg.): Ideen für Lübeck. Bewegen, fördern, gestalten. Jubiläumsschrift zum 225. Geburtstag der Gesellschaft zur Beförderung gemeinnütziger Tätigkeit, Lübeck 2014, S. 235–253 (zit.: Eickhölter/Mührenberg/Peter-Hirst, Alphabet zur Gemeinnützigen)

Eisenhart, August Ritter von: Kraut, Wilhelm Theodor. In: Historische Kommission bei der königlichen Akademie der Wissenschaften (Hrsg.): Allgemeine Deutsche Biographie, Band 17: Krabbe-Lassota, Leipzig 1883, S. 491–493 (zit.: v. Eisenhart, Wilhelm Theodor Kraut)

Eisenhart, August Ritter von: Wächter, *Carl* Joseph *Georg* Sigismund von. In: Historische Kommission bei der königlichen Akademie der Wissenschaften (Hrsg.): Allgemeine Deutsche Biographie, Band 40: Vinstingen-Walram, Leipzig 1896, S. 435–442 (zit.: v. Eisenhart, Carl Georg von Wächter)

Eisenhart, August Ritter von: Wilda, Wilhelm Eduard. In: Historische Kommission bei der königlichen Akademie der Wissenschaften (Hrsg.): Allgemeine Deutsche Biographie, Band 42: Werenfels-Wilhelm der Jüngere, Leipzig 1897, S. 92 f. (zit.: v. Eisenhart, Wilhelm Eduard Wilda)

Ellwein, Thomas: Die deutsche Universität. Vom Mittelalter bis zur Gegenwart, Wiesbaden 1997 (zit.: Ellwein, Die deutsche Universität)

Elsner, Bernd: Die Matrikel des Christianeums zu Altona, Hamburg 1998 (zit.: Elsner, Christianeum zu Altona)

Emmerich, Alexander, **Jankrift**, Karl Peter, **Kockerols**, Bernd, **Müller**, Wolfdietrich: Deutsche Geschichte. Menschen, Ereignisse, Epochen, Bonn 2013 (zit.: Emmerich/Jankrift/Kockerols/Müller, Deutsche Geschichte)

Engelhardt, Dietrich von: Die Germanistenversammlung 1847 in Lübeck. In: Rolf Salzwedel im Auftrage der Gesellschaft zur Beförderung gemeinnütziger Tätigkeit (Hrsg.): Der Wagen. Ein Lübeckisches Jahrbuch 1988, S. 76–90 (zit.: v. Engelhardt, Germanistenversammlung 1847 in Lübeck)

Fehling, Emil Ferdinand: Zur Lübeckischen Ratslinie 1814–1914, Lübeck 1915 (zit.: Fehling, Zur Lübeckischen Ratslinie)

Feilchenfeld, Konrad: Poel, Gustav Paul. In: Olaf Klose, Eva Rudolph (Hrsg.): Schleswig-Holsteinisches Biographisches Lexikon, Band 3, Neumünster 1974, S. 214–216 (zit.: Feilchenfeld, Gustav Paul Poel)

Feilchenfeld, Konrad: Poel, Piter. In: Olaf Klose, Eva Rudolph (Hrsg.): Schleswig-Holsteinisches Biographisches Lexikon, Band 3, Neumünster 1974, S. 216–218 (zit.: Feilchenfeld, Piter Poel)

Findeisen, Jörg-Peter: Die Schwedische Monarchie. Von den Wikingerherrschern bis zu den modernen Monarchen, Band 2: 1612 bis heute, Kiel 2010 (zit.: Findeisen, Schwedische Monarchie)

Firnkes, Manfred: „Restauration" und „Vormärz" 1815–1848. In: Heinrich Pleticha (Hrsg.): Deutsche Geschichte, Band 5: 1815–1918. Restauration und Bismarckzeit, Gütersloh 1998, S. 16–52 (zit.: Firnkes, Restauration und Vormärz)

Fischer, Fritz: Bethmann-Hollweg, Moritz *August* von. In: Historische Kommission bei der Bayerischen Akademie der Wissenschaften (Hrsg.): Neue Deutsche Biographie, Band 2: Beheim-Bürkel, Berlin 1955, S. 187 f. (zit.: Fischer, August von Bethmann-Hollweg)

Fischer, Hermann: Uhland, Johann Ludwig. In: Historische Kommission bei der königlichen Akademie der Wissenschaften (Hrsg.): Allgemeine Deutsche Biographie, Band 39: Tunner-de Vins, Leipzig 1895, S. 148–163 (zit.: Fischer, Johann Ludwig Uhland)

Folkerts, Menso: Mayer, Johann Tobias. In: Historische Kommission bei der Bayerischen Akademie der Wissenschaften (Hrsg.): Neue Deutsche Biographie, Band 16: Maly-Melanchthon, Berlin 1990, S. 530 (zit.: Folkerts, Johann Tobias Mayer)

Franz, Eckhard G.: Hassenpflug, Hans Daniel *Ludwig* Friedrich. In: Historische Kommission bei der Bayerischen Akademie der Wissenschaften (Hrsg.): Neue Deutsche Biographie, Band 8: Hartmann-Heske, Berlin 1969, S. 46 f. (zit.: Franz, Ludwig Hassenpflug)

Frauendienst, Werner: Bethmann-Hollweg, *Theobald* Theodor Friedrich Alfred von. In: Historische Kommission bei der Bayerischen Akademie der Wissenschaften (Hrsg.): Neue Deutsche Biographie, Band 2: Beheim-Bürkel, Berlin 1955, S. 188–193 (zit.: Frauendienst, Theobald von Bethmann-Hollweg)

Frensdorff, Ferdinand: Cropp, Friedrich. In: Historische Kommission bei der königlichen Akademie der Wissenschaften (Hrsg.): Allgemeine Deutsche Biographie, Band 4: Carmer-Deck, Leipzig 1876, S. 610–612 (zit.: Frensdorff, Friedrich Cropp)

Frensdorff, Ferdinand: Hach, Johann Friedrich. In: Historische Kommission bei der königlichen Akademie der Wissenschaften (Hrsg.): Allgemeine Deutsche Biographie, Band 10: Gruber-Hassencamp, Leipzig 1879, S. 289–292 (zit.: Frensdorff, Johann Friedrich Hach)

Frensdorff, Ferdinand: Heise, Georg Arnold. In: Historische Kommission bei der königlichen Akademie der Wissenschaften (Hrsg.): Allgemeine Deutsche Biographie, Band 11: Hassenpflug-Hensel, Leipzig 1880, S. 666–669 (zit.: Frensdorff, Georg Arnold Heise)

Frensdorff, Ferdinand: Pauli, Carl Wilhelm. In: Historische Kommission bei der königlichen Akademie der Wissenschaften (Hrsg.): Allgemeine Deutsche Biographie, Band 25: Ovens-Philipp, Leipzig 1887, S. 262–266 (zit.: Frensdorff, Carl Wilhelm Pauli)

Frensdorff, Ferdinand: Pauli's juristisch-litterarische Thätigkeit. In: Zeitschrift des Vereins für Lübeckische Geschichte und Alterthumskunde, Band 4, Heft 2, Lübeck 1884, S. 102–111 (zit.: Frensdorff, Paulis juristisch-literarische Tätigkeit)

Frensdorff, Ferdinand: Thöl, Johann Heinrich. In: Historische Kommission bei der königlichen Akademie der Wissenschaften (Hrsg.): Allgemeine Deutsche Biographie, Band 38: Thienemann-Tunicius, Leipzig 1894, S. 47–52 (zit.: Frensdorff, Johann Heinrich Thöl)

Fürsorge, Lars: Gustav Pauli (1824–1911), ein früher Weltreisender. In: Lübeckische Blätter, 183. Jahrgang 2018, Heft 13, 30. Juni 2018, S. 222 f. (zit.: Fürsorge, Gustav Pauli)

Füssel, Marian: Waterloo 1815, München 2015 (zit.: Füssel, Waterloo)

Gatter, Nikolaus: Schwab, *Gustav* Benjamin. In: Historische Kommission bei der Bayerischen Akademie der Wissenschaften (Hrsg.): Neue Deutsche Biographie, Band 23: Schinzel-Schwarz, Berlin 2007, S. 772 f. (zit.: Gatter, Gustav Schwab)

Gebrüder Borchers (Verl.): Album zur Erinnerung an die zweite Germanisten-Versammlung zu Lübeck. September 1847, Lübeck 1847 (zit.: Gebrüder Borchers, Erinnerungsalbum)

Gehlhoff, Beatrix, **Dudde**, Matthias: Folgen der französischen Revolution (1789–1815). In: Die Chronik der Deutschen, aus der Reihe „Bertelsmann Chronik!“, 3. Auflage, Gütersloh/München 2012, S. 181–199 (zit.: Gehlhoff/Dudde, Folgen der französischen Revolution)

Geisthövel, Alexa: Restauration und Vormärz 1815–1847, Paderborn 2008 (zit.: Geisthövel, Restauration und Vormärz)

Gevers, Lieve, **Vos**, Louis: Studentische Bewegungen. In: Walter Rüegg (Hrsg.): Geschichte der Universität in Europa, Band 3: Vom 19. Jahrhundert zum Zweiten Weltkrieg (1800–1945), München 2004, S. 227–299 (zit.: Gevers/Vos, Studentische Bewegungen)

Gmür, Rudolf (Begr.), **Roth**, Andreas (Hrsg.): Grundriss der deutschen Rechtsgeschichte, 14. Auflage, München 2014 (zit.: Gmür/Roth, Grundriss der deutschen Rechtsgeschichte)

Goedeke, Karl: Grundrisz der deutschen Dichtung aus den Quellen, Band 3, Dresden 1881 (zit.: Goedeke, Grundriss der deutschen Dichtung)

Goedeke, Karl (Begr.), **Goetze**, Edmund (Hrsg.): Grundrisz der deutschen Dichtung aus den Quellen, Band 7, 2. Auflage, Dresden 1900 (zit.: Goedeke/Goetze, Grundriss der deutschen Dichtung)

Gönner, Eberhard: Eberhard im Bart, Graf, seit 1495 Herzog von Württemberg. In: Historische Kommission bei der Bayerischen Akademie der Wissenschaften (Hrsg.): Neue Deutsche Biographie, Band 4: Dittel-Falck, Berlin 1959, S. 234 f. (zit.: Gönner, Eberhard von Württemberg)

Graßmann, Antjekathrin: Bürgerrecht. In: Antjekathrin Graßmann (Hrsg.): Das neue Lübeck-Lexikon. Die Hansestadt von A bis Z, 2. Auflage, Lübeck 2011, S. 74 f. (zit.: Graßmann, Bürgerrecht)

Graßmann, Antjekathrin: Gewerbe. In: Antjekathrin Graßmann (Hrsg.): Das neue Lübeck-Lexikon. Die Hansestadt von A bis Z, 2. Auflage, Lübeck 2011, S. 142 f. (zit.: Graßmann, Gewerbe)

Graßmann, Antjekathrin: Hach, Johann Friedrich. In: Gesellschaft für Schleswig-Holsteinische Geschichte und Verein für Lübeckische Geschichte und Altertumskunde (Hrsg.): Biographisches Lexikon für Schleswig-Holstein und Lübeck, Band 10, Neumünster 1994, S. 150–154 (zit.: Graßmann, Johann Friedrich Hach)

Greb, Horst: Die Verfassung des Oberappellationsgerichts der vier freien Städte Deutschlands zu Lübeck, Göttingen 1967 (zit.: Greb, Die Verfassung des OAG)

Grisebach, Erich: Zur Erinnerung an das Oberappellationsgericht in Lübeck, Hamburg 1920 (zit.: Grisebach, Zur Erinnerung an das OAG)

Grolle, Joist: Sieveking, Karl. In: Franklin Kopitzsch, Dirk Brietzke (Hrsg.): Hamburgische Biografie, Personenlexikon, Band 3, Göttingen 2006, S. 361–363 (zit.: Grolle, Karl Sieveking)

Gruner, Wolf D.: Der Deutsche Bund 1815–1866, München 2012 (zit.: Gruner, Der Deutsche Bund)

Guhrt, Joachim: Reformierte Kirchen. In: Erwin Fahlbusch, Jan Milič Lochmann, John Mbiti, Jaroslav Pelikan, Lukas Vischer (Hrsg.): Evangelisches Kirchenlexikon. Internationale theologische Enzyklopädie, Band 3: L-R, 3. Auflage, Göttingen 1992, Sp. 1504–1514 (zit.: Guhrt, Reformierte Kirchen)

Haferkamp, Vittorio: Die Historische Rechtsschule, Frankfurt am Main 2018 (zit.: Haferkamp, Historische Rechtsschule)

Hahn, Hans-Werner, **Berding**, Helmut: Gebhardt Handbuch der Deutschen Geschichte, Band 14: Reformen, Restauration und Revolution 1806–1848/49, 10. Auflage, Stuttgart 2010 (zit.: Hahn/Berding, Handbuch der Deutschen Geschichte)

Hamann, Brigitte: Die Habsburger. Ein biographisches Lexikon, 3. Auflage, Wien 1988 (zit.: Hamann, Die Habsburger)

Häntzschel, Hiltrud: Kotzebue, August von. In: Historische Kommission bei der Bayerischen Akademie der Wissenschaften (Hrsg.): Neue Deutsche Biographie, Band 12: Kleinhans-Kreling, Berlin 1980, S. 624 f. (zit.: Häntzschel, August von Kotzebue)

Hardtwig, Wolfgang, **Hinze**, Helmut: Deutsche Geschichte in Quellen und Darstellungen, Band 7: Vom Deutschen Bund zum Kaiserreich 1815–1871, Stuttgart 1997 (zit.: Hardtwig/Hinze, Deutsche Geschichte in Quellen und Darstellungen)

Hatje, Frank, **Smith**, Ariane: Beziehungen, Netzwerke, Geselligkeiten in Hamburg und Altona. Caspar Voght in den Tagebüchern des Ferdinand Beneke und den Briefen der Sophie Reimarus. In: Hans-Jörg Czech, Kerstin Petermann, Nicole Tiedemann-Bischop (Hrsg.): Caspar Voght (1752–1839). Weltbürger vor den Toren Hamburgs, Petersberg 2014, S. 49–63 (zit.: Hatje/Smith, Netzwerke in Hamburg und Altona)

Hattenhauer, Hans: Europäische Rechtsgeschichte, 4. Auflage, München 2004 (zit.: Hattenhauer, Europäische Rechtsgeschichte)

Heicker, Dino, **Reese**, Claudia: Die Hohenzollern. Geschichte einer Dynastie, Berlin 2012 (zit.: Heicker/Reese, Die Hohenzollern)

Hein, Dieter: Deutsche Geschichte in Daten, München 2005 (zit.: Hein, Deutsche Geschichte in Daten)

Hein, Dieter: Die Revolution von 1848/49, 5. Auflage, München 2015 (zit.: Hein, Die Revolution von 1848/49)

Hemmann, Thomas: Die Dömitzer Bilderhandschrift aus dem Jahr 1813, Norderstedt 2010 (zit.: Hemmann, Dömitzer Bilderhandschrift 1813)

Hempel, Dirk: Büsch, Johann Georg. In: Franklin Kopitzsch, Dirk Brietzke (Hrsg.): Hamburgische Biografie, Personenlexikon, Band 4, Göttingen 2008, S. 74 f. (zit.: Hempel, Johann Georg Büsch)

Hippel, Wolfgang von, **Stier**, Bernhard: Europa zwischen Reform und Revolution 1800–1850, Stuttgart 2012 (zit.: v. Hippel/Stier, Europa zwischen Reform und Revolution)

Hötzer, Ulrich: Mayer, Karl. In: Historische Kommission bei der Bayerischen Akademie der Wissenschaften (Hrsg.): Neue Deutsche Biographie, Band 16: Maly-Melanchthon, Berlin 1990, S. 530 f. (zit.: Hötzer, Karl Mayer)

Huber, Ernst Rudolf: Deutsche Verfassungsgeschichte seit 1789, Band 1: Reform und Restauration 1789 bis 1830, 2. Auflage, Stuttgart 1957 (zit.: Huber, Deutsche Verfassungsgeschichte seit 1789)

Huber, Ernst Rudolf: Dokumente zur deutschen Verfassungsgeschichte, Band 1: Deutsche Verfassungsdokumente 1803–1850, Stuttgart 1961 (zit.: Huber, Dokumente zur deutschen Verfassungsgeschichte)

Hugo, Gustav: Beyträge zur civilistischen Bücherkenntniß der letzten vierzig Jahre, Band 1, Berlin 1828 (zit.: Hugo, Bücherkenntnis)

Hugo, Gustav: Lehrbuch des Naturrechts, als einer Philosophie des positiven Rechts, besonders des Privatrechts, 4. Auflage, Berlin 1819 (zit.: Hugo, Naturrecht)

Hugo, Gustav: Lehrbuch eines civilistischen Cursus, Band 1, 2. Auflage, Berlin 1799 (zit.: Hugo, Zivilistischer Cursus)

Hugo, Gustav: Practische Laufbahn eines bloßen Theoretikers. In: Gustav Hugo (Hrsg.): Civilistisches Magazin, Band 6, Berlin 1837, S. 161–171 (zit.: Hugo, Praktische Laufbahn)

Hugo, Gustav: Ueber Facultätsarbeiten. In: Gustav Hugo (Hrsg.): Civilistisches Magazin, Band 3, Berlin 1829, S. 102–110 (zit.: Hugo, Über Fakultätsarbeiten)

Hundt, Michael: Bürgerrezess. In: Antjekathrin Graßmann (Hrsg.): Das neue Lübeck-Lexikon. Die Hansestadt von A bis Z, 2. Auflage, Lübeck 2011, S. 75 (zit.: Hundt, Bürgerrezess)

Hundt, Michael: Die Wiederherstellung der lübeckischen Eigenstaatlichkeit in den Befreiungskriegen 1813–1815. In: Zeitschrift des Vereins für Lübeckische Geschichte und Altertumskunde, Band 72, Lübeck 1992, S. 161–198 (zit.: Hundt, Wiederherstellung der lübeckischen Eigenstaatlichkeit)

Hundt, Michael: Franzosenzeit. In: Antjekathrin Graßmann (Hrsg.): Das neue Lübeck-Lexikon. Die Hansestadt von A bis Z, 2. Auflage, Lübeck 2011, S. 123 (zit.: Hundt, Franzosenzeit)

Hundt, Michael: Hanseatische Legion. In: Antjekathrin Graßmann (Hrsg.): Das neue Lübeck-Lexikon. Die Hansestadt von A bis Z, 2. Auflage, Lübeck 2011, S. 165 (zit.: Hundt, Hanseatische Legion)

Hundt, Michael: Johann Friedrich Hach (1769–1851). Eine biographische Skizze. In: Zeitschrift des Vereins für Lübeckische Geschichte und Altertumskunde, Band 81, Lübeck 2001, S. 249–282 (zit.: Hundt, Johann Friedrich Hach)

Hundt, Michael: Lübeck auf dem Wiener Kongress, Lübeck 1991 (zit.: Hundt, Lübeck auf dem Wiener Kongress)

Hundt, Michael: Rat. In: Antjekathrin Graßmann (Hrsg.): Das neue Lübeck-Lexikon. Die Hansestadt von A bis Z, 2. Auflage, Lübeck 2011, S. 314–316 (zit.: Hundt, Rat)

Jacobsen, Volker: Das Fürstentum und die Freie Stadt Lübeck (1803–1918). In: Verband zur Pflege und Förderung der Heimatkunde im Eutinschen e. V., angeschlossen dem Schleswig-Holsteinischen Heimatbund e.V. (Hrsg.): Jahrbuch für Heimatkunde Eutin 2010, 44. Jahrgang, Eutin 2010, S. 29–57 (zit.: Jacobsen, Das Fürstentum und die Freie Stadt Lübeck)

Jena, Detlef: Die Russischen Zaren in Lebensbildern, Wien 1996 (zit.: Jena, Russische Zaren)

Jessen-Klingenberg, Manfred: Erhebung. In: Klaus-Joachim Lorenzen-Schmidt, Ortwin Pelc (Hrsg.): Schleswig-Holstein Lexikon, 2. Auflage, Neumünster 2006, S. 152 f. (zit.: Jessen-Klingenberg, Erhebung)

Jessen-Klingenberg, Manfred: Ripener Vertrag. In: Klaus-Joachim Lorenzen-Schmidt, Ortwin Pelc (Hrsg.): Schleswig-Holstein Lexikon, 2. Auflage, Neumünster 2006, S. 506 f. (zit.: Jessen-Klingenberg, Ripener Vertrag)

Jung, Frank: 1864. Der Krieg um Schleswig-Holstein, 3. Auflage, Hamburg 2014 (zit.: Jung, Der Krieg um Schleswig-Holstein)

Justi, Walter: Monumenta Germaniae Historica. In: PLOETZ Lexikon der Deutschen Geschichte, Freiburg 1999, S. 344 (zit.: Justi, Monumenta Germaniae Historica)

Kähler, Jan Jelle: Französisches Zivilrecht und französische Justizverfassung in den Hansestädten Hamburg, Lübeck und Bremen (1806–1815), Frankfurt 2007 (zit.: Kähler, Französisches Zivilrecht in den Hansestädten)

Kierulff, Johann Friedrich Martin: Sammlung der Entscheidungen des Ober-Appellationsgerichts der vier freien Städte Deutschlands zu Lübeck, Jahrgang 1865, Heft 1, Hamburg 1865 (zit.: Kierulff, Sammlung der Entscheidungen des OAG)

Kierulff, Johann Friedrich Martin: Theorie des Gemeinen Civilrechts, Band 1, Altona 1839 (zit.: Kierulff, Theorie des Zivilrechts)

Kircheisen, Peter: Napoleon I. In: Otfried Dankelmann, Johannes Glasneck, Ralf Kessler, Inge Kircheisen, Hartmut Rüdiger Peter, Walter Zöllner (Hrsg.): Biographisches Lexikon zur Weltgeschichte. Vom Mittelalter bis zur Gegenwart, Frankfurt am Main 2001, S. 892 f. (zit.: Kircheisen, Napoleon I.)

Kleßmann, Eckart: Die Befreiungskriege in Augenzeugenberichten, Stuttgart 2013 (zit.: Kleßmann, Die Befreiungskriege in Augenzeugenberichten)

Klüpfel, Karl: Gustav Schwab. Sein Leben und Wirken, Leipzig 1858 (zit.: Klüpfel, Gustav Schwab)

Knopp, Guido, **Brauburger**, Stefan, **Arens**, Peter: Die Deutschen. Vom Mittelalter bis zum 20. Jahrhundert, 4. Auflage, München 2008 (zit.: Knopp/Brauburger/Arens, Die Deutschen)

Köbler, Gerhard: Deutsche Rechtsgeschichte. Ein systematischer Grundriss der geschichtlichen Grundlagen des deutschen Rechts von den Indogermanen bis zur Gegenwart, 6. Auflage, München 2005 (zit.: Köbler, Deutsche Rechtsgeschichte)

Köbler, Gerhard: Historisches Lexikon der deutschen Länder. Die deutschen Territorien und reichsunmittelbaren Geschlechter vom Mittelalter bis zur Gegenwart, 6. Auflage, München 1999 (zit.: Köbler, Historisches Lexikon der deutschen Länder)

Köbler, Gerhard: Juristisches Wörterbuch für Studium und Ausbildung, 16. Auflage, München 2016 (zit.: Köbler, Juristisches Wörterbuch)

Köbler, Gerhard: Lexikon der europäischen Rechtsgeschichte, München 1997 (zit.: Köbler, Lexikon der Rechtsgeschichte)

Kopitzsch, Franklin: Das 18. Jahrhundert. Vielseitigkeit und Leben. In: Antjekathrin Graßmann (Hrsg.): Lübeckische Geschichte, 4. Auflage, Lübeck 2008, S. 501–538 (zit.: Kopitzsch, Das 18. Jahrhundert)

Kopitzsch, Franklin: Sieveking, Georg Heinrich. In: Franklin Kopitzsch, Dirk Brietzke (Hrsg.): Hamburgische Biografie, Personenlexikon, Band 1, Hamburg 2001, S. 291–293 (zit.: Kopitzsch, Georg Heinrich Sieveking)

Kopitzsch, Franklin: Suhl, Ludwig. In: Alken Bruns (Hrsg.): Lübecker Lebensläufe aus neun Jahrhunderten, Neumünster 1993, S. 386–390 (zit.: Kopitzsch, Ludwig Suhl)

Köstlin, Julius: Köstlin, August Friedrich. In: Historische Commission bei der königlichen Akademie der Wissenschaften (Hrsg.): Allgemeine Deutsche Biographie, Band 16: Kircher-v. Kontzebue, Leipzig 1882, S. 756 f. (zit.: Köstlin, August Friedrich Köstlin)

Krabbenhöft, Günter: Verfassungsgeschichte der Hansestadt Lübeck. Eine Übersicht, Lübeck 1969 (zit.: Krabbenhöft, Verfassungsgeschichte der Hansestadt Lübeck)

Kretzschmar, Johannes: Nachruf auf Ferdinand Frensdorff. In: Zeitschrift des Vereins für Lübeckische Geschichte und Altertumskunde, Band 27, Lübeck 1934, S. 193–195 (zit.: Kretzschmar, Ferdinand Frensdorff)

Kulenkampff, Angela: Das Paulische Familienstipendium in Lübeck: Ein Beitrag zur hansestädtischen Stiftungsgeschichte mit einer Liste der Stipendiaten von 1732–1923. In: Zeitschrift des Vereins für Lübeckische Geschichte und Altertumskunde, Band 73, Lübeck 1993, S. 185–245 (zit.: Kulenkampff, Das Paulische Familienstipendium)

Kulenkampff, Angela: Pauli, Magdalena. In: Franklin Kopitzsch, Dirk Brietzke (Hrsg.): Hamburgische Biografie, Personenlexikon, Band 1, Hamburg 2001, S. 228 f. (zit.: Kulenkampff, Magdalena Pauli)

Lampe, Jörg H.: Politische Entwicklungen in Göttingen vom Beginn des 19. Jahrhunderts bis zum Vormärz. In: Ernst Böhme, Rudolf Vierhaus (Hrsg.): Göttingen. Geschichte einer Universitätsstadt, Band 2: Vom Dreißigjährigen Krieg bis zum Anschluss an Preußen – Der Wiederaufstieg als Universitätsstadt (1648–1866), Göttingen 2002, S. 45–102 (zit.: Lampe, Politische Entwicklungen in Göttingen)

Landsberg, Ernst: Schrader, Heinrich Eduard Siegfried von. In: Historische Kommission bei der königlichen Akademie der Wissenschaften (Hrsg.): Allgemeine Deutsche Biographie, Band 32: Karl v. Schmidt-G. E. Schulze, Leipzig 1891, S. 428 f. (zit.: Landsberg, Heinrich Eduard Siegfried von Schrader)

Landwehr, Götz: Rechtswissenschaft und Rechtspraxis im Lübischen Recht vom 16. bis zum 19. Jahrhundert. In: Zeitschrift des Vereins für Lübeckische Geschichte und Altertumskunde, Band 60, Lübeck 1980, S. 21–65 (zit.: Landwehr, Lübisches Recht)

Langer, Fred: 1813–1815. Befreiungskriege. Die Schwarzen Jäger. In: Die Deutsche Romantik. Traum und Schwärmerei, Fürstenmacht und Freiheitskampf: Das Werden einer Nation, aus der Reihe GEO EPOCHE. Das Magazin für Geschichte, Hamburg 2009, Nr. 37, S. 62–69 (zit.: Langer, Die Schwarzen Jäger)

Laspeyres, Hugo: Laspeyres, Ernst *Adolph* Theodor. In: Historische Kommission bei der königlichen Akademie der Wissenschaften (Hrsg.): Allgemeine Deutsche Biographie, Band 17: Krabbe-Lassota, Leipzig 1883, S. 739 f. (zit.: Laspeyres, Adolph Laspeyres)

Lentz, Thierry: 1815. Der Wiener Kongress und die Neugründung Europas, München 2014 (zit.: Lentz, Der Wiener Kongress und die Neugründung Europas)

Lönnecker, Harald: Sand, Carl Ludwig. In: Historische Kommission bei der Bayerischen Akademie der Wissenschaften (Hrsg.): Neue Deutsche Biographie,

Band 22: Romer-Schinkel, Berlin 2005, S. 413 f. (zit.: Lönnecker, Carl Ludwig Sand)

Lorenzen-Schmidt, Klaus-Joachim: Gesamtinventar der Akten des Oberappellationsgerichtes der vier Freien Städte Deutschlands, herausgegeben von Staatsarchiv der Freien Hansestadt Bremen, Institut für Stadtgeschichte Frankfurt am Main, Staatsarchiv der Freien und Hansestadt Hamburg, Archiv der Hansestadt Lübeck, Band 2: Hamburger Prozessakten, Lübecker Prozessakten, Köln 1996 (zit.: Lorenzen-Schmidt, Gesamtinventar OAG)

Lorenzen-Schmidt, Klaus-Joachim: Napoleonische Kriege. In: Klaus-Joachim Lorenzen-Schmidt, Ortwin Pelc (Hrsg.): Schleswig-Holstein Lexikon, 2. Auflage, Neumünster 2006, S. 424 (zit.: Lorenzen-Schmidt, Napoleonische Kriege)

Lübecker Bürgerfreund, Vierter Jahrgang 1847, Nr. 40, 01. Oktober 1847: Die Versammlung der Germanisten, S. 336–340 (zit.: Lübecker Bürgerfreund/1847, Die Versammlung der Germanisten)

Lübeckische Blätter, Einundzwanzigster Jahrgang 1879, Nr. 61, 30. Juli 1879: Dr. C. W. Pauli, S. 341 f. (zit.: Lübeckische Blätter/1879, Dr. C. W. Pauli)

Lübeckisches Addreß-Buch auf das Jahr 1805, 1807, 1815, 1818, 1824, 1826, 1828, 1838, 1848, 1850, 1856, 1860, 1872, 1873, 1879 (zit.: Adressbuch HL/*Jahrgang*)

Lührs, Wilhelm: Pauli, Alfred Dominicus. In: Historische Gesellschaft zu Bremen in Verbindung mit Fritz Peters und Karl H. Schwebel (Hrsg.): Bremische Biographie 1912–1962, Bremen 1969, S. 369–371 (zit.: Lührs, Alfred Dominicus Pauli)

McPherson, James M.: Für die Freiheit sterben. Die Geschichte des amerikanischen Bürgerkrieges, Köln 2011 (zit.: McPherson, Geschichte des amerikanischen Bürgerkrieges)

Meder, Stephan: Rechtsgeschichte. Eine Einführung, 6. Auflage, Köln 2017 (zit.: Meder, Rechtsgeschichte)

Meier, Uwe: Overbeck, Christian Adolph. In: Historische Kommission bei der Bayerischen Akademie der Wissenschaften (Hrsg.): Neue Deutsche Biographie, Band 19: Nauwach-Pagel, Berlin 1999, S. 720 f. (zit.: Meier, Christian Adolph Overbeck)

Möller, Hans-Reimer: Glückstadt. Ein Führer durch das Stadtdenkmal und seine Geschichte, 4. Auflage, Glückstadt 2005 (zit.: Möller, Glückstadt)

Möller, Kurt Detlev (Bearb.), **Tecke**, Anneliese (Hrsg.): Caspar Voght und sein Hamburger Freundeskreis, Briefe aus einem tätigen Leben, Teil 1: Briefe aus den Jahren 1792 bis 1821 an Magdalena Pauli geb. Poel, Hamburg 1959 (zit.: Möller/Tecke, Caspar Voght und sein Hamburger Freundeskreis)

Müchler, Günter: Achtzehnhundertdreizehn. Napoleon, Metternich und das weltgeschichtliche Duell von Dresden, Darmstadt 2012 (zit.: Müchler, Napoleon und Metternich)

Müller, Frank Lorenz: Die Revolution von 1848/49, 4. Auflage, Darmstadt 2012 (zit.: Müller, Die Revolution von 1848/49)

Müller, Helmut, in Zusammenarbeit mit weiteren Autoren und der Brockhaus-Redaktion: Deutsche Geschichte in Schlaglichtern, 2. Auflage, Leipzig/Mannheim 2004 (zit.: Müller, Deutsche Geschichte in Schlaglichtern)

Müller, Jürgen: Der Deutsche Bund 1815–1866, München 2006 (zit.: Müller, Der Deutsche Bund)

Netzer, Katinka: Wissenschaft aus nationaler Sehnsucht. Die Verhandlungen der Germanisten 1846 und 1847, Heidelberg 2006 (zit.: Netzer, Die Verhandlungen der Germanisten)

Neumann, Friedrich: Brüder Grimm. In: Historische Kommission bei der Bayerischen Akademie der Wissenschaften (Hrsg.): Neue Deutsche Biographie, Band 7: Grassauer-Hartmann, Berlin 1966, S. 76–79 (zit.: Neumann, Brüder Grimm)

Nonn, Christoph: Das 19. und 20. Jahrhundert, 3. Auflage, Paderborn 2014 (zit.: Nonn, Das 19. und 20. Jahrhundert)

Oetker, Friedrich: Wetzell, Georg Wilhelm. In: Historische Kommission bei der königlichen Akademie der Wissenschaften (Hrsg.): Allgemeine Deutsche Biographie, Band 55: Nachträge bis 1899: Wandersleb-Zwirner, Leipzig 1910, S. 61–63 (zit.: Oetker, Georg Wilhelm Wetzell)

Otto, Hans-Dieter: Für Einigkeit und Recht und Freiheit. Die deutschen Befreiungskriege gegen Napoleon 1806–1815, Ostfildern 2013 (zit.: Otto, Die deutschen Befreiungskriege gegen Napoleon)

Overhoff, Jürgen: Reimarus, Johann Albert (Albrecht) Heinrich. In: Franklin Kopitzsch, Dirk Brietzke (Hrsg.): Hamburgische Biografie, Personenlexikon, Band 5, Göttingen 2010, S. 300–303 (zit.: Overhoff, Johann Albert Heinrich Reimarus)

Pallua-Gall, Julian: Wallmoden-Gimborn, Ludwig Georg Thedel Graf von. In: Historische Kommission bei der königlichen Akademie der Wissenschaften (Hrsg.): Allgemeine Deutsche Biographie, Band 40: Vinstingen-Walram, Leipzig 1896, S. 761 f. (zit.: Pallua-Gall, Ludwig Georg Thedel von Wallmoden-Gimborn)

Pauli, Alfred: Erinnerungen aus meinem Leben, Bremen 1912 (zit.: Pauli, Erinnerungen)

Pauli, Carl Wilhelm: Abhandlungen aus dem Lübischen Rechte. Größtenteils nach ungedruckten Quellen, Erster Theil: Darstellung des Rechts der Erbgüter nach älterm Lübischen Rechte, Lübeck 1837 (zit.: Pauli, Abhandlungen aus dem Lübischen Recht Bd. 1)

Pauli, Carl Wilhelm: Abhandlungen aus dem Lübischen Rechte. Größtenteils nach ungedruckten Quellen, Zweiter Theil: Die ehelichen Erbrechte nach Lübischem Rechte, Lübeck 1840 (zit.: Pauli, Abhandlungen aus dem Lübischen Recht Bd. 2)

Pauli, Carl Wilhelm: Abhandlungen aus dem Lübischen Rechte. Größtenteils nach ungedruckten Quellen, Dritter Theil: Das Erbrecht der Blutsfreunde und die Testamente nach Lübischem Rechte, Lübeck 1841 (zit.: Pauli, Abhandlungen aus dem Lübischen Recht Bd. 3)

Pauli, Carl Wilhelm: Abhandlungen aus dem Lübischen Rechte. Größtenteils nach ungedruckten Quellen, Vierter Theil: Die s.g. Wieboldsrenten oder die Rentenkäufe des Lübischen Rechts, Lübeck 1865 (zit.: Pauli, Abhandlungen aus dem Lübischen Recht Bd. 4)

Pauli, Carl Wilhelm: Aeltere Straferkenntnisse aus dem nicht mehr vorhandenen liber judicii. In: Zeitschrift des Vereins für Lübeckische Geschichte und Alterthumskunde, Band 1, Lübeck 1860, S. 392 f. (zit.: Pauli, Ältere Straferkenntnisse aus dem liber judicii)

Pauli, Carl Wilhelm: Aus dem Tagebuche des Lübeckischen Bürgermeisters Henrich Brokes. In: Zeitschrift des Vereins für Lübeckische Geschichte und Alterthumskunde, Band 1, Lübeck 1860, S. 79–92, 173–183, 281–347; Zeitschrift des Vereins für Lübeckische Geschichte und Alterthumskunde, Band 2, Lübeck 1867, S. 1–37, 254–296, 367–465 (zit.: Pauli, Henrich Brokes, ZVLGA/*Jahrgang*)

Pauli, Carl Wilhelm: Beitrag zur Geschichte des Lübeckischen Vogts. In: Zeitschrift des Vereins für Lübeckische Geschichte und Alterthumskunde, Band 1, Lübeck 1860, S. 219 f. (zit.: Pauli, Beitrag zur Geschichte des Lübeckischen Vogts)

Pauli, Carl Wilhelm: Beiträge zur Geschichte der ersten Buchdruckerei in Lübeck. In: Zeitschrift des Vereins für Lübeckische Geschichte und Alterthumskunde, Band 3, Lübeck 1876, S. 254–269 (zit.: Pauli, Beiträge zur Geschichte der Buchdruckerei)

Pauli, Carl Wilhelm: Beiträge zur Geschichte des Irrenhauses in Lübeck. In: Zeitschrift des Vereins für Lübeckische Geschichte und Alterthumskunde, Band 3, Lübeck 1876, S. 270–278 (zit.: Pauli, Beiträge zur Geschichte des Irrenhauses)

Pauli, Carl Wilhelm: Die Bäcker zu Lübeck in den Hungerjahren 1545 bis 1547. In: Zeitschrift des Vereins für Lübeckische Geschichte und Alterthumskunde, Band 1, Lübeck 1860, S. 386–392 (zit.: Pauli, Die Bäcker zu Lübeck)

Pauli, Carl Wilhelm: Geschichte der Lübeckischen Gesangbücher und Beurtheilung des gegenwärtigen, Lübeck 1875 (zit.: Pauli, Geschichte der Lübeckischen Gesangbücher)

Pauli, Carl Wilhelm: Lübeckische Zustände zu Anfang des vierzehnten Jahrhunderts. Sechs Vorlesungen, gehalten in den Jahren 1838 bis 1846. Nebst einem Urkundenbuche, Lübeck 1847 (zit.: Pauli, Lübeckische Zustände Bd. 1)

Pauli, Carl Wilhelm: Lübeckische Zustände im Mittelalter. Vorlesungen, gehalten in den Jahren 1850 bis 1868. Nebst einem Vortrage über deutsche Rechtsverhältnisse im Mittelalter, Lübeck 1872 (zit.: Pauli, Lübeckische Zustände Bd. 2)

Pauli, Carl Wilhelm: Lübeckische Zustände im Mittelalter. Recht und Kultur. Nebst einem Urkundenbuch, Leipzig 1878 (zit.: Pauli, Lübeckische Zustände Bd. 3)

Pauli, Carl Wilhelm: Lübecks Mangeld und Carperwesen. Aus ungedruckten Urkunden der Nieder-Stadtbücher, Lübeck 1875 (zit.: Pauli, Lübecks Mangeld und Carperwesen)

Pauli, Carl Wilhelm: Ueber das in Hamburg geltende Princip, wonach zwei gleichförmige Entscheidungen Rechtskraft bilden. In: Georg Arnold Heise, Friedrich Cropp (Hrsg.): Juristische Abhandlungen mit Entscheidungen des Oberappellationsgerichts der vier freien Städte Deutschlands, Band 2, Hamburg 1830, S. 183–263 (zit.: Pauli, Das Prinzip der *duae sententiae conformes*)

Pauli, Carl Wilhelm: Ueber das Lübeckische Mangeld. In: Zeitschrift des Vereins für Lübeckische Geschichte und Alterthumskunde, Band 3, Lübeck 1876, S. 279–328 (zit.: Pauli, Über das Lübeckische Mangeld)

Pauli, Carl Wilhelm: Ueber die ursprüngliche Bedeutung der ehemaligen Wette. In: Zeitschrift des Vereins für Lübeckische Geschichte und Alterthumskunde, Band 1, Lübeck 1860, S. 197–218 (zit.: Pauli, Über die ursprüngliche Bedeutung der Wette)

Pauli, Gustav: Erinnerungen aus sieben Jahrzehnten, Tübingen 1936 (zit.: Pauli, Erinnerungen aus sieben Jahrzehnten)

Paulsen, Paul Detlev Christian: Rezension zu Carl Wilhelm Paulis *Abhandlungen aus dem Lübischen Recht* Band 1. In: Aemilius Ludwig Richter (Hrsg.): Kritische Jahrbücher für deutsche Rechtswissenschaft, Zweiter Jahrgang, Dritter Band, Leipzig 1838, S. 735–746 (zit.: Paulsen, Rezension zu Paulis *Abhandlungen* Bd. 1)

Paulsen, Paul Detlev Christian: Rezension zu Carl Wilhelm Paulis *Abhandlungen aus dem Lübischen Recht* Band 2. In: Aemilius Ludwig Richter (Begr.), Robert Schneider (Hrsg.): Kritische Jahrbücher für deutsche Rechtswissenschaft,

Achter Jahrgang, Fünfzehnter Band, Leipzig 1844, S. 46–66 (zit.: Paulsen, Rezension zu Paulis *Abhandlungen* Bd. 2)

Paulsen, Paul Detlev Christian: Rezension zu Carl Wilhelm Paulis *Abhandlungen aus dem Lübischen Recht* Band 3. In: Aemilius Ludwig Richter (Begr.), Robert Schneider (Hrsg.): Kritische Jahrbücher für deutsche Rechtswissenschaft, Neunter Jahrgang, Siebzehnter Band, Leipzig 1845, S. 138–167 (zit.: Paulsen, Rezension zu Paulis *Abhandlungen* Bd. 3)

Pelc, Ortwin: Tesdorpf, Johann Matthäus. In: Alken Bruns (Hrsg.): Lübecker Lebensläufe aus neun Jahrhunderten, Neumünster 1993, S. 391–394 (zit.: Pelc, Johann Matthäus Tesdorpf)

Peter-Hirst, Antje: Die Gemeinnützige heute: Eine Bestandsaufnahme. In: Doris Mührenberg, Antje Peter-Hirst, Titus Jochen Heldt (Hrsg.): Ideen für Lübeck. Bewegen, fördern, gestalten. Jubiläumsschrift zum 225. Geburtstag der Gesellschaft zur Beförderung gemeinnütziger Tätigkeit, Lübeck 2014, S. 15–39 (zit.: Peter-Hirst, Die Gemeinnützige heute)

Pilz, Elke: Dorothea Schlözer – Doktorin der Philosophie. In: Elke Pilz (Hrsg.): Bedeutende Frauen des 18. Jahrhunderts. Elf biographische Essays, Würzburg 2007, S. 139–156 (zit.: Pilz, Dorothea Schlözer)

Poel, Gustav: Carl Wilhelm Pauli. Ein Lebensbild. In: Zeitschrift des Vereins für Lübeckische Geschichte und Alterthumskunde, Band 4, Heft 2, Lübeck 1884, S. 1–101 (zit.: Poel, Carl Wilhelm Pauli. Ein Lebensbild)

Poel, Piter: Bilder aus vergangener Zeit nach Mittheilungen aus großentheils ungedruckten Familienpapieren, Erster Theil 1760–1787, Hamburg 1884 (zit.: Poel, Bilder aus vergangener Zeit)

Polgar, Katalin: Das Oberappellationsgericht der vier freien Städte Deutschlands (1820–1879) und seine Richterpersönlichkeiten, Frankfurt am Main 2007 (zit.: Polgar, Das OAG der vier freien Städte)

Polley, Rainer: Kierulff, Johann Friedrich Martin. In: Historische Kommission bei der Bayerischen Akademie der Wissenschaften (Hrsg.): Neue Deutsche Biographie, Band 11: Kafka-Kleinfercher, Berlin 1977, S. 595 (zit.: Polley, Johann Friedrich Martin Kierulff)

Puchta, Georg Friedrich: Cursus der Institutionen, Band 1, 2. Auflage, Leipzig 1845 (zit.: Puchta, Cursus der Institutionen)

Quarthal, Franz: Eberhard-Karls-Universität Tübingen. In: Laetita Boehm, Rainer A. Müller (Hrsg.): Universitäten und Hochschulen in Deutschland, Österreich und der Schweiz. Eine Universitätsgeschichte in Einzeldarstellungen, Düsseldorf 1983, S. 337–344 (zit.: Quarthal, Universität Tübingen)

Quistorp, Barthold von: Geschichte der Nord-Armee im Jahre 1813, Band 1, Berlin 1894 (zit.: v. Quistorp, Geschichte der Nordarmee)

Radbruch, Gustav, **Stolterfoth**, Hermann Alfons: Die Lübecker Germanistenversammlung, Lübeck 1931 (zit.: Radbruch/Stolterfoth, Die Lübecker Germanistenversammlung)

Redslob, Gustav Moritz: Gaab, Johann Friedrich von. In: Historische Kommission bei der königlichen Akademie der Wissenschaften (Hrsg.): Allgemeine Deutsche Biographie, Band 8: Friedrich I. von Sachsen-Altenburg-Gering, Leipzig 1878, S. 287 f. (zit.: Redslob, Johann Friedrich von Gaab)

Reimers, Brita: Sieveking, Johanna (Hannchen) Margaretha. In: Franklin Kopitzsch, Dirk Brietzke (Hrsg.): Hamburgische Biografie, Personenlexikon, Band 1, Hamburg 2001, S. 293 f. (zit.: Reimers, Johanna Margaretha Sieveking)

Reinhold, Dietger: Untergang und Neugestaltung: Deutschland zwischen Revolution und Napoleon. In: Heinrich Pleticha (Hrsg): Deutsche Geschichte, Band 4: 1618–1815. Vom Dreißigjährigen Krieg bis zum Ende des Deutschen Reiches, Gütersloh 1998, S. 336–387 (zit.: Reinhold, Deutschland zwischen Revolution und Napoleon)

Renz, Rudolf: Rheinischer Merkur. In: Gerhard Taddey (Hrsg.): Lexikon der deutschen Geschichte: Ereignisse, Institutionen, Personen: Von den Anfängen bis zur Kapitulation 1945, 3. Auflage, Stuttgart 1998, S. 1031 (zit.: Renz, Rheinischer Merkur)

Renz, Rudolf: Wiener Kongress. In: Gerhard Taddey (Hrsg.): Lexikon der deutschen Geschichte: Ereignisse, Institutionen, Personen: Von den Anfängen bis zur Kapitulation 1945, 3. Auflage, Stuttgart 1998, S. 1354 f. (zit.: Renz, Wiener Kongress)

Rheinischer Merkur, Erster Jahrgang 1814, Nr. 120 vom 19. September 1814 und Nr. 140 vom 29. Oktober 1814 (zit.: Rheinischer Merkur/1814, *Nummer, Datum)*

Ries, Heinz-Gerd: Deutsche Geschichte. Ein Schnellkurs, Köln 2009 (zit.: Ries, Deutsche Geschichte)

Rothenberg, Gunther: Die Napoleonischen Kriege, Berlin 2000 (zit.: Rothenberg, Die Napoleonischen Kriege)

Rückert, Joachim: Reyscher, August *Ludwig*. In: Historische Kommission bei der Bayerischen Akademie der Wissenschaften (Hrsg.): Neue Deutsche Biographie, Band 21: Pütter-Rohlfs, Berlin 2003, S. 482 f. (zit.: Rückert, Ludwig Reyscher)

Rudolf, Ulrich, **Oswald**, Vadim: Taschen Atlas Deutsche Geschichte, 3. Auflage, Stuttgart 2009 (zit.: Rudolf/Oswald, Taschen Atlas Deutsche Geschichte)

Sautter, Udo: Biographisches Lexikon zur deutschen Geschichte, München 2002 (zit.: Sautter, Biographisches Lexikon zur deutschen Geschichte)

Savigny, Friedrich Carl von: System des heutigen Römischen Rechts, Band 1, Berlin 1840 (zit.: v. Savigny, Römisches Recht)

Savigny, Friedrich Carl von: Vom Beruf unsrer Zeit für Gesetzgebung und Rechtswissenschaft, Heidelberg 1814 (zit.: v. Savigny, Vom Beruf unserer Zeit)

Schäfer, Volker: Befreiungskriege, Freiheitskriege. In: Gerhard Taddey (Hrsg.): Lexikon der deutschen Geschichte. Ereignisse, Institutionen, Personen. Von den Anfängen bis zur Kapitulation 1945, 3. Auflage, Stuttgart 1998, S. 106 f. (zit.: Schäfer, Befreiungskriege)

Schäfer, Volker: Koalitionskriege (Dritter und Vierter Koalitionskrieg). In: Gerhard Taddey (Hrsg.): Lexikon der deutschen Geschichte. Ereignisse, Institutionen, Personen. Von den Anfängen bis zur Kapitulation 1945, 3. Auflage, Stuttgart 1998, S. 676 f. (zit.: Schäfer, Koalitionskriege)

Schäfer, Volker: Kontinentalsperre. In: Gerhard Taddey (Hrsg.): Lexikon der deutschen Geschichte. Ereignisse, Institutionen, Personen. Von den Anfängen bis zur Kapitulation 1945, 3. Auflage, Stuttgart 1998, S. 700 (zit.: Schäfer, Kontinentalsperre)

Schäfer, Volker: Österreichisch-Französischer Krieg. In: Gerhard Taddey (Hrsg.): Lexikon der deutschen Geschichte. Ereignisse, Institutionen, Personen. Von den Anfängen bis zur Kapitulation 1945, 3. Auflage, Stuttgart 1998, S. 935 (zit.: Schäfer, Österreichisch-Französischer Krieg)

Schäfer, Volker: Rheinbund. In: Gerhard Taddey (Hrsg.): Lexikon der deutschen Geschichte. Ereignisse, Institutionen, Personen. Von den Anfängen bis zur Kapitulation 1945, 3. Auflage, Stuttgart 1998, S. 1059 f. (zit.: Schäfer, Rheinbund)

Schäfer, Volker: Russlandfeldzug Napoleons 1812. In: Gerhard Taddey (Hrsg.): Lexikon der deutschen Geschichte. Ereignisse, Institutionen, Personen. Von den Anfängen bis zur Kapitulation 1945, 3. Auflage, Stuttgart 1998, S. 1090 f. (zit.: Schäfer, Russlandfeldzug)

Schlosser, Hans: Neuere Europäische Rechtsgeschichte. Privat- und Strafrecht vom Mittelalter bis zur Moderne, 3. Auflage, München 2017 (zit.: Schlosser, Neuere Europäische Rechtsgeschichte)

Schlosser, Horst Dieter: dtv-Atlas Deutsche Literatur, 10. Auflage, München 2006 (zit.: Schlosser, Deutsche Literatur)

Schnath, Georg: Georg II., Kurfürst von Hannover, König von Großbritannien und Irland. In: Historische Kommission bei der Bayerischen Akademie der Wissenschaften (Hrsg.): Neue Deutsche Biographie, Band 6: Gaal-Grasmann, Berlin 1964, S. 212 (zit.: Schnath, Georg II.)

Schneider, Eugen: Klüpfel, Karl August. In: Historische Kommission bei der königlichen Akademie der Wissenschaften (Hrsg.): Allgemeine Deutsche

Biographie, Band 51: Kalnoth-Lindner, Leipzig 1906, S. 244 f. (zit.: Schneider, Karl August Klüpfel)

Schoeps, Hans-Joachim: Deutsche Geistesgeschichte der Neuzeit. Ein Abriss in fünf Bänden, Band 3: Von der Aufklärung zur Romantik, Mainz 1978 (zit.: Schoeps, Deutsche Geistesgeschichte der Neuzeit)

Schröder, Hans (Begr.), **Klose**, Carl Rudolph Wilhelm (Hrsg.): Lexikon der hamburgischen Schriftsteller bis zur Gegenwart, Band 5: Maak-Pauli, Hamburg 1870 (zit.: Schröder/Klose, Lexikon der hamburgischen Schriftsteller)

Schröder, Jan: Anton Friedrich Justus Thibaut (1772–1840). In: Gerd Kleinheyer, Jan Schröder (Hrsg.): Deutsche und Europäische Juristen aus neun Jahrhunderten. Eine biographische Einführung in die Geschichte der Rechtswissenschaft, 6. Auflage, Tübingen 2017, S. 449–451 (zit.: Schröder, Anton Friedrich Justus Thibaut)

Schröder, Jan: Bernhard Windscheid (1817–1892). In: Gerd Kleinheyer, Jan Schröder (Hrsg.): Deutsche und Europäische Juristen aus neun Jahrhunderten. Eine biographische Einführung in die Geschichte der Rechtswissenschaft, 6. Auflage, Tübingen 2017, S. 472–475 (zit.: Schröder, Bernhard Windscheid)

Schröder, Jan: Friedrich Carl von Savigny (1779–1861). In: Gerd Kleinheyer, Jan Schröder (Hrsg.): Deutsche und Europäische Juristen aus neun Jahrhunderten. Eine biographische Einführung in die Geschichte der Rechtswissenschaft, 6. Auflage, Tübingen 2017, S. 380–388 (zit.: Schröder, Friedrich Carl von Savigny)

Schröder, Jan: Georg Beseler (1809–1888). In: Gerd Kleinheyer, Jan Schröder (Hrsg.): Deutsche und Europäische Juristen aus neun Jahrhunderten. Eine biographische Einführung in die Geschichte der Rechtswissenschaft, 6. Auflage, Tübingen 2017, S. 55–59 (zit.: Schröder, Georg Beseler)

Schröder, Jan: Georg Friedrich Puchta (1798–1846). In: Gerd Kleinheyer, Jan Schröder (Hrsg.): Deutsche und Europäische Juristen aus neun Jahrhunderten. Eine biographische Einführung in die Geschichte der Rechtswissenschaft, 6. Auflage, Tübingen 2017, S. 354–357 (zit.: Schröder, Georg Friedrich Puchta)

Schröder, Jan: Gustav Hugo (1764–1844). In: Gerd Kleinheyer, Jan Schröder (Hrsg.): Deutsche und Europäische Juristen aus neun Jahrhunderten. Eine biographische Einführung in die Geschichte der Rechtswissenschaft, 6. Auflage, Tübingen 2017, S. 219–223 (zit.: Schröder, Gustav Hugo)

Schröder, Jan: Karl Friedrich Eichhorn (1781–1854). In: Gerd Kleinheyer, Jan Schröder (Hrsg.): Deutsche und Europäische Juristen aus neun Jahrhunderten. Eine biographische Einführung in die Geschichte der Rechtswissenschaft, 6. Auflage, Tübingen 2017, S. 126–129 (zit.: Schröder, Karl Friedrich Eichhorn)

Schubart-Fikentscher, Gertrud: Homeyer, Carl Gustav. In: Historische Kommission bei der Bayerischen Akademie der Wissenschaften (Hrsg.): Neue Deutsche Biographie, Band 9: Hess-Hüttig, Berlin 1972, S. 589 f. (zit.: Schubart-Fikentscher, Carl Gustav Homeyer)

Schultze-von Lasaulx, Hermann: Heise, Georg Arnold. In: Historische Kommission bei der Bayerischen Akademie der Wissenschaften (Hrsg.): Neue Deutsche Biographie, Band 8: Hartmann-Heske, Berlin 1969, S. 453 f. (zit.: Schultze-v. Lasaulx, Georg Arnold Heise)

Schulz, Matthias: Das 19. Jahrhundert (1789–1914), Stuttgart 2011 (zit.: Schulz, Das 19. Jahrhundert)

Schütz, Franz-Josef: Koalitionskriege (Erster und Zweiter Koalitionskrieg). In: Gerhard Taddey (Hrsg.): Lexikon der deutschen Geschichte. Ereignisse, Institutionen, Personen. Von den Anfängen bis zur Kapitulation 1945, 3. Auflage, Stuttgart 1998, S. 674–676 (zit.: Schütz, Koalitionskriege)

Selle, Götz von: Die Matrikel der Georg-August-Universität zu Göttingen 1734–1837, Hildesheim und Leipzig 1937 (zit.: v. Selle, Die Matrikel der Universität Göttingen)

Siemann, Wolfram: Die deutsche Revolution von 1848/49, 10. Auflage, Frankfurt am Main 2012 (zit.: Siemann, Die deutsche Revolution von 1848/49)

Simon, Ulrich: Niederstadtbuch. In: Antjekathrin Graßmann (Hrsg.): Das neue Lübeck-Lexikon. Die Hansestadt von A bis Z, 2. Auflage, Lübeck 2011, S. 291 (zit.: Simon, Niederstadtbuch)

Simon, Ulrich: Oberstadtbuch. In: Antjekathrin Graßmann (Hrsg.): Das neue Lübeck-Lexikon. Die Hansestadt von A bis Z, 2. Auflage, Lübeck 2011, S. 296 (zit.: Simon, Oberstadtbuch)

Simon, Ulrich: Reformierte Gemeinde. In: Antjekathrin Graßmann (Hrsg.): Das neue Lübeck-Lexikon. Die Hansestadt von A bis Z, 2. Auflage, Lübeck 2011, S. 321 (zit.: Simon, Reformierte Gemeinde)

Simon, Ulrich: Urkundenbuch. In: Antjekathrin Graßmann (Hrsg.): Das neue Lübeck-Lexikon. Die Hansestadt von A bis Z, 2. Auflage, Lübeck 2011, S. 393 (zit.: Simon, Urkundenbuch)

Sørensen, Bengt Algot: Deutsche Romantik. In: Bengt Algot Sørensen (Hrsg.): Geschichte der deutschen Literatur, Band 1: Vom Mittelalter bis zur Romantik, 3. Auflage, München 2012, S. 290–329 (zit.: Sørensen, Deutsche Romantik)

Spehr, Ferdinand: Bauer, Anton. In: Historische Kommission bei der königlichen Akademie der Wissenschaften (Hrsg.): Allgemeine Deutsche Biographie, Band 2: Balde-Bode, Leipzig 1875, S. 139 f. (zit.: Spehr, Anton Bauer)

Stauber, Reinhard: Der Wiener Kongress, Wien 2014 (zit.: Stauber, Der Wiener Kongress)

Steffenhagen, Emil Julius Hugo: Dabelow, Christoph Christian Freiherr von. In: Historische Kommission bei der königlichen Akademie der Wissenschaften (Hrsg.): Allgemeine Deutsche Biographie, Band 4: Carmer-Deck, Leipzig 1876, S. 684 f. (zit.: Steffenhagen, Christoph Christian von Dabelow)

Steffenhagen, Emil Julius Hugo: Paulsen, Paul Detlev Christian. In: Historische Kommission bei der königlichen Akademie der Wissenschaften (Hrsg.): Allgemeine Deutsche Biographie, Band 25: Ovens-Philipp, Leipzig 1887, S. 286 f. (zit.: Steffenhagen, Paul Detlev Christian Paulsen)

Stintzing, Roderich von: Bluhme, Friedrich. In: Historische Kommission bei der königlichen Akademie der Wissenschaften (Hrsg.): Allgemeine Deutsche Biographie, Band 2: Balde-Bode, Leipzig 1875, S. 734–737 (zit.: v. Stintzing, Friedrich Bluhme)

Stubbe da Luz, Helmut: Gütschow, Anton Diedrich. In: Schleswig-Holsteinische Landesbibliothek unter Mitwirkung des Vereins für Lübeckische Geschichte und Altertumskunde (Hrsg.): Biographisches Lexikon für Schleswig-Holstein und Lübeck, Band 13, Neumünster 2011, S. 182–188 (zit.: Stubbe da Luz, Anton Diedrich Gütschow)

Tappe, Heinrich: Alkoholverbrauch in Deutschland: Entwicklung, Einflussfaktoren und Steuerungsmechanismen des Trinkverhaltens im 19. und 20. Jahrhundert. In: Landeszentrale für politische Bildung Baden-Württemberg (Hrsg.): Der Bürger im Staat. Nahrungskultur: Essen und Trinken im Wandel, 52. Jahrgang, Heft 4, Stuttgart 2002, S. 213–218 (zit.: Tappe, Alkoholverbrauch in Deutschland)

Thibaut, Anton Friedrich Justus: Ueber die Nothwendigkeit eines allgemeinen bürgerlichen Rechts für Deutschland, Heidelberg 1814 (zit.: Thibaut, Notwendigkeit eines allgemeinen Rechts)

Tirtasana, Nora: Der gelehrte Gerichtshof. Das Oberappellationsgericht Lübeck und die Praxis des Zivilprozesses im 19. Jahrhundert, Köln 2012 (zit.: Tirtasana, Der gelehrte Gerichtshof)

Uhland, Robert: Karl Eugen, Herzog von Württemberg. In: Historische Kommission bei der Bayerischen Akademie der Wissenschaften (Hrsg.): Neue Deutsche Biographie, Band 11: Kaspar-Kleinfercher, Berlin 1977, S. 267–269 (zit.: Uhland, Karl Eugen von Württemberg)

Ullrich, Volker: „Erkennt Ihr mich?“. Napoleons hundert Tage. In: 1815. Napoleons Ende. Waterloo und der Wiener Kongress, aus der Reihe ZEIT GESCHICHTE. Epochen, Menschen, Ideen, Hamburg 2015, Nr. 2/2015, S. 48–55 (zit.: Ullrich, Napoleons hundert Tage)

Verein für Lübeckische Geschichte: Urkundenbuch der Stadt Lübeck, Erster Theil, Lübeck 1843 (zit.: VLG, Urkundenbuch)

Voeltzer, Friedrich: Lübecks Wirtschaftslage unter dem Druck der Kontinentalsperre, Lübeck 1925 (zit.: Voeltzer, Lübecks Wirtschaftslage unter dem Druck der Kontinentalsperre)

Vogtherr, Hans-Jürgen: Dänemark. In: Antjekathrin Graßmann (Hrsg.): Das neue Lübeck-Lexikon. Die Hansestadt von A bis Z, 2. Auflage, Lübeck 2011, S. 86 f. (zit.: Vogtherr, Dänemark)

Voigt, Bernhard Friedrich: Neuer Nekrolog der Deutschen, Band 11, Teil 1, Weimar 1935 (zit.: Voigt, Neuer Nekrolog der Deutschen)

Vosgerau, Heiko, **Lubowitz**, Frank: Zwischen Dänemark und Preußen – zwischen Nationalismus und Modernisierung: Schleswig-Holstein 1815–1920. In: Jan Markus Witt, Heiko Vosgerau (Hrsg.): Geschichte Schleswig-Holsteins. Anschaulich. Spannend. Verständlich, Heide 2010, S. 229–271 (zit.: Vosgerau/Lubowitz, Schleswig-Holstein 1815–1920)

Warneken, Bernd Jürgen: Bürgerliche Gehkultur in der Epoche der Französischen Revolution. In: Gottfried Korff, Martin Scharfe, Heidi Müller (unter Mitarbeit von Konrad Vanja), Klaus Roth im Auftrag der Deutschen Gesellschaft für Volkskunde (Hrsg.): Zeitschrift für Volkskunde, 85. Jahrgang, Göttingen 1989, S. 177–187 (zit.: Warneken, Bürgerliche Gehkultur)

Weber, Eva-Maria: Kleine Geschichte der Revolution von 1848/49, Wien 2009 (zit.: Weber, Geschichte der Revolution von 1848/49)

Wetzell, Georg Wilhelm: System des ordentlichen Civilprozesses, 3. Auflage, Leipzig 1878 (zit.: Wetzell, System des ordentlichen Zivilprozesses)

Wunder, Bernd: Europäische Geschichte im Zeitalter der Französischen Revolution, Stuttgart 2001 (zit.: Wunder, Europäische Geschichte)

Zeitschrift des Vereins für Lübeckische Geschichte und Alterthumskunde, Band 1, Lübeck 1860, Verzeichnis der früheren und gegenwärtigen Mitglieder des Vereins für Lübeckische Geschichte und Alterthumskunde, S. 8 f. (zit.: ZVLGA/1860, Mitgliederverzeichnis)